JN410961

신자유주의를 넘어 역동적 복지국가로

신자유주의를 넘어 역동적 복지국가로

초판 2쇄 발행 2011년 3월 14일
초판 1쇄 발행 2010년 11월 22일

기획 복지국가소사이어티
편저 이상이
발행인 김지숙
발행처 도서출판 밈 제300-2006-180호
서울 종로구 동숭동 4-152 501
전화 02-762-5154
팩스 02-763-5154
이메일 editor@mimbook.co.kr

마케팅 정근수
편집 나무목
디자인 구수연

ISBN 978-89-94115-13-9 03330

신자유주의를 넘어 역동적 복지국가로

이상이 편저

도서출판 밈

책을 시작하며

옳은 일은 하는 데는 '용기'와 함께 '실력'이 요구된다. 박정희에서 전두환으로 이어진 군사정부의 독재에 저항하는 데는 엄청난 용기가 필요하였다. 민주주의를 향한 국민적 열망을 업고 투쟁할 용기를 조직한 끝에 마침내 1987년 민주항쟁은 큰 승리를 거두었고, 이후 20여 년의 세월을 거쳐 한국 민주주의는 성공적으로 자리 잡았다. 우리는 87년 항쟁을 전후한 시기에 폭압적 군사정부에 저항할 '용기'와 함께 군사독재를 대체할 정치적 민주주의에 대한 충분한 이론적 '실력'을 갖추고 있었다. 그래서 대한민국은 군사독재 국가에서 정치적 민주주의 국가로 성공적으로 전환될 수 있었던 것이다. 세상을 바꾸는 데는 용기와 함께 실력이 요구된다.

87년 민주항쟁 이후 등장한 첫 번째 문민정부인 김영삼 정부가 1980년부터 미국과 영국에서 작동되기 시작된 '신자유주의 세계화'를 전면적으로 받아들이면서 한국 경제는 이전의 '발전국가 모델'에서 이탈하기 시작하였고, 급기야 1997년 외환위기는 대한민국을 본격적인 신자유주의 구조개혁으로 몰아가는 계기가 되었다. 이 시기를 전후하여 텔레비전과 신문들은 연일 신자유주의의 교리인 민영화와 규제완화 및 감세를 통한 '자유시장과 경쟁만능'을 금과옥조로 여기자며 국민을 세뇌하였고, 50년 만에 수평적 정권교체에 성공한 김대중 정부가 국제통화기금과 미국의 요구에 따라 이러한 신자유주의 개혁을 주도하였다.

이렇게 몇 년이 지나고 21세기가 시작된 시기에도 우리사회의 지식인들과 정치지도자들은 정치적 민주주의 과제에만 골몰하였다. 마치 정치인 비리, 지역주의 등의 문제만 해결되면 우리나라가 선진국이라도 될 듯 여론을 몰고 갔고, 언론은 '신자유주의 세계화'가 대한민국을 선진국으로 이끌 것처럼 국민 세

뇌작업을 계속하였다. 진실로 그러한가? 신자유주의 구조개혁을 통해 세계화를 추구하기만 하면 모두가 더불어 잘 사는 선진국으로 진입할 수 있었는가? 아니다. 이는 2008년 세계 경제위기를 통해 이미 만천하에 드러났다. 그럼에도 당시 지식인들과 정치지도자들은 이를 몰랐거나 말하지 않았다. '용기'나 '실력'에 문제가 있었던 것이다.

옳은 일은 하는 데는 용기와 함께 실력이 요구된다. 군사정부의 탄압에도 불구하고 87년 민주항쟁을 승리로 이끌었던 지도적 지식인들과 정치지도자들의 '용기'를 의심해서는 안 된다. 문제는 변화하는 시대의 본질적 해결과제를 정확하게 인식하고, 이에 논리적으로 대응하는 것, 즉 '실력'이다. 2000년대 초반 이미 우리사회는 신자유주의가 초래한 양극화 성장으로 민생불안을 야기하고 있었고, 해를 거듭할수록 문제는 심화되었다. 그런데 당시는 더 이상 군사정부의 후예가 아니라 민주파가 집권한 시기였음에도 불구하고, 정치권을 포함한 지배적 엘리트들은 더 많은 시장과 더 많은 경쟁을 요구하며 감세와 규제완화의 드라이브를 가속화하였다.

그 결과는 2008년 원조 신자유주의 세력의 집권으로 나타났다. 이 패배는 역설적으로 군사정부와 자본의 패권에 맞서왔던 범 진보개혁 민주세력에게 중요한 '반성과 성찰'의 계기를 제공하였다. 지금 우리는 더 깊고 더 많은 반성과 성찰을 요구하는 시대의 목소리에 귀를 기울여야 한다. 양극화를 심화시킨 자본주의, 즉 신자유주의(자유시장 경제학, 경제적 자유주의)를 극복하고 보편주의를 추구하는 역동적 복지국가로 나아가야 한다. 이 새로운 자본주의는 시장의 원리를 존중하되 유능한 민주정부와 시민사회의 능동적 개입을 통한 사회적 삶의 영역을 확장하고 이를 제도적으로 보장함으로써 시장실패와 정부실패를 동시에 극복하고자 한다.

많은 저술을 통해 신자유주의를 학술적으로 비판하고 신자유주의 세계화의 실패를 고발한 장하준 교수는 연구자로서 '용기와 실력'을 두루 갖추었다. 그는 『그들이 말하지 않는 23가지』라는 책을 통해 신자유주의의 본질적 문제와 악(惡) 결과를 낱낱이 파헤치고 있는 바, 이는 복지국가소사이어티가 그동안 주창해왔던 시대적 상황인식과 동일한 것이다. 장 교수는 신자유주의를 극복할 새로운 자본주의의 길로 복지국가를 제안하고 있는데, 그는 복지국가소사이어티의 정책위원이다. 3년 남짓의 비교적 짧은 기간에 역동적 복지국가를 지지하는 수많은 사람들이 생겨난 것은 복지국가소사이어티 정책위원들의 '용기'와 '실력'에 더해 부단한 노력 덕택이다.

이 책은 김영삼 정부 시기부터 제도화되기 시작하여 1997년 외환위기 이후 구조적으로 본격화된 신자유주의 10여 년의 양극화 시대를 끝내고, 성장과 분배가 유기적 통합체로서 동시에 달성되는 새로운 통합적 발전의 시대인 '역동적 복지국가'로 나아가자는 제안을 담고 있다. 복지국가소사이어티는 매주 월요일마다 분야별 전문성을 갖춘 정책위원들의 칼럼을 발표하고, 매주 목요일마다 홍보위원회 책임 하에 논평을 내고 있다. 이 글들의 최종 편집은 필자의 담당인 바, 매주 수요일과 일요일 늦은 밤에 논평과 칼럼을 교정하고 다듬는 일은 거의 3년 동안 지속된 필자의 일상이다. 이 책은 이러한 정책 활동의 성과를 체계적으로 묶은 것이다.

이 책은 담론과 정책의 수준에서 신자유주의 대한민국의 현실에서 발생하는 주요 문제들을 이슈별로 분석하고, 역동적 복지국가의 논리와 원칙이라는 준거틀을 사용하여 각종 정책대안을 제시한 다양한 글들로 구성되어 있다. 즉, 이 책은 담론과 정치, 경제와 조세재정, 노동과 사회복지, 아동 돌봄과 교육, 건강증진과 보건의료 등에 걸친 다양한 주제들을 다루고 있는데, 보편주의 원칙에 따라 일생에 걸친 소득과 사회서비스의 보장으로 넓게 제도화된 사회적 영역, 잘 작동하는 좋은 시장, 적극적 조세재정정책을 구현하는 크고 유능한 민주정부 등은 이 책의 모든 글에서 수미일관하게 관철되는 역동적 복지국가의 주요 원칙이자 내용이다.

2010년 11월

이상이

저자 소개(가나다 순)

감신 경북대학교 의학전문대학원 교수로 예방의학교실 주임교수를 역임하였고, 현재 경북대학교병원 공공보건의료사업실장을 겸하고 있다. 건강보장과 지역보건을 전공하는 진보적 의료관리학자다. 『보건의료 개혁의 새로운 모색』(공저, 2006), 『대한민국, 복지국가를 부탁해』(공저, 2010) 외에 다수의 보건정책분야 논문과 연구보고서를 출간하였다.

김철신 치과의사로 대학원에서 예방치학을 전공하였다. 1998년부터 '건강사회를 위한 치과의사회' 에서 정책국장 등을 역임하며 국민건강보험의 보장성 강화와 의료민영화 저지를 위한 활동을 하고 있다. 「노인틀니 건강보험 급여화에 관한 연구」(2010), 「아동청소년 치과주치의제도 도입을 위한 기초연구」(2010)등을 수행하였으며, 현재 구강보건정책연구회 회장이자 복지국가소사이어티 정책위원이다.

문진영 서강대학교 신학대학원 사회복지학과 교수이자 동아시아 사회정책학회(EASP) 회장으로 일하고 있다. 참여연대에서 국민기초생활보장 운동을 하였으며, 현재 복지국가소사이어티 정책위원장이다. 저서로 『복지체제와 노동체제의 정합성: 1987년 이후 생산주의적 복지체제의 동학』(공저, 2008), 『유럽연합의 사회정책에 관한 연구』(2009), 『대한민국, 복지국가를 부탁해』(공저, 2010) 등이 있다.

박종혁 의학박사이면서 예방의학 전문의다. 보건정책 전문가로 현재 국립암센터 암 정책지원과 과장으로 일하고 있다. 복지국가소사이어티 정책위원으로 건강정책 및 장애인 보건정책을 연구하고 있다. 저서로는 『Cancer Facts and Figures. 2009』(공저, 2009), 『국가 암 관리사업 이론과 실제』(공저, 2010) 외에 다수의 보건정책 논문과 보고서를 출간하였다.

박종현 금융과 케인스 경제학을 주로 연구한 경제학 박사로 국회도서관 금융담당 연구관을 거쳐 현재 진주산업대학교 산업경제학과 교수로 일하고 있다. 현재 복지국가소사이어티 정책위원이다. 저서로는 『케인즈 & 하이에크』(2008), 『경제의 교양을 읽는다』(공저, 2009), 『대한민국, 복지국가를 부탁해』(공저, 2010) 등이 있다.

박형근 건강보험심사평가원에서 책임연구원으로 일하였고, 현재 제주대학교 의학전문대학원 의료관리학 교수이자 복지국가소사이어티 정책위원 겸 대변인이다. 저서로 『보건의료 개혁의 새로운 모색』(공저, 2006), 『의료민영화 논쟁과 한국의료의 미래』(공저, 2008), 『대한민국, 복지국가를 부탁해』(공저, 2010), 『역동적 복지국가의 논리와 전략』(공저, 2010) 외에 다수의 보건정책 분야 연구보고서를 출간하였다

유동철 동의대학교 사회복지학과 교수로 장애인 차별과 소득보장 그리고 지역사회조직에 관심을 가지고 연구하고 있다. '부산참여자치시민연대' 풀뿌리운동본부장, '사회복지연대' 공동집행위원장으로 일하고 있으며, 주요 저서로는 『나는 나쁜 장애인이고 싶다』(2002, 공저), 『장애와 차별』(2007), 『영화로 보는 사회복지』(2008), 『인권으로 보는 장애인복지』(2009) 등이 있다.

윤태호 의학박사이자 예방의학 전문의로 현재 부산대학교 의학전문대학원 예방의학 교수이자 복지국가소사이어티 정책위원이다. 빈곤, 건강불평등, 사회정책, 복지국가 등을 연구하고 있다. 저서로는 『보건의료 개혁의 새로운 모색』(공저, 2006), 『의료민영화 논쟁과 한국의료의 미래』(공저, 2008), 『대한민국, 복지국가를 부탁해』(공저, 2010), 『역동적 복지국가의 논리와 전략』(공저, 2010) 등이 있다.

이래경 오랫동안 한국 민주주의와 복지 발전을 위해 일해 왔다. 2006년 풀뿌리 복지운동체인 일촌공동체를 만드는 데 앞장섰으며, 일촌공동체의 상임이사 겸 운영위원장을 맡고 있다. 현재 호이트코리아 대표이자, 복지국가소사이어티의 공동대표다.

이상구 보건대학원을 졸업한 예방의학과 전문의로 새천년민주당 보건복지전문위원, 참여정부 대통령비서실 행정관을 역임하였으며, 한국보건산업진흥원의 R&D전략개발단장 등을 지냈다. 현재 복지국가소사이어티 상근연구위원 겸 사무처장을 맡고 있다. 저서로는 『복지국가 혁명』(공저, 2007), 『대한민국, 복지국가를 부탁해』(공저, 2010), 『역동적 복지국가의 논리와 전략』(공저, 2010), 『오바마도 부러워하는 대한민국 국민건강보험』(공저, 2010) 등이 있다.

이상이 의학박사이자 예방의학 전문의로 국민건강보험공단 건강보험연구원 원장을 지냈으며, 현재 제주대학교 의료관리학 교수이자 복지국가소사이어티 공동대표로 역동적 복지국가를 연구하며 실천하고 있다. 저서로 『복지국가혁명』(공저, 2007), 『한국사회와 좌파의 재정립』(공저, 2008), 『의료민영화 논쟁과 한국의료의 미래』(공저, 2008), 『한국복지국가 성격논쟁 II』(공저, 2009), 『Republic of Korea: Health system review, Health Systems in Transition』(공저, 2009), 『역동적 복지국가의 논리와 전략』(편저, 2010) 등이 있다.

이성재 대학과 대학원에서 역사학을 전공하였으며, 역사학과 공연학 박사로 현재 충북대학교 역사교육과 교수로 재직하고 있다. 프랑스의 빈곤 문제 등을 역사적으로 분석하는 방식으로 연구를 하였으며, 복지국가에 대한 관심으로 복지국가소사이어티 정책위원이 되었다. 저서로는 『프랑스 구체제의 권력구조와 사회』(공저, 2009), 『68운동』(2009)이 있고, 역서로는 『빈곤에 맞서다』(2009)가 있다.

이용재 사회복지정책학 박사로 국회의원 비서관과 건강보험심사평가원의 책임연구원을 지냈으며, 현재 호서대학교 사회복지학과 교수로 재직하고 있으며, 복지국가소사이어티 정책위원이다. 주요 논문으로는 「국가 의료보장체계에서 민간의료보험 의료비의 영향 분석」(2009), 「국민연금 급여가 노인 소득불평등에 미치는 영향 분석」(2009), 『대한민국, 복지국가를 부탁해』(공저, 2010) 등이 있다.

이종태 대구 《매일신문》 기자, 월간 『말』 편집장, 금융경제연구소 연구위원을 지냈으며, 현재 주간지『시사인』의 국제·경제 팀장을 맡고 있다. 복지국가소사이어티 정책위원이며, 저서로는 『쾌도난마 한국경제』(기획집필, 2005), 『한국사회와 좌파의 재정립』(공저, 2008), 『대한민국, 복지국가를 부탁해』(공저, 2010) 등이 있다.

장지연 여성과 노동을 주된 연구 분야로 삼는 사회학 박사다. 한국노동연구원 연구위원으로 12년째 여성과 고령자 고용에 관련된 연구를 해왔다. 노동시장과 복지제도의 정합성을 주제로 연구관심을 넓혀 나가고 있다. 엮은 책으로 『글로벌화와 아시아 여성: 노동과 삶』(2007)이 있고, 『한국복지국가 성격논쟁 II』(2009)에 공저자로 참여하였다.

정백근 의학박사이자 예방의학 전문의로 경상대학교 의학전문대학원 및 건강과학연구원의 예방의학 교수이다. 복지국가소사이어티 정책위원으로 활동하고 있고, 저서로는 『보건의료개혁의 새로운 모색』(공저, 2006), 『의료민영화 논쟁과 한국의료의 미래』(공저, 2008), 『대한민국, 복지국가를 부탁해』(공저, 2010), 『역동적 복지국가의 논리와 전략』(공저, 2010) 등이 있다.

정세은 대학과 대학원에서 경제학을 전공한 경제학 박사로 현재 충남대학교 경제학과 교수로 재직하고 있으며, 복지국가소사이어티 정책위원이다. 주로 국제거시경제, 재정조세정책 등을 연구하고 있다. 저서로는 『한국형 개방 전략』(공저, 2007), 『한국사회와 좌파의 재정립』(공저, 2008), 『대한민국, 복지국가를 부탁해』(공저, 2010), 『역동적 복지국가의 논리와 전략』(공저, 2010) 등이 있다.

주대환 종교학과를 졸업하였으며, 평생을 민주화운동과 정치적 노동운동과 진보정당운동에 헌신해왔다. 민주노동당 정책위의장을 역임하였으며, 현재는 '사회민주주의연대' 공동대표와 '역동적 복지국가를 위한 시민정치포럼'의 운영위원장을 맡고 있다. 주요 저서로는 『진보정치의 논리』(1994), 『진보정당은 비판적 지지를 넘어설 수 있는가』(2002), 『한국 사회와 좌파의 재정립』

(공저, 2008), 『대한민국을 사색하다』(2008) 등이 있다.

최병천 지금까지 경제학을 공부하고 있다. 오랫동안 진보정당에서 일했으며, 지난 2006년 지방선거 때는 왕십리와 행당 지역에서 서울시 의원 후보로 출마하기도 했다. 사회민주주의 복지국가를 옹호하는 칼럼리스트로, 복지국가소사이어티 정책위원이다. 저서로는 『한국사회와 좌파의 재정립』(공저, 2008), 『대한민국, 복지국가를 부탁해』(공저, 2010) 등이 있다.

홍기표 철도 노동자였으며, 과거 민주노동당 인터넷위원회에서 근무했다. 현재는 인터넷 신문 《레디앙》의 기획위원 겸 칼럼리스트이며, 복지국가소사이어티 정책위원 겸 홍보위원회의 간사위원으로 일하고 있다. 저서로는 『한국사회와 좌파의 재정립』(공저, 2008), 『대한민국, 복지국가를 부탁해』(공저, 2010), 『역동적 복지국가의 논리와 전략』(공저, 2010) 등이 있다.

복지국가소사이어티 홍보위원회 복지국가소사이어티는 매주 목요일 오전에 성명 또는 논평을 홈페이지에 게재하고 있다. 이 성명 또는 논평은 보편주의 역동적 복지국가의 논리와 원칙이라는 시각에서 세상을 바로 보는 관점을 제시하고 있다. 이 일에는 정기성과 지속성이 중요한데, 사실 지난 2년 동안 거의 거른 적이 없었다. 이를 위해서는 여러 사람의 협력적 노력이 요구되었는데, 이 팀이 바로 홍보위원회다. 홍보위원장은 이상구 사무처장이 맡고 있고, 대변인은 박형근 교수, 간사는 홍기표 정책위원이 각각 맡고 있다. 홍보위원회 위원으로는 이상이 공동대표를 비롯하여 김경혜 정책위원, 김종건 교수, 김철웅 교수, 윤태호 교수, 정백근 교수, 이성재 교수, 김준성 정책위원, 진성영 정책위원, 이용갑 정책위원, 이종태 정책위원, 정승일 정책위원, 이인수 회원, 안진숙 회원 등이 참여하고 있다.

CONTENTS

역동적 복지국가의 **담론과 정치**

역동적 복지국가의 **경제와 조세재정**

역동적 복지국가의 **노동과 사회복지**

역동적 복지국가의 **아동 돌봄과 교육**

역동적 복지국가의 **보건의료**

역동적 복지국가의

담론과 정치

우리시대의 진보와 깨어있는 시민

이상이 | 복지국가소사이어티 공동대표, 제주대학교 교수

10년이면 강산도 변한다는 말이 있다. 이 말도 옛말이니 요즘은 10년이면 강산이 더 자주 변할 법하다. 세상은 빠르게 변하고 발전한다는 뜻일 게다. 그런데 잘 변하지 않는 것들이 있다. 그 중의 하나가 대한민국의 진보, 즉 오래된 진보의 낡은 사고다. 단언컨대, 낡은 사고에 고착된 오래된 진보는 더 이상 우리시대가 요구하는 진보가 아니다. 필자는 오래된 진보를 비난할 목적으로 이 글을 쓰는 것이 아니다. 오히려, 여전히 우리나라 진보진영에 막대한 영향력을 행사하고 있는 오래된 진보의 낡은 사고가 우리시대의 각광받는 새로운 진보의 미래지향적 사고로 거듭나고 우뚝 서주길 바라는 간절한 마음으로 호소하려는 것이다.

인간에게 관성이란 참으로 무서운 것이다. 우리 모두는 아차 잘못하면 기존의 관성에 묶여버리게 된다. 과거 우리가 진보라고 믿었던 것들이 더 이상 진보가 아니거나 오히려 진보의 발목을 잡고 있는 경우가 허다하다. 그러므로 중요한 것은 '나날이 새로워지는 것'과 변화와 발전을 위해 지속적으로 노력하고 투쟁하려는 '깨어있는' 자세다. 지금 대한민국의 신자유주의 양극화 성장체제로 인해 우리 국민은 사회경제적 불안(insecurity)과 심적 불안(anxiety)으로 고통받고 있다. 지난 10년 동안 심화되는 양극화 사회에서 우리 국민은 가계 또는 개별적 수준에서 최선의 노력으로 각종 불안에 대해 시장적 방식으로 대응하였지만 민생불안의 상황은 더욱 나빠지고 있다.

이것이 2010년 들어, 특히 지난 6.2지방선거를 전후로 우리사회의 저변에서 일기 시작한 '보편적 복지'에 대한 관심과 요구 증대의 근원적 배경이다. '보편적 복지'는 북유럽의 사회민주주의 복지국가들뿐만 아니라 서유럽의 많은 선진

복지국가들에서도 이미 수십 년 전부터 제도화되고 발전을 거듭해왔던 것이기에 우리나라의 정책전문가 사회에서는 전혀 낯선 용어가 아니었다. 그럼에도 불구하고, 이 용어는 우리 국민들뿐만 아니라 정치권에서도 거의 들어보지 못한 낯선 것으로 존재해왔다. 이는 그동안 우리사회가 '보편적 복지'를 수용할만한 정치사회적 맥락을 전혀 갖추고 있지 못하였기 때문이다.

실제로 필자는 김대중 정부 시기였던 1999년경 당시 여당(새천년민주당)의 꽤 진보적인 정치인들에게 '보편적 복지' 이야기를 한 적이 있었는데, 이들은 "복지는 가난한 사람들을 위해 존재하는 것"이라며 황당해하거나 필자의 말을 전혀 이해하려 하지 않았다. 그런데 10년이 지난 지금 이 용어는 민주당 강령의 핵심적 지위를 차지했다. 경천동지할 변화다. 우리나라 경제사회의 양극화와 신자유주의의 위기 등으로 세상이 바뀌니까 이에 따라 정치지형도 바뀌는 것이다. 정치의 핵심주제가 '정치적 민주주의'에서 '경제사회적 민주주의'로 급속하게 전환되고 있다. 이는 정도의 차이는 있겠으나 보수정당을 포함한 정치권 전반에서 관찰되고 있다.

보편적 복지의 중요성은 단순히 복지의 보편적 확대에 그치지 않는다. 보편적 복지는 복지의 탈상품화와 탈계층화를 통해 우리네 삶의 사회적 영역을 최대로 확대하고, 단순한 기회의 평등만이 아니라 일정부분 결과의 평등까지를 포함하는 실질적 평등을 추구하며, 공정하고 혁신적인 경제와 지속적 경제성장을 가능하게 한다. 그러므로 보편적 복지는 우리사회가 역동적 복지국가로의 혁명적 전환을 이루는 데 요구되는 매우 중요한 원칙이다. 지난 6.2지방선거를 전후로 우리 시민사회와 진보진영에 보편적 복지가 널리 수용되고, 최근에는 민주당마저 '보편적 복지국가'라는 용어를 국회의 정당대표 연설에서 천명하는 상황에까지 이르렀다.

'보편적 복지국가'가 우리시대의 진보로 수용되는 모양새다. 역동적 복지국가가 우리의 '시대정신'이라 믿고 있는 필자의 입장에서는 참으로 다행스러운 상황전개라 하겠다. 이와 관련하여 진보 양당을 잠시 둘러보자. 진보신당은 현재 복지국가를 당의 강령에 명시하고 있다. 복지국가라는 용어 앞에 무슨 수사를 붙이든 보편적 복지국가의 중요한 원칙을 구체화하는 한 문제될 것이 전혀 없다. 민주노동당은 현재 강령을 개정하는 중이므로 지켜볼 일이나 지난 6.2지방선거를 거치면서 정책적으로는 이미 '보편적 복지'를 여러 차례 천명한 바 있다. 보편적 복지국가라는 우리시대의 진보에 대부분의 진보개혁 정치세력이 함께 올라탄 형국이다. 이제 우리나라에서 곧 복지국가 혁명이 이루어질 것인가?

우리는 신자유주의 양극화 시대라는 하나의 자본주의 시기를 마감하고 '역동적 복지국가'라는 질적으로 새로운 자본주의 시기를 열어야 할 시대적 과제를 눈앞에 두고 있다. 이것이 우리시대의 진보적 과제다. 역동적 복지국가의 중요한 원칙 중의 하나인 보편적 복지를 실현하기 위해서는 많은 돈이 필요하다. 즉, 우리네 삶의 안정성과 역동성을 뒷받침해줄 역동적 복지국가의 보편주의 전략은 적극적 조세재정전략을 요구한다. 우리가 복지국가라는 '한 배를 타기' 위해서는 누구나 정당한 권리로서 일정한 소득을 가질 수 있어야 하고, 더불어 누구나 자신의 소득과 능력에 합당한 세금을 부담해야 한다. 세금 없는 복지국가는 성립할 수 없기 때문이다.

시장만능국가에서 복지국가로의 전환은 '복지국가 혁명'을 필요로 하는데,

우리는 시대정신인 역동적 복지국가를 어떻게 열 것인가? 이는 폭력적 방법으로 달성되는 것이 아니다. 민주주의적 방식만이 정답이다. 사회구성원 다수가 원하면 그대로 되는 것이 민주주의다. 하지만 자본과 이에 연합한 지배적 엘리트들이 다양한 방법으로 민주주의의 실체적 작동을 가로막는다. 그럼에도 우리는 시대정신의 구현 수단으로 민주주의를 고수해야 한다. 노무현 전 대통령은 퇴임 후 성찰의 시기 동안 "깨어있는 시민"을 강조하였다. 보편적 복지국가는 '깨어있는 시민' 없이는 달성이 불가능하다. 누진적, 연대적 방식으로 세금을 기꺼이 더 내겠다는 '깨어있는 시민'의 수가 늘어나고, 이들이 다수가 될 때 비로소 복지국가라는 '배'가 출항하게 되는 것이다.

우리나라의 일반정부 재정(general government, 중앙정부 및 지방정부의 재정과 비시장적 공공기관의 재정을 합한 것으로 국제비교의 기준으로 사용됨) 규모는 2010년 현재 국내총생산(GDP)의 약 31% 정도로 추정된다. 이에 비해, 북유럽 국가들의 'GDP 대비 일반정부 재정'의 평균은 55% 정도이고, 유럽연합 국가들 평균은 약 51%, 경제협력개발기구(OECD) 국가들 평균은 약 45%다. 우리네 삶의 공공적 영역이 유럽 복지국가들의 그것에 비해 얼마나 협소한지를 한눈에 알 수 있다. 반대로 우리 삶의 대부분은 정치와 국가의 영역 밖인 최대한의 '자유시장'에 내몰려 있다. 시장만능의 강화와 경제사회 양극화의 확대에 따라 우리네 삶의 불안정과 불안이 갈수록 심화될 수밖에 없는 구조적 이유다.

보편적 복지국가로 가장 전형적인 북유럽 복지국가들은 국내총생산의 55%를 국가재정으로 운영하고 있는데, 이것이 우리나라가 추구해야 할 역동적 복지국가의 구체적 재정 목표일 필요는 없다. 우리는 우리의 특성에 맞는 토종형의 보편적 복지국가를 추구하면 되는데, 아무리 그렇더라도 우리나라도 가입해 있는 경제협력개발기구(OECD) 국가들의 평균 'GDP 대비 국가재정' 규모인 45%에는 최소한 도달해야 한다. 그래야 보편적 복지를 비롯한 역동적 복지국가의 각종 프로그램들을 수행할 수 있을 것이기 때문이다. 이것도 한꺼번에 도달하기는 쉽지 않을 것이나 최선을 다해 빠른 시일 내에 달성해야 할 것이다.

우리나라의 현재 'GDP 대비 국가재정' 규모가 31%이므로 OECD 국가들의 평균인 45%에 도달하려면 약 14% 포인트가 더해져야 한다. 우리나라의 2010년 GDP를 약 1,100조 원으로 잡으면, 2010년 일반정부 재정은 약 340조 원이 되고, OECD 국가들의 평균에 도달하려면 여기에 약 150조 원의 일반정부 재정이 추가적으로 필요하다. 이 막대한 돈을 조달하는 방법 중의 하나로 누구나 동의하는 것이 있는데, 세원을 정확하게 포착하는 등의 노력으로 각종 탈세를 방지하는 것이 그것이다. 이 일은 반드시 이루어야 하는 것으로 과거 민주정부 10년 동안에도 꾸준히 노력하였지만 그 성과가 짧은 기간에 나타나지 않는 결함이 있다. 그래서 일반조세와 사회보장기여금을 늘리려는 노력과 투쟁이 요구된다.

지난 민주정부 10년과 현 정부 시기 동안, 즉 신자유주의 10여 년 동안 우리나라는 일반조세의 세율을 높이기는커녕 직접세 중심의 감세를 지속적으로 단행해왔다(1996년 최고 소득세율은 40%였으나 김대중 정부는 이를 36%로, 다시 노무현 정부는 35%까지 인하하였음). 그 결과 우리나라의 2010년 조세부담률(국세+지방세/명목GDP)은 19.3%로 추정되는데, 이는 OECD 평균인

26.6%(2008년)에 비해 7.3% 포인트나 낮은 것이다. 우리나라 국민들은 지금 내고 있는 세금보다 약 37%를 더 내야 OECD 평균수준의 조세부담률에 도달한다. 또, 우리나라의 사회보장기여금 부담률(사회보장기여금/명목GDP)은 5.8%인데 비해, OECD 평균은 9.1%이므로 우리나라는 현재 내고 있는 사회보장기여금보다 약 56%를 더 내야 OECD 평균수준에 도달한다.

국가재정의 대대적 확충 없는 보편적 복지나 복지국가는 있을 수 없다. 우리는 유능하고 큰 정부의 적극적 역할만이 기존의 신자유주의 양극화 사회를 극복할 실현가능한 유일한 현실적 대안이라 믿고 있다. 세원의 파악과 탈세방지를 위한 정부의 노력은 지속되어야 한다. 더불어 직접세 중심의 조세부담률을 누진적으로 높여나가야 하며, 사회보장기여금의 크기도 획기적으로 키워야 한다. 이것이 복지국가 혁명으로 가는 길이다. 국가로부터 보편적 복지를 수혜한 경험이 거의 없는 우리나라 국민들이 조세부담의 급증에 저항감을 가질 것은 자명하다. 그동안 신자유주의의 시장적 방식에만 길들여진 기존의 삶의 태도를 일정하게 바꾸는 것도 쉽지 않을 것이다. 하지만 이제 이를 넘어서야 한다는 '복지국가 담론'의 큰 흐름에 많은 국민들이 막연하게나마 동의하기 시작했다.

이제 '보편주의' 복지국가 세력의 역할이 막중해졌다. 복지국가에 동의하는 국민을 확장해야 한다. 그리고 우리 국민이 가지고 있는 복지국가에 대한 막연한 동의를 복지국가에 대한 확고한 지지로 바꾸어 놓아야 한다. 보편주의 복지국가의 실현, 즉 복지국가 혁명을 위해서는 국민 모두의 연대적, 누진적 추가부담이 불가피함을 설득해야 한다. 그래서 복지국가를 향한 열망을 갖고 기꺼이 추가 부담을 감수하려는 국민이 압도적 다수가 되도록 해야 한다. 우리는 이러한 국민을 "깨어있는" 국민이라 불러도 좋을 것이다. 이것이 필자가 노무현 전 대통령의 퇴임 후 성찰의 산물인 "깨어있는 시민"을 이해하는 방식이다.

필자가 요즘 상임운영위원장을 맡아 열심히 매달리고 있는 '건강보험 하나로 시민회의'의 건강보험 하나로 운동은 "깨어있는" 시민을 확장하려는 중요한 시도다. 이것을 달성하지 못한다면 '보편적 복지'도 '복지국가'도 모두 수사적 구호에 불과한 것이 된다. 보편적 복지국가에 부합하는 추가적 부담을 하지 않으려는 사회구성원들은 '복지국가'라는 한 배를 만들 수도, 여기에 승선할 수도 없기 때문이다. '건강보험 하나로 시민회의'는 시민들에게 지금 내고 있는 국민건강보험료의 34%를 더 내자고 설득한다. 이 경우에 고용주도, 정부도 지금보다 34%를 더 부담하게 된다. 이렇게 확충된 국민건강보험 재정으로 사실상의 입원 무상의료를 실현할 수 있고, 이는 의료비 불안을 개인 단위의 시장적 방식으로 해결하는 실손 민간의료보험 가입의 엄청난 경제적 부담으로부터 벗어날 수 있게 한다.

그런데 '낡은 진보'가 '건강보험 하나로 시민회의'의 행보를 가로막고 있다. 이들은 국민건강보험료가 사회보장기여금으로서 우리나라 국민건강보험(National Health Insurance)의 경우 소득재분배 효과가 매우 강한 사실상의 '의료보장' 목적세임을 제대로 이해하지 못하고 있다. 우리나라의 건강보험료율은 소득의 5.3%에 그쳐 유럽 복지국가들의 14%나 이웃 일본과 대만의 8.5%에도 턱없이 못 미친다. 이로 인한 국민건강보험의 낮은 보장수준 때문에 우리네 가계의 80%가 민간의료보험을 하나 이상 구입하고 있고, 20세 이상 성인의 70%가 민간의료보험에 가입해 있으며, 가입자 1인당 평균 10만원 이상을 보험회사에 지출하고 있다. 그런데도 '낡은 진보'는 그동안 이를 외면하거나 실현가능성이 전혀 없는 '오래된' 주장만을 반복하고 있다.

진보신당은 두 전 대표(노회찬, 심상정)가 '건강보험 하나로 시민회의'의 홍보대사로 참여하여 이 운동을 적극 지지하고 있음에도 여전히 일부 '낡은 진보'가 반대의 목소리를 거두지 않고 있다. 하지만 진보신당의 큰 흐름은 '건강보험 하나로 시민회의'와 같은 것으로 확인되고 있다. 진보신당이 진보의 새로운 흐름에 역동적으로 합류한 것은 진보의 재구성과 복지국가 혁명을 위해 다행스러운 일이라 하겠다. 그러나 민주노동당의 상황은 매우 우려스럽다. 민주노동당은 '건강보험 하나로' 병원비를 해결하겠다는 취지로 거리 서명을 통해 입법 청원을 준비하고 있다. 그런데 이들은 국민의 건강보험료 부담을 늘려야 한다는 이야기는 하지 않는다. 돈이 하늘에서 떨어지거나 땅에서 솟구치는 것도 아닌데, 그저 무상의료만 강조한다. 이런 캠페인이 무슨 의미가 있을까? 이것이 도대체 "깨어있는 시민"의 확장과 무슨 관련이 있을까?

민주노동당의 '낡은 진보'는 고용주가 건강보험료의 60%를 부담(현재는 50%)하고, 정부가 국고로 30%를 부담(현재는 20%)하라고 요구한다. 그래서 「국민건강보험법」 등을 개정하여 이를 관철하겠다는 것이다. 그러면서 국민의 건강보험료 추가부담 이야기는 꺼내지도 않는다. 먼저, 노동자 대 고용주의 건강보험료 부담비율을 현행의 '50 대 50'에서 '40 대 60'으로 바꾸면서 건강보험료를 상당 폭 인상하는 것은 지금의 계급 역관계와 정치현실에서는 실현 불가능하다. 국고지원을 현재의 20%에서 30%로 늘리겠다는 것은 정부재정의 용처를 이곳에서 저곳으로 옮겨놓는 것일 뿐으로, 국가재정의 확충이라는 복지국가의 지향에도 역행하다. 또, 국가재정 지출의 우선순위에서 다급한 여러 복지 분야보다 앞서지는 않으며, 현재의 조건에서 국고증액의 실현가능성도 거의 없다.

민주노동당이 '낡은 진보'의 뜻에 따라 성공적으로 10만 명 국민의 서명을 받아 입법청원을 한들 이것이 무슨 소용이겠는가? 이러한 노력은 아무런 소득도 없이 민간의료보험과 금융자본의 팽창에만 봉사한 것으로 역사적 평가를 받게 될 것이 자명하다. 그 이유는 다음과 같다. 첫째, 10만 명 길거리 서명의 과정에서 '국민건강보험 하나로'를 위한 국민의 추가 부담을 요청하지 않음으로써 장차 복지국가를 열어갈 주도세력으로서의 "깨어있는 시민", 즉 기꺼이 추가 부담을 감수하겠다는 국민이 아니라 국가나 타자에게 부담을 요구하는 국민으로 서명하는 데 그쳤기 때문이다. 둘째, 이렇게 청원된 법률안이 국회를 통과할 확률은 제로다. 도대체 무엇을 얻으려는가? 셋째, 이렇게 시간은 흘러가고, 의료민영화의 한 축인 민간의료보험은 세력을 갈수록 확장하여 지속적으로 국민건강보험을 구축할 것이다. 금융자본의 이익에 봉사한 셈이다.

복지국가는 삶의 방식을 바꾸는 문제와 밀접하게 연관되어 있다. 기존의 시장만능주의 삶의 방식에서는 의료 등의 사회서비스와 노령연금 등의 소득보장 등 모든 것을 시장에 의존하던 데서 사회연대성의 원리가 지배하는 사회적 삶의 영역을 획기적이고 지속적으로 확장함으로써 삶의 안정성과 역동성을 드높이자는 것이다. 그런데 이유야 무엇이든 간에 '낡은 진보'는 결과적으로 이것을 가로막는다. 이것이 필자가 줄기차게 진보의 재구성을 주장하는 이유다. 필자는 민주노동당이 보편주의 복지국가를 열어갈 '새로운 진보'의 주도세력이 되길 진심으로 기대한다. 그리고 조속한 시일 내에 민주노동당이 '건강보험 하나로 시민회의'의 활동을 지지하고 함께 연대해주길 바란다.

보편적 복지와 복지국가를 실현하기 위해서는 국가재정을 크게 확충해야 한다. 일반조세의 증세가 필요하다. 증세의 방법으로 조세정의를 바로 세워 탈세 등으로 누수 되는 세금이 없도록 하는 것과 함께 무엇보다 직접세의 세율을 누진적으로 높여야 한다. 발생한 모든 소득은 궁극적으로는 개인에게로 귀착되기 마련이므로 소득세에 관심을 집중할 필요가 있다. 우리나라는 GDP 대비 소득세의 비중이 4.4%에 불과한데, OECD 국가들의 평균 비중은 9.4%다. GDP 대비 5% 포인트의 차이를 보인다.

그러므로 우리나라의 소득세 비중을 OECD 평균 수준으로 높일 경우, 2010년 우리나라의 GDP를 약 1,100조 원으로 보면, 소득세에서만 약 55조 원의 추가 세수가 발생한다. 추가로 늘린 세수의 대부분은 보편적 복지와 적극적 복지에 사용할 것이므로 누진적 직접세인 소득세에 일정세율을 부가하는 방식의 '사회복지 목적세'를 도입하는 것이 가장 바람직할 것이다. 또, 보편적 복지국가라는 한 배를 타고 정정당당하게 보편적 복지를 요구하기 위해서는 어떤 소득이든 간에 '소득이 있는' 누구나 세금을 내야 한다. 그러므로 각종 공제제도는 폐기하고 세수기반을 넓히려는 노력을 지속해야 한다.

그런데 최근 진보를 자처하는 시민사회의 일부가 말로는 보편적 복지를 옹호하면서도 정부재정의 적극적 확충방안으로서의 증세를 반대하거나 이에 주저하는 모습을 보이고 있다. 우리나라는 'GDP 대비 사회복지재정의 비율'이 9%에 그치고 있어 OECD 국가들 평균인 21%나 유럽 선진국들의 28~30%에는 한참 못 미친다. 앞서 언급한 일반정부 재정의 크기가 우리나라는 GDP의 31%이므로 OECD 국가들의 평균인 45%에 도달하려면 2010년 현재 약 150조 원(1,100조 원의 14%)의 일반정부 재정이 추가로 필요하다. 토종형의 한국적 복지국가를 만들려고 하면, 일반정부 재정 규모가 유럽 선진복지국가들 수준까지는 아니라 해도 OECD 국가들의 평균 수준 정도는 되어야 한다. 민주당이 최근 보편적 복지국가까지 내세우고 있는 바, 앞으로 이의 진정성은 증세를 통한 정부재정의 대담한 확충 여부로 판가름될 전망이다. 이에 대해서는 진보정당들도 다르지 않다.

민주노동당과 진보신당은 출범 초기부터 사회적 약자를 위한 정당임을 내세우며 "부자에게 세금을 빈자에게 복지를"이란 구호를 내걸었다. 최근 정부·여당은 복지 항목에 따라서는 최대 70%의 국민에게까지 복지를 제공하겠다는 파격적 정책을 내놨다. 대부분은 사실이 아닌 것으로 판명되겠으나, 어찌되었던 정부·여당은 부자들에게는 복지를 주지 않고, 그 돈으로 빈자들에게 충분한 복지를 주겠다는 논리로 부자들에게까지 복지를 주겠다는 야당의 소위 '보편적 복지'를 공격하고 있다. 부자들에게 세금을 걷어 빈자들에게 복지를 주겠다는 진보정당의 과거 슬로건은 현재 정부·여당의 그것과 너무나 닮아 있다. 사실이다. 과거 진보정당과 진보진영은 시야가 '진보적' 잔여주의에 머물렀다. 즉, 진보정당은 보수정당들보다 사회적 약자와 빈자들에게 더 많은 복지를 주는 정당이라는 데서 스스로의 정체성을 찾았던 것이다. 어이없게도 이 '낡은 진보'는 그들이 그토록 하찮게 여기던 한나라당과 이 점에서는 닮아 있었던 것이다.

그래서 이 '낡은 진보'는 국민들에게 세금을 더 내자는 말은 한 번도 해 본 적이 없다. 언제나 거부하고, 안 내고, 덜 내고, 개별적 수준에서 더 받자는 투쟁만 해왔던 것이다. 이러한 일은 지금도 진보진영 내부에서 반복되고 있다. 진보신당의 사회복지 목적세 입법안은 대부분의 국민이 부담하는 누진적 방식이 아닌, 여전히 '부자에게 세금을' 이라는 과거의 부유세 요소에 묶여 있고, 다른 획기적 재정확충 방안은 아직 존재하지 않는다. 민주노동당 역시 소득세 최상위 구간 신설을 통한 증세 입법안을 내놓은 것 이외에는 별다른 것이 없으며, 최근에는 증세는 안 된다는 입장마저 들려온다. 귀를 의심할 지경이다. 1980년대에 대세를 형성하며 진보운동을 주도해온 소위 NL과 PD라는 '오래된 진보' 가 20여 년이 지난 지금까지 진보진영에 영향력을 행사하고 있다. 강산이 변해도 몇 번은 변했을 만큼 긴 세월이 흘렀다. 보편주의 복지국가를 위해 우리시대의 진보를 재구성하는 일이 시급하다.

김문수의 '잔여'적 복지에 맞선 심상정의 '보편'적 복지

이상이 | 복지국가소사이어티 공동대표, 제주대학교 교수

최근 김상곤 경기교육감의 '무상급식' 정책이 우리사회의 쟁점이 되고 있다. 진보와 보수의 시각이 분명하게 갈리는 것이다. 김문수 경기도지사는 김상곤 경기교육감의 무상급식 예산을 전액 삭감한 경기도 의회의 행동을 지지하며, 한 모임에서 "경기도 의회에 박수를 보내자"라고 주변을 독려했다고 한다. 이에 대해 야당들은 김상곤 경기교육감을 지지하고 나섰고, 최근 경기도지사 출마를 선언한 진보신당의 심상정 전 대표는 경기도 교육의 발전을 위해 김상곤 교육감과 함께 뛰겠다며 적극적인 지지와 연대의 의사를 표시하였다.

이 사안에 대해 여당인 한나라당의 정서는 어떨까? 경남교육청이 2010년부터 중학교 무상급식을 추진하자, 한나라당의 이 모 의원은 국회 교육과학기술위원회에서 "가정형편에 관계없이 무조건 무상급식을 실시하는 데 예산을 투입하는 것은 사회주의적 발상"이라고 비판했다고 한다. 최근에는 한나라당의 손 모 의원도 국회의원 회관의 한 행사에서 무상급식을 사회주의와 관련지어 이념 공세를 편 바가 있었다. 이명박 정부가 추구하고 있는 '능동적 복지'도 그 핵심은 무상급식 같은 보편주의 복지를 반대하고, 전통적인 구빈법적 원리에 따른 잔여주의의 선별적 복지를 옹호하는 것이다. 결국 정부, 여당, 경기도 모두가 신자유주의의 잔여주의 복지를 추구하고 있는 것이다.

경기도의 무상급식을 둘러싼 쟁점은 이렇다. 경기도 교육청이 초등학교 5~6학년을 대상으로 무상급식을 실시할 목적으로 650억 원의 예산을 상정하였지만, 한나라당이 장악한 경기도 의회가 이를 전액 삭감해버렸다. 대신에, 경기도정과 의회는 월 소득이 4인 가족 기준으로 200만 원에 미치지 못하는 가난한 가정(국민기초생활보장 기준소득의 150% 이하에 해당하는 차상위계층)의 초·

중·고교 학생들에게 무상급식을 실시하기 위한 별도의 예산안을 통과시켜버렸다. 이에 경기도 교육청은 크게 반발하였고, 경기도 교육감은 신년 기자회견에서 무상급식 5개년 계획을 통하여 2014년까지 도내 초·중교 학생 전원에게 무상급식을 실현하겠다고 선언했다.

쟁점은 분명해졌다. 초등학교 5~6학년 전체를 대상으로 하는 무상급식과 초·중·고교의 선별된 가난한 학생들만을 대상으로 하는 무상급식의 차이인 것이다. 전자는 보편주의 복지이고, 후자는 잔여주의(선별주의) 복지이다. 지금까지 우리나라의 역대 정부들이 추구해온 복지는 소득과 자산조사를 통해 가난한 사람들을 선별하고, 이들에게 주로 복지를 제공하는 잔여주의 복지였는데, 이제 많은 진보개혁 성향의 정치인들이 이것의 한계와 문제점을 인식하게 되면서, 김상곤 경기교육감의 무상급식 정책을 지지하고 나선 것이다. 세상이 달라지고 있는 것인데, 참으로 좋은 일이라 하겠다. 정치인이 아닌 교육행정가가 진보적인 의제(보편주의 무상급식)를 던지고 고수함으로써 직업 정치인들과 우리 국민들에게 올바른 정치의 방향을 제시해주고 있는 것이다. 여기서 우리는 김문수 지사와 심상정 전 진보신당 대표의 복지를 둘러싼 대립적 견해에 주목해 볼 필요가 있다.

김문수 지사는 무상급식에 대해 "학교는 무료 급식소가 아니다"라거나 심지어는 "북한식 사회주의 정책"이라는 극언까지 한 것으로 알려져 있다. 김 지사는 김상곤 경기교육감의 보편주의 무상급식 주장은 합리성이 떨어진다고 여겼을 것이다. 기존의 우파적 사고는 가난한 사람들에게 시혜로 베푸는 잔여주의 복지가 아닌, 사회권적 시민권으로 모든 사회구성원이 당연히 누려야 할 권리로서의 복지인 '보편주의' 복지를 이해할 수 없었을 것이다. 이들 우파 세력은 모든 국민들이 사회권적 시민권 의식을 분명하게 체득하고, 그 헌법적 권리를 요구하며, 완전하게 행사하려는 상황, 즉 보편적 복지의 제도화를 가장 두려워하고 있는 것이다. 그래서 '사회주의'라는 이념적 공세까지 등장한 것이다. 이러한 상황에서 유력한 여성 정치가인 심상정 전 대표가 '보편적 복지의 제도화'를 외치며, 우리 정치의 전면에 나섰다. 일찍이 한국 정치에서 이런 일은 없었다. 심지어는 진보정당에서조차 담론과 거대정책으로서의 보편주의 복지체제를 전면에 내건 경우는 없었기 때문에, 이번 심상정 전 대표의 경기도지사 선거 출사표는 그 내용 면에서 예삿일이 아닌 것이다.

심상정 전 대표는 2010년 1월 19일의 경기도지사 출마 기자회견 자료에서 "복지는 시혜가 아니라, 누구나 당당하게 요구하고 누려야 할 기본적 권리"라고 하였는데, 이는 모든 국민의 사회권적 시민권을 옹호하는 것으로 보편주의 복지를 정확하게 표현한 말이다. 또, "복지가 일자리를 만들고 소비를 낳으므로 복지가 곧 성장"이라고 말했다. 이는 우리 국민들이 가장 살기 좋은 행복국가로 여기고 있는 북유럽 복지국가들의 보편주의 복지제도가 만들어낸 양질의 사회서비스 일자리와 복지-경제의 선순환 모델을 잘 이해하고, 이를 경기도에 적용하겠다는 '창의적 기획'으로 읽혀진다. 심 전 대표의 말대로, 확실하게 보편적 복지야말로 사람을 사람답게 하고, 행복하고 조화로운 민주사회를 만드는 것이다. "두 번의 민주정권은 생산적 복지를 말했고, 지금 정권은 능동적 복지를 말하지만, 복지는 복지부동했고, 서민들의 삶은 더욱 고달파지고 있다"는 심 전 대표의 상황인식은 진보개혁적 정치인들, 지식인들, 그리고 절대 다수 국민들의 그것과 같은 것이다. 단지, 잔여주의의 시혜적 복지에 인식과 정책이 머물고 있는 김문수 경기지사나 정부·여당만이 그 대척점에 서 있을 뿐이다.

이번 지방선거는 참으로 중요하다. 1997년의 외환위기 이후, 지난 10여 년에 걸친 신자유주의의 구조화로 인해 우리나라는 양극화 성장체제를 내재한 시장 만능 국가가 되어버렸다. 이로 인해 우리 국민들은 양극화의 고통과 민생의 불안을 일상적으로 겪고 있다. 특히, 이명박 정부의 본격적인 신자유주의 정책 추진과 세계적 금융위기의 여파 속에서 경제사회의 양극화와 민생의 불안은 더욱 커지고 있다. 이제 대립 지점, 즉 전선은 분명하다. 본격적 신자유주의 세력과 보편적 복지국가 세력 간의 대결이다. 후자가 이길 때, 노동자와 서민과 중산층이 행복한 보편주의 복지국가의 시대가 열리는 것이다. 이를 위해서는 정치, 특히 진보정치가 중요하다. 국민의 투표 참여와 올바른 선택이 보편적 복지국가의 실현을 가능하게 한다. 그래서 우리는 이번 지방선거에서 경기도지사 출마를 선언한 심상정 전 대표의 보편주의 복지 약속, 즉 복지국가 경기도를 향한 '획기적 기획'에 주목하는 것이다.

김문수 지사의 선별주의 무상급식은 그의 의도가 무엇이든 간에(장차 학생 전체에게로 무상급식을 확대할 의도가 있든 없든 간에) 앞으로도 가난한 학생들에게만 무상급식을 시행하는 '잔여'적 선별주의 복지를 벗어날 수 없을 것이다. 잔여주의의 선별적 복지가 그들의 이념이기 때문이기도 하지만, 이것이 고착된 나라에서는 중산층 이상의 국민들이 세금을 더 내려고 하지도 않기 때문이다. 이에 비해, 초등학교 5~6학년 학생들 모두에게 무상급식을 시행하자는 김상곤 교육감의 보편주의는 빠른 속도로 초등학교 1~4학년까지, 그리고 중·고등학교까지 확대될 것이다. 초등학교 5학년 학생과 4학년 학생을 차별하지 말아야 한다는 것이 우리 국민, 즉 납세자들의 일반적인 정서이기 때문이다. 그리고 이것은 인권의 문제이기도 하다. 선별주의 무상급식의 과정에서 가난한 집안의 어린 학생들이 감당하기 어려운 사회적 낙인(stigma)이 찍혀질 것이기 때문이다. 이러한 맥락에서, 심상정 전 대표가 출마 기자회견에서 제시한 공공보육의 대대적 확충, 평생교육과 핀란드식 교육을 위한 투자, 건강불안과 주거불안의 해소를 위한 공공투자 등은 장차 우리가 반드시 나아가야 할 '선진국 형의 보편주의' 복지정책이자 경제사회정책으로 우리 모두의 주목을 끌기에 충분하다 하겠다.

누구나 인정하듯, 우리사회의 지배적 이념은 신자유주의(시장만능주의)이고 지배적 복지 이념은 잔여주의이다. 이번에 경기도의 무상급식 논란에서 불거졌듯이, 경기도정을 지배하고 있는 김문수 지사와 여당은 명백하게 '신자유주의와 잔여주의 복지'를 지지하였고, 심상정 전 대표는 이를 완전하게 극복하여 '복지국가와 보편주의 복지'가 제도화된 "아이들의 꿈과 엄마의 행복"을 이루어내는 경기도를 만들겠다며 출사표를 던졌다. 우리는 이러한 대립구도가 전면적으로 드러나도록 해야 한다. 그 과정에서 우리 정치권과 국민들이 신자유주의와 잔여주의 복지의 지속적 추진인가? 아니면, 복지국가와 보편주의 복지로의 획기적 전환인가? 경기도민뿐만 아니라 우리 모두가 치열하게 토론하고 정치적으로 결정해야 할 때가 된 것이다. 이것이 심상정 전 대표의 경기도지사 출마선언이 갖는 또 다른 중요한 의의라 하겠다. 만약에 심 전 대표가 당락을 떠나 경기도 전역에서 보편주의 복지의 바람을 들불처럼 일으키는 데 성공한다면, 그래서 경기도민들의 마음속에 억눌린 채 잠재되어 있던 '보편적 복지에 대한 사회권적 요구'가 분출되고, 요구의 수준이 높아진다면, 이것은 곧 전국으로 확산될 것인 바, 장차 심상정의 경기도가 보편적 복지의 전국적 교두보가 되는 것이다. 우리는 그때를 꿈꾸자. 그리고 지금은 심상정 전 대표의 '보편적 복지'를 향한 힘차고도 헌신적인 도전에 성원의 박수를 보내야 할 때다.

이제 지방정부가 달라져야

이상이 | 복지국가소사이어티 공동대표, 제주대학교 교수

2010년 3월 15일은 시대를 향해 던지는 진보의 승부수, 역동적 복지국가의 논리와 전략이 국민에게 제안된 날이다. 사단법인 복지국가소사이어티가 행사를 주관하였으나, 기실 중요한 것은 우리나라 진보개혁 정치를 대표할 만한 역량 있는 정치인들이 역동적 복지국가를 위한 주요 정책을 국민에게 제안하였다는 사실이다. 이것뿐만이 아니다. 노동시민사회와 학계를 대표하여 초청인으로 나서주신 분들의 면면을 보면, 역동적 복지국가의 진정성과 실천 가능성을 느낄 수 있게 된다. 3월 15일의 여의도 제안대회 행사장에는 여느 행사장들과는 달리, 다양한 분야의 사람들, 다양한 성격의 사람들이 참석하여 성황을 이루었는데, 바로 이 지점에서 이 행사의 진보적 성격뿐만 아니라 통합적 성격을 엿볼 수 있다.

우리는 박정희 정권의 개발독재와 이후의 군사정부 시기를 통칭하여 '산업화 시기'라 부르고, 87년의 민주항쟁 이후 20여 년간 지속된 시기를 '민주화 시기'라 부른다. 이 민주화 시기 동안 우리는 '국민의 정부'와 '참여정부'라는 소위 민주정부 10년을 경험하였다. 우리나라의 친자본적 보수세력은 김영삼 정부 중반부터 세계화를 주창하며 금융자유화를 추진하였고, 경제협력개발기구(OECD)에 가입하는 등, 세계화라는 이름의 '선진화'를 주창하여 왔다. 그럼에도 불구하고, 이들 신자유주의 보수세력은 김대중 정부의 등장을 막아내지 못하였고, 이로 인해 소위 민주정부 10년을 목도하는 처지에 놓였다. 이들의 절치부심과 뉴라이트 운동의 성과, 그리고 참여정부의 실패와 민심이반 등이 결합되어 마침내 2008년 선진화 정부라 자칭하는 이명박 정부가 들어섰다.

우리나라는 '산업화 시기 → 민주화 시기 → 선진화 시기'로 역사의 수레바퀴

를 굴려온 셈이다.

그런데 이제 우리 국민들은 우리가 살아가고 있는 현 시기를 더 이상 '선진화된 사회' 또는 '선진화 시기'로 보고 있지 않다. 삶이 점점 더 어려워지고 불안하기 때문이다. 아무리 그럴듯한 거시경제지표를 갖다 대더라도 민생이 피부로 느끼는 '지각지표'보다 못함을 우리는 익히 경험한 바 있다. 참여정부 말기에 온갖 거시지표를 들이대며 우리나라 경제가 잘 나가고 있고, 참여정부는 잘못한 것이 별로 없다는 식으로 홍보를 강화하였지만, 민생이 피부로 느끼는 현장의 '지각지표'는 이를 철저하게 배척하였고, 결국 선진화 주창 세력인 신자유주의 보수세력의 손을 들어주었던 것이다.

그런데 이제 민심이 다시 동요하고 있다. 무엇에 대한 기대의 존재로 인한 동요가 아니라 민생의 고통과 불안에서 벗어나고픈 몸부림이다. 선진화 세력의 실체가 신자유주의였음이 분명하게 드러난 것이다. '작은 정부와 큰 시장'이라는 신자유주의 교리를 실천하느라 이명박 정부는 부자감세를 단행하였고, 각종 공적 규제를 해제 또는 완화하였다. 금융자본의 과두적 입지를 보장해주는 입법을 야당과 시민사회의 반대와 우려에도 불구하고 일체의 주저함도 없이 밀어붙였다. 때마침 밀어닥친 세계적 경제위기로 국가부채는 급격하게 늘어났고, 부자감세로 인한 정부의 재정적 대응능력은 크게 줄어들었다. 사회양극화의 정도는 산업화의 성공 이래 지금까지 역대 최고 수준을 기록하고 있고, 연일 기록을 갱신하고 있다. 민생의 5대 불안은 우리사회를 더욱 삭막한 곳으로 몰아가고 있다. 이제 선진화 세력의 실력이 바닥을 드러내고 있는 것이다.

3월 15일의 '복지국가 국민 제안대회'는 이러한 상황인식에서 준비된 기획이었다. 기실, 전혀 선진적이지 못한 사회양극화 세력에 불과한 집권 신자유주의 정치사회 세력이 '선진화'라는 용어를 참칭하며 사회양극화를 심화시키고 있는 셈인데, 이를 더 이상 용납해서는 안 된다는 국민적 요구를 시대정신으로 표현한 것이 바로 '역동적 복지국가'이다. 그러므로 머지않은 장래에 신자유주의 '선진화 시대'는 마감될 것이며, '복지국가 시대'가 개막될 것이다. 결국, 우리나라는 '산업화 시기→ 민주화 시기→ 선진화 시기→ 복지국가 시기'로 역사적 발전을 이루어 갈 것인데, 언제 신자유주의 선진화 정치사회 세력을 역사의 전면에서 몰아내고 복지국가 주도 세력이 정치사회의 전면에 나설 것인지는 우리 국민들의 복지국가를 향한 열망의 정도에 달렸다.

우리의 조국 대한민국은 현재 야만적 경쟁지상주의 사회다. 어릴 때부터 친구를 이기고 무찌르는 법을 터득하게 하고, 살아남기 위해서라면 무엇이든 서슴지 않는 '인간병기'를 만들어내는 정글자본주의 사회는 우리 대한민국의 미래가 될 수 없다. 이미 우리네 민생은 불확실성이 지배하는 경쟁만능의 양극화 사회에서 지나치게 불안하다. 그런데 국가마저 부자감세와 자본을 위한 규제완화에 충실하며 보편주의의 제도적 국가복지를 외면하므로, 민생 불안에 만성적으로 포획된 우리 국민들은 국가와 사회의 도움 없이 '스스로의 힘'으로 미래의 불안에 시장적 방식으로 대응하느라 오늘도 분주하고 정신이 없다. 정글에서 오로지 나 혼자라도 살아보겠다고 발버둥치는 형상이다. 이것은 존엄한 인간의 행복한 삶과는 거리가 멀다. 그런데 모든 나라와 백성들이 다 그런 것은 아니다. 북유럽의 복지국가들은 국가와 사회가 기본적 삶의 안정감을 모든 국민에게 제도적으로 보장하고 있고, 그 속에서 창의적인 국민들은 더불어 행복한 삶을 꾸려가고 있다. 우리사회가 비정상적인 것이다.

3월 15일의 복지국가 국민 제안대회는 야만적 정글자본주의, 경쟁지상과 승자독식의 시장만능국가라는 신자유주의 양극화체제를 역동적 복지국가체제로 바꾸어내자는 것이 요지였다. 그러므로 '비정상'을 '정상'으로 바꾸어 놓자는 것이다. 이 일이 빨리 진행되고, 그래서 체제 교체가 가까운 미래에 이루어지는 것이 민생의 고통과 불안을 조기에 해소하는 길이다. 이를 위해서는 시민사회의 거대한 변화가 기저에서부터 일어나야 하고, 이에 조응한 정치권의 요동과 새로운 방향 정립이 요구된다. 신자유주의 양극화 성장이라는 선진화 세력의 치명적 약점이 지속적으로 노출되는 가운데, 장차 몇 번의 계기 또는 기회가 우리에게 주어질 것이다. 그 첫 번째가 바로 6월로 예정된 지방선거다.

지방정부를 바꿔놓아야 한다. 지역 토호들이 장악한 개발주의 지방정권을 복지국가의 민주적 지방정부로 바꾸어야 한다. 지역주민의 삶의 질을 높이는 데 유능한 지방정부, 저출산·고령화에 능동적으로 대응하는 지방정부, 보편주의 복지를 실천하는 지방정부를 만들어야 한다. 이것이 가능해지기 위해서는 지방정부의 역할과 관련하여 무엇이 '정상'이고 무엇이 '비정상'인지를 지역주민들에게 알려 나가려는 소통의 노력이 요구된다. 시민들 스스로가 참여하고 나서는 '시민참여 교육'이 필요하고, 이를 통한 시민의식의 제고가 우리 시대의 과제여야 한다. 지방정부가 나서서 불필요한 토건사업에 재정을 투입하고 우선순위로 몰입하는 것은 '비정상'이다. 주민들의 삶의 질을 높이는 일은 방기하면서 전시성 사업에 엄청난 규모의 재원을 투입하는 지방정부도 '비정상'이다.

이에 반해, 친환경 무상급식과 무상보육에 우선적으로 재정을 투입하는 지방정부는 '정상'적인 좋은 정부다. 초등학교와 중학교 학생들의 실질적인 무상교육을 보장하는 지방정부, 사회서비스의 완전한 보장을 위해 재정이 허락하는 범위 내에서 최대한 사회서비스 인력을 고용하고, 이를 통해 지역사회에 사회서비스를 충분히 제공함으로써 복지수요를 충족하고, 좋은 사회서비스 일자리를 많이 만들어내는 지방정부는 '정상'적인 좋은 정부다. 더불어 사회적으로 필요한 서비스는 서비스 대상자가 부자이든 중산층이든 서민이든 빈자이든, 가리지 않고 누구에게나 '질 높은' 서비스를 제공하려는 지방정부는 '정상'적인 복지국가의 지방정부다. 우리는 이러한 내용을 지역사회에서 공론화해야 한다.

비정상을 정상으로 만드는 일, 이것이 이번 지방선거를 계기로 우리사회에서 일정하게 공론화되면 우리에게 희망은 있다. 설사 이번에 더 많은 지방권력을 교체해내지 못할지라도, 우리는 지방정부에 대한, 그리고 우리사회에 대한 새로운 눈높이를 사회적으로 공유하였으므로, 그것으로도 의미는 매우 크다 하겠다. 상황이 이렇게 전개되면, 이후 신자유주의 양극화체제를 이끌고 있는 소위 신자유주의 '선진화' 정치사회 세력은 설 자리를 점차 잃어갈 것이고, 복지국가 정치사회 세력이 우리사회의 전면에 나서게 될 것이다. 문제는 이 시기를 얼마나 앞당기느냐 하는 것이며, 이는 순전히 우리 시민사회의 성찰적 노력과 소통의 정도에 달렸다 하겠다. 그리고 이번 지방선거는 이를 위한 소중한 계기이자 절호의 기회다.

천민적 출세와 성공의 욕망체계에서 인문적 가치와 행복의 복지체계로

이래경 | 복지국가소사이어티 공동대표, 일촌공동체 상임이사

필자가 고등학교 시절이었던 1970년 초, 즉 유신 쿠데타가 있기 직전에, 박정희 정권은 국민소득 천불 시대가 오면 마이카, 마이홈에 마치 유토피아가 곧 도래하는 듯한 홍보를 했다. 그리고 이를 핑계로 파쇼적, 국민동원적, 재벌집중적 사회경제체제를 정당화하였다. 그래도 그 시절에는 앞으로 펼쳐질 핑크빛 청사진이 있었고, 창출된 잉여가치의 일부가 시민사회로 순환되면서 피부로 느낄 만큼 생활이 조금씩 나아지고 있었다. 통계수치로도 지니계수가 점차 개선되고 있던 시절이었고, 이후 터져 나온 중동 건설 붐 등으로 일자리 걱정은커녕 고급인력난을 겪던 시절이기도 했다. 명백하게도 지속될 수 없는 정치사회경제구조였건만, 서민들은 고달픈 하루하루 삶이지만 조금만 참으면 좋아지리라는 꿈을 꾸면서 세월은 흘러갔고, 이후 정치적 격동을 거치면서 조만간에 사람 살만한 세상이 도래하리라는 기대는 국민소득 기대치를 천 불에서 만 불, 그리고 이만 불로 엄청난 인플레를 일으키고 있었다.

이러한 신기루적 환상은 1997년 IMF 구제금융 등의 과정을 거치면서 사실상 깨어졌다. 이만 불 시절이 눈앞에 도래하였어도 대부분의 시민들은 생업을 잃을까 조마조마한 가슴을 쓸어내려야 했고, 수백만에서 확대일로에 있던 빈민계층은 하루하루 끼니를 걱정해야 했고, 새로이 사회에 편입되는 세대들은 미래에 대한 열정과 희망보다는 먼저 현실에 대한 좌절과 냉소를 배워야 했다. 참으로 IMF라는 거대한 외부충격은 우리에게 나름대로 의미 있는 긍정적 교훈과 참으로 고통스런 부정적 상흔을 각각 남긴다.

긍정적 교훈은 그저 일만 열심히 하면 사람 살만한 세상이 온다는 신기루적 믿음이 깨지면서 냉혹한 사회경제적 구조와 국제사회의 현실을 직시하게 하고,

세계화에 무방비로 편입된 체제조건 속에서는 단순히 GDP로 표현되는 국민소득 계수가 결코 우리에게 행복을 가져다주지 않는다는 것을 깨닫게 한 점이요. 부정적 상흔은 양극화가 확대되면서 자신의 삶은 국가가 책임져 주는 것도 아니요, 회사(시장)가 대신해 주는 것도 아니요, 오로지 스스로가 책임져야 하며, 이를 위해서는 철저한 생존경쟁 속에서 이겨내야만 한다는 정글법칙이 작동하는 사회가 전면화되는 계기가 됐다는 점이다. 이러한 부정적 요인은 참여정부가 실패함으로서 증폭되었고, 이명박 정권이 들어서면서 눈치 볼 것 없이 전면화되어버렸다. 이명박 자신의 인생행로가 보여준 대로 세상이 더럽더라도 출세하면 그만이고, 그래서 사랑하는 가족들의 눈치를 보아야 하는 것은 내가 못난 탓이고, 삶이 고달픈 것도 내가 성공하지 못한 까닭이 되어버렸다.

자연스레 현재 대한민국은 천민적 성공과 출세의 논리만이 활기를 치는 세상이 되었다. 진보를 논하는 사람들조차 성장을 담보하지 못하면 진보는 설 땅이 없다는 식의 망발을 하는 지경에 이르렀다. 성공과 출세의 논리가 만들어내는 신기루의 행선지는 극도로 불안한 사회의 전면화이다. 성공과 출세의 논리가 만들어내는 것은 일반시민들의 풍요로운 삶이 아니라 끝없이 탐욕스런 개개인 욕망의 재생산구조이다. 이웃보다, 남보다 물질적으로 풍요롭지 못하면 스스로 불행해지는, 그래서 대한민국은 이건희와 정몽구 같은 부류의 종족들만이 살아남을 가치가 있는, 10%도 아닌 5%, 아니 단 1% 종족을 위해 정치도, 법률도, 언론도, 교육도 존재해야 하는 사회로 급속히 재편되고 있다. 죽도록 달리지 않으면 불행해지고 쓰러질 수밖에 없는 외발자전거 신세가 이명박 정권이 그려내는 성공하고 출세한 한국인들의 모습이다(그래서 이명박 정권은 자전거 타기를 그토록 권장하는가?). 끊임없이 지대추구와 투기를 일삼아야 하고, 남들이 넘볼 수 없는 특권의 지위를 확보하기 위해 자식들을 허망한 사교육이란 감옥(참다운 인생을 포기해야만 하는)에 가둔다. 동시에 시장의 논리라는 설명으로 효율성의 미명 하에 천만에 가까운 시민들이 항상적 빈곤에 갇혀있고, 4백만이 넘는 극빈층이 사각지대에 방치되어 있고 같은 논리로 국민소득 2만 불의 국가에서 초등학교의 무상급식조차도 거부하는 극단적인 야만성을 드러내고 있다.

필자는 조국의 근대화와 공업입국의 기치를 믿고 1970년 초에 공대로 입학했다, 30여년이 흐른 지금 동창모임에 나가보면 당시 공대를 졸업했던 대다수의 동료들이 50대 초반 이후 직장에서 쫓겨나 백수로 지내고 있음을 목격한다. 사실 한국사회는 이미 경제규모에서 세계 10위권을 운위하는 선진국클럽 OECD의 모범 회원국이며, 올해 G20 국제회의를 개최하는 의장 국가이며, 제조업 생산력 기준으로는 6~7위를 넘나드는 강력한 산업경제국이다. 이러한 산업적 기초는 현장노동자와 더불어 공업대학을 졸업하고 반평생을 현장에서 땀흘린 엔지니어들의 대가이기도 하다. 그런데 조국 근대화, 공업입국의 일등공신인 엔지니어 출신들의 현재 모습은 위에서 목격하는 바이다. 그토록 어려운 공부에 석·박사학위를 취득한들, 50살을 넘기면 소모품 취급을 당하고 있는 셈이다. 인간이라는 존재가 생산 공정에 투입되는 자원과 동일하게 취급되고 소모되고 있는 것이다. 그럼에도 불구하고 우리는 여전히 GDP 천 불을 논하던 1970년대의 의제 '조금만 더 참고 조금만 더 열심히 하면 다 잘 살 수 있는 세상이 온다!?'라는 허구의식에 갇혀 있는 셈이다. 그렇다면 4만 불에 접근한 미국 시민사회가 우리가 바라던 이상 사회인가? 이러한 상태에서 지구는 과연 지속가능한 조건을 유지할 수 있는 것인가?

반면에 세계 행복지수 1위를 차지한 국가는 우리의 GDP 경제력에 겨우 20~30%에 도달한 중남미의 조그만 나라, 코스타리카이다. 정말 심각하게 되돌아보고 고민해야 하는 주제이다. 되풀이 되지만, 현재 한국사회는 정글의 법칙, 적자생존의 논리가 자연현상이라는 신자유주의적 궤변으로 합법을 가장하여 강력한 수탈체제를 강화하고 있는 셈이다. 19~20세기에 자기발전을 통해 강화된 이러한 논리가 자본가계급, 일부상류층 사회를 위해 얼마나 강력한 이데올로기의 무기로 형성되고 작동해 왔는지, 칼 폴라니는 『거대한 전환』이란 저서를 통해 상세히 폭로했다. 수세기간 유럽의 근대사를 관통했던 수탈체제는 비극적인 두 차례의 세계대전을 겪고 나서야 비로소 보편적 복지체제를 도입하면서 새롭게 재구성되었다. 이것이 함의하는 바는 실로 중차대하다 할 것이다. 영화 〈욕망이라는 이름의 전차〉의 결말처럼 한국사회의 미래가 폭력적 과정을 통해 해결될 것인가, 아니면 유럽사회의 역사적 경험을 거울삼아 공화주의적인 보편적 복지체계로 전환할 것인가를 결정해야 하는 시기가 점차 다가오고 있는 셈이다.

동시에 사회경제적 체제의 지속성과 혁신적 동력을 유지하기 위해서라도 이제는 경제운용의 방식을 성장에서 배분으로 과감하게 전환해야 한다. 이는 필자만의 이야기가 아니라 정치경제학의 할아버지격인 리카르도 이후 위대한 정치경제학자들의 끊임없는 조언이자 경고이다. 생산과 성장의 체계가 산업기술이 고도화되고 사무자동화가 급격히 진행되면서, 자본과 기술의 집중을 요구하게 되고 동시에 독과점을 결과하면서, 양질의 일자리가 급속히 사라지면서 생산과 소비의 순환적 과정이 붕괴된다. 이는 선진제국 모두에서 경험하는 바이며, 문제를 현상적으로 해결하기 위해 통화와 금융기술을 고도화하여 도입시켜 보지만, 작금의 세계 금융위기에서 경험하듯이 한계가 분명하며, 우리 삶의 불안은 더욱 증폭될 수밖에 없게 된다. 근본적인 것은 정부가 강력히 개입하여 창출된 가치를 모든 시민들이 향유할 수 있도록 적정한 배분의 과정을 통해 선순환을 만들어가야 한다는 것이다. 다시 말하면, 생산적 경제체계를 계속 유지하고 발전시키려면 오히려 배분, 즉 복지체계를 반드시 요구한다는 것이다. 이 점에서 필자는 다소의 무리가 있다하더라도 진보진영의 일부에서 주장하는 기본소득의 도입 취지에 전적으로 동의하는 바이다.

필자도 생산체계의 중요성을 충분히 인정한다. 단 21세기 현 시점의 기준에서 인류가 보편적으로 획득한 공정한 게임의 규칙이 지켜지는 범위 내에서다. 동시에 존 롤스가 『정의론』에서 제기한 기초적인 공화적 원칙이 작동되는, 그래서 타자의 제한 없이 의사표현을 하고 조작된 언론에 의해서가 아니라 자신의 주체적 삶의 언어와 권리로서 선거권을 행사할 수 있는 사회, 지위와 소유와 출생이 다음 세대의 운명을 좌우하지 않는 누구에게나 공정한 기회가 주어지는 사회, 사회경제체계가 만들어낸 부의 배분을 사회적으로 어려운 계층에게 우선적으로 배려하는 사회라는 조건에서, 그리고 지속가능한 조건 속에서 자원과 에너지를 활용한다는 전제 하에서, 현대적 생산체제는 우리 삶을 풍요롭게 하는 가장 기본적이고 소중한 영역으로 자리를 잡을 수 있을 것이다. 그렇지 아니하고 소수 특권계층의 이익을 위해 작동되는 것이라면, 그래서 대부분의 시민들을 피폐하게 만들고 한번 뿐인 소중한 삶을 소모하게 하는 것이라면, 차라리 중세의 자연 순환적 생산체계로 되돌아가는 것이 한국 시민사회, 그리고 인류 모두를 위해서 현명한 판단일 것이다.

우리를 짓누르고 있는 사회적, 경제적 불안요인들을 개개인이 개별화해서 해결하려 하면, 위에서 이야기했듯이 정글의 생존경쟁법칙이 작동하게 된다. 신자유주의자들은 이를 자연스런 법칙과 현상이라고 주장하면서 이러한 조건이 오히려 발전과 효율을 가져온다고 믿는다. 그러나 이는 소수의 특권층을 위해 강력한 이데올로기로 무장된 달콤한 교언일 뿐이다. 오히려 이러한 불안요인들에 함께 대처하고 함께 해결하려는 공화적 노력들을 통해 불안은 거짓말같이 우리 모두에게 새로운 가능성과 의미 그리고 행복으로 가는 통로를 제공해준다.

생산체계와 공화적 보편적 복지체계, 즉 생산체계의 또 다른 일면이자 목표이며 재순환을 가능하게 하는 분배의 체계는 궁극적으로 우리의 삶을 풍요롭고 행복하게 하기 위해 존재해야 한다. 우리의 삶을 고통스럽게 하는 생산체계와 소중하고 주인 된 삶의 가치를 저해하는 의존적 노예적 분배체계는 지양되어야 하며, 21세기 한국사회가 확보한 생산력에 기초하여 단순히 의식주를 해결하는 수준을 넘어서 삶의 가치와 의미를 찾아가는 과정으로 추구되어야 한다. 필자는 이를 인문적 삶의 가치를 새롭게 발견해가는 과정이자, 각자에게 주어진 탁월성의 실현과정이어야 한다고 믿는다.

훌륭한 운동선수는 운동의 기록을 통해서, 현장 작업자는 열정을 다하면서 보다 우수한 제품의 생산을 위해서, 화가는 끊임없는 재창조를 통해 만족할만한 작품을 만들기 위해서, 다시 말해 모두가 삶의 현장에서 자신에게 주어진 가능성에 도전할 수 있는 사회, 정치인들은 자신의 출세와 명예를 위해서가 아니라 시민사회의 개개인 모두가 그러한 가능성에 도전하도록 하는 조건을 만들어 가는 사회, 그러한 탁월한 사회를 추구해가는 2010년 한국을 꿈꾸고 싶다. 이웃을 시기하고 끌어내리고, 그 위에 서야 하는, 성공과 출세의 허망한 욕망체계를 끝장내고 참으로 산다는 것에 가치와 의미를 느끼며, 함께하는 이웃과 동료가 밖으로 드러난 또 다른 내 자신으로 삶의 축복과 의미의 모습으로 다가올 수 있는 사회를 꿈꾸고 싶다. 현실 속에서 능력과 기회와 노력에 의해 남이 나보다 높은 지위와 많은 부를 누린다 해도 그들을 축복할 수 있는 여유로운 기준과 원칙이 작동될 수 있는 사회를 꿈꾸고 싶다.

그것은 천민적 출세주의와 1% 성공신화의 담론을 단호히 배격하고, 참다운 인문적 가치와 함께하는 행복을 새롭게 발견하고, 인권적 연대적 복지체계를 우리사회의 중심 의제로 우뚝 세울 때 가능할 것이라 믿는다. 이것은 우리가 함께 꿈꾸고 만들어가야 할 미래한국의 모습일 뿐만 아니라, 한국의 현재적 조건이 파국으로 치닫는 것을 막기 위해서도 반드시 실천해야 하는 시대적 요구이기도 하다.

복지국가의 역사적 기원에 대하여

이성재 | 복지국가소사이어티 정책위원, 충북대학교 교수

외환위기 이후 한국사회는 양극화, 빈곤화, 저성장 상황에서 벗어나지 못하고 있다. 안타까운 사실은 진보의 기대를 안고 탄생한 김대중, 노무현 정부가 제대로 된 복지정책을 시행해보지도 못한 채 "분배가 우선인가, 성장이 우선인가"라는 의미 없는 논쟁으로 시간만 소모했다는 것이다. 만일 제대로 된 복지정책을 통해 양극화, 빈곤화를 해결하고 이를 통해 성장의 기반을 쌓았다면 한국사회는 지금과는 매우 다른 모습을 보였을 것이다.

그런데 왜 그렇게 하지 못했는가? 여러 이유가 있겠지만 그 중 하나는 복지국가에 대한 편견이 우리사회에 뿌리깊이 자리하고 있었기 때문일 것이다. 복지정책의 확대를 마치 자본주의체제의 부정으로 생각하는 경향은 이런 왜곡된 시각을 잘 보여준다고 할 수 있다. 그러나 유럽 복지정책의 과정을 살펴보면 오히려 국가 주도의 복지정책이 자본주의체제를 유지하기 위해 등장한 자연스런 역사적 산물임을 알 수 있다.

중세: 그리스도를 상징하는 빈민과 안정적 사회 시스템

근대 이전의 중세사회는 봉건적 신분제에 기반을 둔 안정적인 사회였다. 사람들은 농촌공동체와 수평적 관계를 맺는 동시에 영주와 수직적 관계를 맺었으며, 서로에게 져야 할 의무와 함께 그로부터 보호도 받는 시스템을 가지고 있었다. 프랑스의 중세사가인 조르주 뒤비가 "중세는 위계적인 농촌사회였지만 동시에 경제적으로는 안정된 사회였다"고 말했던 것은 바로 이 점을 강조한 것이었다. 물론 상호의존에 기반을 둔 사회라 할지라도 불안은 존재했다. 예를 들어 고아, 신체 불구, 기아 등은 이 시기의 불안을 나타내는 가시적 상징이었다.

그럼에도 중세는 빈민에 대처하는 방법에서 근대와는 큰 차이가 있었다. 즉 근대와 같은 부의 창출이 없었고 사람들은 생계를 위해 고단한 노동을 해야 했지만 당시의 빈민들은 사회 밖으로 쫓겨나지 않은 채 공동체 내에서 사회적 위치를 차지하고 있었다. 이들의 부재는 자선을 베풀 기회가 없어지는 것으로, 이는 곧 천당으로 갈 통로의 차단을 의미했다. 따라서 빈민과 걸인의 부재는 사회의 불안을 의미했다. 당시에 걸인은 하나의 직업이었다고 할 수 있다.

중세의 자선은 가난한 자에 대한 책임이 개인적 선택이 아니라 상호의존의 체계 내에서 의무적인 것이었다는 걸 보여준다. 이러한 사회적 분위기가 강했던 것은 자선이 중세를 지배하던 기독교의 가장 중요한 덕목 중 하나였기 때문이다. 이것은 중세 내내 기독교에 의해 조직적으로 자선활동이 이루어져 왔다는 사실을 봐도 알 수 있다. 한편 자선행위는 중세의 부자들에게도 이익이 되었다. 부자들은 자선을 통해 덕을 실천하고 죄를 씻었다. 상업이 발달하여 사람들 사이에서 거래관념이 강하게 자리 잡게 된 것도 자선활동을 부자와 빈자의 거래 혹은 일종의 교환행위로 여기게 한 요인이 되었다. 즉, 부조를 통해 부자는 저승에서의 구원을 약속받았고 이승에서의 삶을 즐길 수 있었던 것이다.

그러나 기독교의 자선이 모든 빈민을 무조건 도와야 한다고 본 것은 아니었다. 이 시기에도 도울만한 빈민이 있고 그렇지 않은 빈민이 있다는 인식은 존재했다. 우선 그리스도의 가난과 같은 자발적 가난이 그 가치를 인정받았다. 사람들은 그러한 사람에게 자선을 베풀 때 그 행위를 신이 더욱 인정해준다고 생각했다. 육체적 불구 역시 신성화되었는데, 이는 그리스도의 죽음과 순교자들의 고통 덕분이었다. 또한 순례자와 유랑하는 빈민들에 대한 부조도 이 시기에는 중요한 일이었다. 중세 전기에 수도원은 이들을 구제하는 데 중요한 역할을 했다.

그렇지만 그들도 부조할 빈민과 그렇지 않은 빈민들을 구별하고자 노력했다. 예를 들어, 프랑스의 클뤼니 수도원에서는 지나가는 여행자에게 단지 하루 동안만 숙소를 제공했지만 진정한 빈민들에게는 그곳에서 계속 머무를 수 있게 해주었다. 이 때문에 수도원 문지기는 좋은 빈민과 나쁜 빈민을 선별하는 역할을 담당하는 사람이기도 했다. 물론 이들 간의 구별이 그리 쉬운 것은 아니었기 때문에 대부분의 빈민은 자선을 받을만한 빈민으로 여겨졌다.

중세 시대의 빈민 부조에 있어 가장 중요한 기구는 교회였지만 시립병원이나 자선병원과 같은 구호소 역시 그 역할을 맡았다. 구호소는 프랑스 파리지역에서는 1180~1350년에 크게 증가했다. 자선활동은 지역적 기반 위에서 조직화되었고 부조대상은 엄격히 선별되었다. 이미 13세기 말부터 자선 행사가 지방의 사회적 서비스가 되었고, 도시 당국도 적극적으로 행동에 나섰다. 수도원, 영주, 성직자 모두가 비슷한 방식으로 빈민 부조를 위해 노력했다. 당시에는 자선활동이 사회안전망의 구실을 했으며 가난한 사람들의 삶을 사회가 충분히 담당할 수 있었다.

근대: 자본주의의 발전과 감금 위주의 정책

이러한 안정적인 사회시스템은 중세 말의 위기를 거쳐 16세기로 넘어오면서 점차 붕괴하기 시작했다. 부가 한쪽으로 집중되기 시작하면서 빈민과 유랑민이 급증하는 양상이 나타난 것이다. 당시의 인구 증가는 토지의 세분화를 가져왔고, 이는 토지 없는 농민을 양산했다. 소농들은 식료품을 사기 위해 돈을 빌려야 했으며, 빌린 돈에 대해 이자를 지불하지 못한 사람들은 토지를 팔아야만 했다. 농촌 내에서 뿌리가 뽑힌 사람들은 결국 도시로 몰려가든지 이곳저곳을 떠도는 유랑민이 되고 말았다. 당시 "거리에 빈민이 너무 많아 걸어 다닐 수가 없다"는 말이 있을 정도로 그 정도는 매우 심각했다.

이제 더 이상 빈곤은 자선 위주의 사회안전망 속에서 해결될 수 없었다. 그리고 이런 상황은 빈민에 대한 부정적 태도를 확산시켰다. 중세시대의 빈민과 주변인들이 신에게로 가는 구원의 길로서 사회를 유지시켜주는 윤활유 역할을 했다면, 이제 그들은 사회의 낙오자로 취급받기 시작했다. 동정심은 이렇게 경멸감으로 바뀌었다.

근대사회는 이 문제를 그대로 두고 볼 수 없었다. 16~17세기에 유럽의 시당국과 국가는 이 문제의 해결을 위해 억압적 정책을 사용했다. 국가는 빈민의 도시 유입을 막았고, 그들을 가둔 채 강제노동을 시켰다. 빈민은 이제 노동하지 않는 게으른 자라는 낙인 속에서 살아야만 했다. 1535년 2월 5일 파리 고등법원은 빈민들을 다루기 위한 다음과 같은 법령을 채택했다. "첫째, 파리에서 태어났거나 적어도 2년 동안 파리에서 머문 건장한 걸인들은 공공사업에 복무해야 한다. 둘째, 파리에서 태어나지 않았거나 파리에서 머문 지 2년이 채 안된 건장한 걸인들은 3일 이내에 도시를 떠나야 한다. 셋째, 병이나 신체불구를 위장한 걸인들은 채찍질을 당하거나 추방될 것이다. 넷째, 이를 어긴 자는 사형 혹은 재판관의 자유재량에 맡겨진다."

가톨릭 인문주의자인 비베스(Juan Luis Vives) 역시 "빈민들이 무시당했을 때 그들은 자신의 결핍을 극복하기 위해 반란을 일으킬 위험이 있다"고 말하면서 빈민을 철저히 감시하고 통제해야 한다고 역설했다. 우리에게 잘 알려진 미셸 푸코의 '대감금 정책'도 이 시대를 배경으로 하고 있다. 푸코는 1656년에 파리에서 창설된 종합병원의 주된 목적을 빈민과 주변인에 대한 '배제의 정책'으로 파악했다. 하지만 빈민들의 반발 속에서 국가의 배제정책은 그 실효성을 거두지 못했다. 당시에 유사한 법령이 계속해서 만들어졌다는 사실은 이를 잘 보여준다.

국가의 억압정책과는 달리 민간 차원에서는 자선을 강조하는 흐름이 계속해서 이어져 오고 있었다. 빈민에 대한 관대한 자선을 주장한 쪽은 주로 성직자들이었다. 그들은 종교 교육을 통해 빈민을 교화하고자 노력했다. 그들에게 자선사업은 필수적으로 자기희생, 명상, 그리고 기도를 근간으로 했으며, 이를 위해 그들이 추구한 것은 전국적으로 많은 병원을 창설하는 것이었다. 그들은 빈민을 사회의 위험으로 여기지 않았으며, 오히려 빈민을 배제시키려는 노력이 사회를 더 위태롭게 만든다고 생각했다. 그들에게는 여전히 중세적인 빈민의 이미지가 강하게 자리 잡고 있었음을 알 수 있다. 그럼에도 불구하고 이러한 자선활동은 대규모의 빈민화를 야기하는 사회구조의 변화에 주목하지 못했기 때문에 근본적인 해결책은 되지 못했다.

자본주의의 심화와 불안의 증가, 그리고 복지국가의 등장

중세의 '신성한 노동'이라는 종교적 외피는 17세기 말과 18세기 초를 기점으로 완전히 벗겨졌다. 이 시기에 노동은 잉여가치를 창출하는 자본증식의 원천이었으며, 더 많은 잉여가치를 생산해내기 위한 재조직의 대상이었다. 이로 인해 18세기에 나타난 빈곤은 이전의 빈곤과는 또 다른 양상을 띠었는데, 그것은 '불안한 노동'이라는 말과 긴밀히 연결된다. 즉, 노동자는 자주 실업 상황에 빠졌기 때문에 항상 고용되어야 한다는 불안감에 시달려야만 했던 것이다. 자본주의가 팽창하던 당시에도 현재와 비슷하게 노동의 재조직으로 인한 실업문제는 심각했다.

이 시기의 빈곤은 18세기의 낙관주의에 커다란 실망을 불러 일으켰다. 대다수의 사람들이 농촌에 살았던 중세에는 풍족하지는 않았어도 실업이라는 문제로 고통을 당하지는 않았다. 그러나 자본주의와 산업화의 시기에 실업을 당하게 되면 생계가 막막해지기 때문에 이는 물리적 죽음을 의미했다. 부를 창출해야 할 자본주의 하에서 오히려 빈민이 양산되었던 것이다. 토크빌이 포르투갈과 영국을 비교하면서 산업사회인 영국에 더 많은 빈민이 있다고 보고한 것이나, 경제학자 뷔레(Eugène Buret)가 "가난이 문명과 풍요를 따라 다닌다"고 말한 것은 바로 이를 지적한 것이다.

국가가 억압 일변도의 정책을 반성하고 실업문제와 사회불안을 공공의 책임으로 인식하기 시작한 것은 바로 이러한 현실적 상황 때문이었다. 일하고 싶어도 일자리를 얻을 수 없음에도 그들에게 일하라고 강요하는 것은 부도덕한 일이라는 공감대가 형성된 것이다. 프랑스 혁명은 부르주아 혁명이라고 규정되지만 혁명가들도 이 문제를 깊게 인식하고 있었다. 혁명 당시 국민공회는 노동에 의한 생계유지의 권리를 모든 인간이 다 갖지만 노동의 바깥에 위치한 경우에는 무상원조를 해주어야 한다고 보았다. 그러나 테르미도르의 반동 이후 외국과의 전쟁, 내부 분열에 의해서 이러한 시도는 무산되고 만다.

국가에 의한 빈곤과 실업문제의 해결이 지체되는 동안 사회적 불안감은 더욱 커져 갔다. 이 문제를 해결하기 위해 과거 자선활동의 연장선에서 새로운 민간운동이 조직되기도 했다. 그러나 노동계급의 교화와 도덕성 회복 등에 기초한 이러한 운동들은 여전히 새로운 산업 환경에는 부적합했고 근본적 해결책이 되지 못했다. 노동자들이 보기에 자신들에게 더욱 필요한 것은 교화가 아니라 사회체제의 변화였다. 따라서 노동계급은 이러한 운동보다는 자본가에 대항할 스스로의 조직을 건설하는 데 더욱 집중했다.

19세기 들어 사회적 충돌과 불안감은 더욱 고조되었고 국가도 이러한 상황이 그대로 방치되면 자본주의 자체가 위기에 처할 수도 있다고 인식했다. 결국 국가가 나서서 상황을 통제하는 역할을 맡아야 했고, 그 해결책은 복지정책의 확대로 나타났다. 개인적 온정주의와 계급투쟁이라는 두 가지 해결책 사이에서 '복지국가'가 이에 대한 해결책으로 제시된 것이다.

다시 말해, 복지국가는 1930년대 세계적 대공황 이후 케인즈 이론에 의해 도입된 것이 아니라 자본주의가 야기한 새로운 사회문제에 대해 서구사회가 오랜 시행착오를 거쳐 내린 결론이었다. 무엇보다 복지국가의 주요 요소인 사회부조와 사회보험은 불행한 사람의 상태를 더 이상 개인의 책임만으로 보지 않겠다는 국가의 인식 전환을 반영하고 있다. 다시 말해, 복지국가는 사회적 보호 없이는 사회적 통합도 없다는 생각, 빈민들의 배제보다는 긍정적 개인주의에 기반을 두어야 사회가 유지될 수 있다는 생각이 실체화한 제도인 것이다.

유럽에서 아직도 배워야 할 것

사회의 밑바닥에 처하는 것만큼이나 잉여인간이 된다는 것 역시 사람들에게는 불행을 준다. 중세에도 노동자들은 물론 착취를 당했지만 불필요한 존재는 아니었다. 그러나 산업사회에서 '여분이 되어 버린 사람(잉여인간)'은 사회적 가치를 창출할 능력을 소유하지 못했기 때문에 착취의 대상도 되지 못한다. 현재 우리사회의 수많은 주변인들은 마치 근대 초기에 농촌에서 쫓겨난 채 지속적인 실업의 위협을 안고 도시에서 살게 된 노동자들, 아무 곳에도 정착하지 못하고 이곳저곳을 떠돌게 된 유랑민과 비슷하다. 그 상태를 낳은 과정이 그렇고, 그들이 안정된 사회적 지위를 차지하지 못하고 있다는 점에서도 그렇다. 사회문제의 기형은 생활의 빈곤만을 의미하는 것이 아니고 확실성의 위협, 즉 불안정성을 의미한다.

서양은 이러한 문제를 해결하기 위해 다양한 시도를 했고, 어렵게 복지국가라는 귀착점에 도달했다. 즉 자본주의체제의 연속성을 보장하기 위해서는 자본주의의 부작용을 국가가 나서서 해결해야 한다는 결론에 도달한 것이다. 1880년대 독일의 비스마르크 사회보험 정책과 1940년대 영국의 베버리지 보고서 역시 바로 이러한 역사적 흐름에 기인한 것이다.

이제 자본주의 심화와 함께 유럽이 겪었던 동일한 문제, 즉 양극화, 빈곤화 그리고 잉여인간의 발생은 우리에게도 심각한 문제가 되었다. 물론 우리도 산업화와 더불어 근대적 복지체제를 도입하는 데 나름의 노력을 기울여왔고, 지난 민주정부 시기에 많은 성과를 이룬 부분도 있다. 그러나 국가가 아닌 가족이 사회문제의 주된 해결사 역할을 한다는 사실에는 변함이 없다. 지금까지는 가족이 든든한 울타리가 되어주었을지 모른다. 그러나 사회문제가 더욱 심각해지면서 복지를 담당하던 가족 자체가 오히려 해체의 길을 걷고 있음을 우리는 목도하고 있다. 우리가 아직도 서양으로부터 배울 것이 남아 있다면 복지국가의 필요성에 대한 사회의 폭넓은 공감대와 복지국가 정책의 실행을 위한 정부의 의지일 것이다.

보편적 복지와 풀뿌리 유권자 운동(Coffee Party)

이상이 | 복지국가소사이어티 공동대표, 제주대학교 교수

사단법인 복지국가소사이어티는 지난 2년여 동안의 복지국가 활동을 통해 도출된 각종 연구 및 정책의 성과물을 모아 2010년 3월 8일 『역동적 복지국가의 논리와 전략』이라는 책을 펴낸 바 있다. 3월 15일에는 복지국가 운동의 취지에 동의하는 주요 정치인, 노동시민사회단체의 지도자, 주요 학자 등이 복지국가소사이어티와 함께 마련한 '복지국가 국민 제안대회'가 서울 여의도에서 성공적으로 개최되었다. 그리고 주요 진보개혁 언론 매체들이 이날의 행사와 관련 기사를 크게 보도함으로써 역동적 복지국가 운동이 이 땅에서 진행되고 있음이 전국적으로 널리 알려지게 되었다.

하지만 여전히 대다수의 국민들은 역동적 복지국가 운동의 필요성은커녕, 이러한 운동이 진행되고 있다는 사실조차 모르고 있다. 진보개혁 성향의 언론 매체를 유심히 읽어보는 독자들이 그리 많지 않고, 그저 스치듯 읽어보는 것만으로는 부족하기 때문이다. 3월 15일의 '복지국가 국민 제안대회'가 끝났을 때, 여러 분들이 필자에게 다음과 같이 물은 적이 있었다. "이번 행사는 성공적으로 끝났는데, 다음으로 무엇을 할 예정입니까?" 그때 필자는 이렇게 대답했다. "당장은 조금 쉬고, 다음 달부터 지방으로, 밑으로 내려갈 작정입니다." 그리고 우리는 4월 초부터 지방의 '복지국가와 지방의제' 행사 기획에 들어갔다.

2010년 4월 26일 제주에서 '복지국가와 6.2지방선거 시민의제 마련을 위한 대토론회'를 제주지역의 대표적인 시민사회단체들과 복지국가소사이어티가 공동으로 개최하였다. 이러한 형식과 내용의 토론회 또는 전진대회를 4월 28일에는 충북 청주와 대구에서, 5월 6일에는 부산에서 각각 개최하였다. 이 행사를 공동으로 개최하였던 지역의 수많은 시민사회단체들뿐만 아니라 공동 개최자

였던 복지국가소사이어티도 이를 통해 우리의 한계와 함께 큰 교훈을 얻었다. 가장 뼈저리게 느낀 한계는 시민사회단체들이 일반 시민들과 상당히 괴리되어 있다는 것이고, 그래서 기존의 방식으로는 일반 시민과의 접촉면을 확보하기가 쉽지 않겠다는 것이었다. 그럼에도 불구하고 지역에서 열심히 활동하고 있는 시민사회단체의 많은 일꾼들이 '역동적 복지국가'에 큰 기대를 걸고 있다는 사실은 너무나 소중하게 다가왔다.

우리나라가 역동적 복지국가로 전진하는 데 있어, 필자에게 고무적으로 다가온 것은 지역 시민사회단체의 활동가들뿐만이 아니었다. 필자가 그동안 행하였던 각종 '역동적 복지국가' 강연을 통해 만났던 분들은 가히 복지국가의 주체가 되기에 조금의 부족함도 없었다. 유아와 학생자녀를 둔 평범한 중산층 주부들, 노동자와 그 가족들, 중등학교 선생님들, 병원 노동자들, 이 모든 분들이 역동적 복지국가의 지지자였다. 강연의 말미에 이들의 대부분은 장차 역동적 복지국가에서 살 수 있고 이러한 나라를 자식들에게 물려줄 수 있다면, 기꺼이 자신의 호주머니에서 세금을 더 내겠다고 대답했다. 필자는 보통사람들의 이러한 반응을 접할 때마다 큰 기쁨과 함께 역동적 복지국가 운동의 희망을 본다. '머지않은 미래에 역동적 복지국가 대한민국을 열 수 있겠구나!'라는 희망을 품고, 이를 더욱 다지게 되는 것이다.

사단법인 복지국가소사이어티가 주창하는 '역동적 복지국가'는 인간의 존엄과 연대를 모토로 보편적 복지, 적극적 복지, 공정한 경제, 혁신적 경제라는 네 가지 원칙을 기둥 삼아 사회구성원 모두가 더불어 행복하게 살아가는 '국민의 집'을 짓자는 것이 핵심 논리이다. 이러한 역동적 복지국가의 내용 중에서 6.2

지방선거를 앞두고 가장 크게 관심을 끄는 것이 '보편적 복지'이다. 지방의 시민사회단체 일꾼들은 한결같이 '보편적 복지'에 지대한 관심을 보였는데, 이는 김상곤 경기교육감의 보편적 무상급식 주장이 6.2지방선거의 주요 의제로 등장하면서 벌어진 커다란 정치사회적 수확이 아닐 수 없다. 보편주의 무상급식이 이제 전국적 수준에서 진보적 시민사회의 공론이 되어 있음을 충분히 확인할 수 있었다. 6.2지방선거의 과정을 통해 이를 유권자 운동으로 확산하는 일과 무상급식 의제를 넘어선 보편적 복지의 새로운 지평을 확대하는 일이 이미 시민사회의 주요 과제로 부상해 있는 것이다.

보편적 복지는 사회구성원 모두가 인간답게 더불어 살 수 있도록 보장하는 제도적 장치를 말하는데, 크게 두 가지로 구성되어 있다. 하나는 사회적 기본소득을 보장하는 제도적 장치들인 아동수당, 질병급여, 고용보험, 국민연금 등이며, 다른 하나는 의료, 보육, 교육, 노인요양 등 일생에 걸친 사회서비스 제공체계의 확립이다. 이는 중산층을 포함하는 국민 모두가 복지의 주체이자 대상이 되는 제도적 국가복지체계를 말하는데, 이러한 복지체계는 자신의 처지나 조건과 무관하게 인간의 존엄성을 유지하기 위한 물적 조건을 모든 국민에게 제공해주며, 기회의 완전한 평등을 보장해준다. 이러한 보편적 복지는 모든 국민에게 삶의 안정성뿐만 아니라 사회적 활력과 도전정신을 동시에 확보해주는 사회경제적 효과를 거두게 해준다.

주지하는 바와 같이, 최근 들어 보편적 복지가 많은 국민들의 지지를 얻어나가는 데는 김상곤 경기교육감의 보편주의 무상급식 추진이나 사단법인 복지국가소사이어티와 같은 연구자 단체 또는 보편적 복지를 주장하는 학자들이 일정한 기여를 했던 것은 사실이다. 그러나 이들의 기여가 가장 중요했거나 결정적이었던 것은 결코 아니다. 최근 보편주의 복지 담론의 확산에는 '신자유주의'라는 양극화 성장체제가 일등공신이다. 경쟁지상주의, 시장만능주의로 표현되는 신자유주의가 우리나라에 뿌리를 내리기 이전인 1997년 외환위기 전후 시기만 해도 보편주의 복지의 필요성이 우리나라에서는 사회적으로 전혀 설득력을 얻지 못하였다. 그저 복지정책론의 좋은 이야기, 일부 교과서적 내용을 간주되었을 뿐이었다. 오히려 당시에는 잔여주의 선별적 복지를 어떻게 내실화할 것인지가 시민사회의 최대 관심사였고, 이러한 지향과 사회운동의 성과가 「국민기초생활보장법」의 제정으로 나타났던 것이다.

김대중 정부와 노무현 정부를 거치면서 가난하고 소외된 사람들의 복지, 소위 선별적 복지는 과거에 비해 크게 확충되었다. 사회양극화의 진행에 따라 선별적 복지를 필요로 하는 사람들의 절박함이 커진 탓도 있겠으나, 잔여주의 복지를 튼튼히 함으로써 사회적 약자의 인권을 옹호해야 한다는 지난 10년 동안 소위 민주정부의 온정주의도 큰 역할을 하였고, 이러한 정책적 흐름은 시민사회의 요구와 궤를 같이하는 것이므로 정치사회적 시너지를 크게 발휘하였기 때문이다. 이를 통해, 가난한 사람들의 불우한 처지와 불안에 대한 제도적 처방이 크게 효과를 발휘하였음에도 사회 전체적으로 민생불안은 오히려 심화되었다. 민생불안의 문제가 서민과 중산층에게서 광범위하게 발생하고 있었기 때문이다. 극소수의 안정적 고소득자나 자산소유자를 제외한 절대 다수의 국민들은 일상생활 자체가 불안의 연속이다. 이에 대한 해법이 잔여주의 선별적 복지일 수는 없다. 하위 3% 국민이 선별적으로 수령하는 국민기초생활보장의 수급자가 되는 것이 그들에게 적합한 사회안전망이라고 여기는 서민과 중산층은 아무도 없을 것이기 때문이다.

서민과 중산층에게도 사회안전망이 필요하다. 앞서 설명한 바와 같은 보편적 복지가 사회적 시민권의 하나로 사회구성원 모두에게 일생을 통해 '사회적 기본소득'과 '사회서비스'를 제도적으로 보장해준다면, 일상화된 민생불안이 사라지게 된다. 불안에서 제도적으로 해방된 사람들은 창의적으로 사고하고 도전하려는 기업가 정신으로 충만하게 되고, 실패를 두려워하지 않고, 서로 협력하는 새로운 삶을 사는 것이 가능해진다. 이러한 사회는 인적자본과 사회적 자본의 수준이 높고 지식경제체제에서 혁신적 경제의 성공 가능성을 높이게 된다. 신자유주의 양극화가 넓고 깊게 진행됨에 따라 서민과 중산층을 포함한 많은 사람들이 본능적으로 이러한 사실을 깨닫게 된 것이다. 결국, 최근의 보편적 복지 담론의 확산은 어느 누구의 기여라기보다는 신자유주의라는 공동체 파괴적 자본주의가 초래한 정치사회적 결과라고 봐야 할 것이다. 그러므로 신자유주의와 보편적 복지 담론의 대결은 피할 수 없는 역사적 과정이며, 보편적 복지 담론의 정치사회적 승리는 궁극적으로는 우리나라에서 신자유주의에 대한 대체물, 즉 역동적 복지국가의 탄생으로 귀결될 것이다.

그런데 우리는 보편적 복지 담론의 승리를 위해 몇 가지 장애물을 넘어야 한다. 첫째, "가난한 자에게 복지를, 부자에게 세금을"로 상징되는 진보적 잔여주의를 넘어서야 한다. 이는 계급주의 또는 근본주의 사상이 짙게 배인 것으로, 우리 현실에서 이들 진보진영이 의도하지는 않았지만 결과적으로 가난한 사람에게 '질 낮은 복지'를 제공하는 것으로 귀결될 가능성이 크기 때문이다. 이는 미국의 의료복지와 스웨덴의 의료복지를 비교해보면 어느 것이 옳은 것인지 명확해진다. 정부가 가난한 사람에게 무상으로 의료보호(메디케이드)를 제공하고, 나머지 사람들은 시장에서 의료를 구매하는 미국의 의료제도는 사회계층 간 의료서비스의 질적 격차가 심각하다. 이에 비해 중산층 보편주의 전략을 취한 스웨덴은 부자나 빈자나 똑같이 양질의 의료서비스를 누리고 있다. 요즘 들어, 노회찬 후보와 심상정 후보를 비롯한 거의 모든 진보정당의 후보들이 보편적 복지를 주창하고 있다. 반가운 일이다. 전략적이든, 전술적이든 모든 진보개혁세력은 보편적 복지를 전면에 내세워야 하며, 이를 공통분모로 삼아야 할 것이다.

둘째, 보편적 복지에 대한 '현실적 한계론'을 경계해야 한다. 예산의 제한이 존재하므로 우선 시급한 빈자들의 복지에 재원을 할당해야 한다는 지극히 현실적인 논리가 그것이다. 이렇게 해서는 아무리 긴 시간이 흘러도 보편주의 복지는 실현될 수 없게 되고, 잔여주의 깃발만 영원히 나부끼게 된다. 예산의 제한 또는 고정을 전제하고 나면, 김상곤 경기교육감의 방식은 잘못된 것이 된다. 한정된 예산으로 5학년과 6학년 학생들 전체에게 보편적 무상급식을 하게 되면, 나머지 학년의 비교적 가난한 학생들은 어떻게 되는 것이냐고 따져 묻는다면, 우리는 더 이상 보편주의를 추진할 수 없게 된다. 일부 학년 전체를 대상으로 보편주의를 하게 되면, 나머지 학년의 학부모들은 그들 자녀의 학년에도 보편적 무상급식을 적용해 달라고 요구하게 될 것이며, 이것이 제도화됨과 동시에 재원 문제가 공론화될 것이다. 복지 혜택을 경험한 적이 없는 중산층에게 세금은 저항의 대상이겠으나, 그들이 직접 복지 수혜자가 된다면 상황은 달라질 것이다. 보편주의 복지는 증세를 전제로 한다는 사실도 분명히 해야 한다.

셋째, 보편적 복지 담론을 일반 국민들에게 전달할 통로가 거의 막혀 있다. 형식적 언로는 열려 있으나, 대부분의 국민들은 신자유주의 경쟁지상의 사회에서 시장적 방식으로 스스로 살아남는 데 여념이 없다. 하루하루가 전쟁이다. 그래서 사람들은 자신의 생존과 불안 극복 이외에는 거의 관심을 갖지 않고, 그럴 만한 정신적·물리적 여유도 없다. 이미 지역사회나 공동체도 자본주도 시장의 지배하에 무력해져 있거나 해체되고 말았다. 지역의 시민사회단체들도 일반시민들과 너무 멀리 떨어져 있다. 시민사회단체들이 아무리 열심히 기성 권력의 비리와 문제를 파헤치고 고발하여도, 새로운 대안을 개발하고 제시하여도 일반 시민들의 귀에는 더 이상 들리지 않거나 제대로 전달되지도 않는다.

경쟁지상, 시장만능의 신자유주의는 우리의 지역공동체를 철저하게 개인 단위로 분할함으로써 진보적 복지국가 담론의 형성과 정치사회적 힘의 규합을 가로막고 있다. 신자유주의는 사회양극화를 초래함으로써 우리사회가 복지국가로 갈 수밖에 없는 필연적 환경인 민생불안을 심화시킴과 아울러, 동시에 자본의 힘 앞에 파편화되어 시장에서 스스로의 자구책을 경쟁적으로 강구하는 시장적 개인을 양산하고 있다. 결국, 신자유주의는 우리나라가 복지국가로 갈 수밖에 없도록 하는 필연적 환경을 조성함과 동시에 복지국가 운동의 주체 형성을 제약함으로써 역동적 복지국가로 가는 여정에서 양날의 칼인 셈이다.

그래서 지방으로, 아래로 보편적 복지 담론을 확산하는 일이 더욱 중요한 것이다. 매스컴을 통한 보편적 복지 담론의 대대적인 홍보가 있으면 도움이 되겠으나, 기실 이것만으로는 부족하다. 신자유주의 시장의 파편화된 개인들을 연결하는 일은 이러한 매스컴의 홍보나 지역 시민사회단체의 전통적인 활동만으로는 달성되기 어렵다. 지역사회에서 수많은 종류의 일상적 대화, 즉 보편적 복지에 대한 지역사회의 수다가 끊임없이 이어져야 한다. 헤아릴 수 없이 많은 수의 '수다 클럽'이 필요하다. 부녀회나 반상회에도 나가야 하며, 보편적 복지를 말하는 수다쟁이가 되어야 한다. 동창들과도 만나야 한다. 사람들이 모인 모든 곳이 역동적 복지국가를 위한 커피당(Coffee Party)의 지부가 되도록 해야 한다. 역동적 복지국가를 꿈꾸는 우리 모두는 '커피당의 수다쟁이'가 되어야 한다. 이것이 3월 15일의 여의도 복지국가 제안대회 이후 필자가 지방의 복지국가 의제 대회를 다니면서 느끼고 배운 교훈이자 역동적 복지국가 실현 전략의 일부이다. 이것이야말로 생활 속의 복지국가를 위한 시민정치운동인 것이다.

그런데 이것만으로는 부족하다. 역동적 복지국가를 위한 정치세력이 필요하다. 풀뿌리 수준에서 일어나는 커피당의 수다쟁이 운동이 더욱 확산되고 성공하려면, 이들의 복지국가 지향과 정치사회적 꿈을 받아 안아줄 전국적 수준의 정치세력이 크게 형성되어야 하며, 복지국가 세력의 집권가능성을 보여주어야 한다. 현재 역동적 복지국가의 논리가 일정하게 파급되어 있고, 역동적 복지국가 논리의 핵심 원칙인 '보편적 복지'가 6.2지방선거의 주요 의제로 등장했음에도 불구하고, 보편적 복지 담론의 승리와 역동적 복지국가의 실현 가능성에 대한 전망이 밝지 못한 것은 아래로부터의 동력이 모아지지 않은 이유도 있겠으나, 이에 못지않게 역동적 복지국가 정치세력의 부재 또는 분열된 진보정당들의 당선(집권) 가능성에 대한 회의적 시각이 팽배해 있기 때문이다. 최선의 노력으로 6.2지방선거 과정에서 보편적 복지 담론을 확산하고, 지방선거 이후에는 더욱 본격적인 풀뿌리 커피당의 확산과 함께 명실상부한 역동적 복지국가를 위한 정치세력을 형성하도록 해야 할 것이다. 그럴 경우에만, 고통과 불안의 신자유주의 시대를 넘어 사회구성원 모두가 더불어 행복한 역동적 복지국가 시대를 조속히 열 수 있을 것이기 때문이다.

한국은 복지국가로 갈 수 있는가?

주대환 | 사회민주주의연대 공동대표

'국민'을 잘 모르는 지식인들이 간혹 "무지한 국민" 탓을 한다. "우리나라에서 복지국가를 실현하기 힘든 이유"로 '세금 내기 싫어하는 국민' 탓을 하는 것도 그런 경우라 할 것이다. 북유럽 사람들은 원래부터 세금 내기를 좋아했을까? 아무래도 아닐 것 같다. 물론 우리나라 국민은 모든 문제를 내가 직접 해결하고, 정 안되면 가족의 힘을 빌리는 편이다. 나라의 도움을 기대하지 않는 편이다. '각개약진', '각자도생'하는 국민인 것이다. 지금까지 시장만능 사회에서 살아남기 위해 자기 자신만을 믿고 살아온 것이다.

그러나 그렇게 해서 그럭저럭 문제를 해결할 수 있을 때, 그리고 그렇게 하지 않고 다른 도리가 없을 때에는 어느 나라 국민이라도 그렇게 하지 않을까? 지금까지 한국사회는 개인의 힘으로, 그리고 간혹 가족의 도움으로 문제를 해결할 수 있었던 사회였다. 그런데 국민의 생활 현실도 의식도 급속히 바뀌고 있다. "시장 중심 사회에 피로를 느끼고 국가 역할의 확대를 기대하고 있다." 경제성장과 복지 강화 중에서 복지 강화가 중요하다는 사람의 비율도 늘고 있다. 그것을 최근 한겨레신문 여론조사가 보여준다.

2004년 5월에는 '성장 우선'이 68.9%, '복지 우선'이 29%였는데, 2010년 5월에는 48.3%가 '경제성장'을, 47.5%가 '복지 강화'를 우선해야 한다고 응답했다. 6년 사이에 복지를 우선하자는 사람이 29%에서 47.5%로 늘어났다(《한겨레》, 2010. 5. 14일자). 왜 그리 되었는가? '각자도생'이 한계에 도달했기 때문이다. 이제까지는 열심히 노력하면 살 수 있었다. 그러나 이제는 일과 공부를 아무리 열심히 하여도 살 수 없는 사람들이 나오기 시작하였다. 그만큼 자산과 소득의 양극화가 진행되고 기회는 줄어든 것이다.

한국의 '평등주의'는 현실적 근거가 있기 때문에 강하다.

필자는 항상 한국에서 복지국가를 실현할 수 있다고 주장해 왔다. 물론 근거를 충분히 잘 대서 많은 사람들을 설득하는 데 항상 성공한 것은 아니다. 겨우 한국사회에 강력한 '평등주의' 문화가 있기 때문에 복지국가의 실현이 가능하다고 주장하는 수준이었다. '평등주의'라는 물건이 뭐 그리 대단한가? 잘 모르겠다. 다만 갈수록 그것이 강력하다는, 역사적, 현실적 근거가 있다는 생각이 든다. 강준만 교수가 미국과 가장 닮은 나라가 한국이라고 말한 것은 아마 '평등주의'와 '물질주의'라는 공통분모가 있다는 뜻이리라.

미국은 이민자들로 이루어진 사회이니 이민 이전에 대해서는 묻지 않을 것이다. 그런데 한국에선 '전쟁 이전'에 대해서는 묻지 않는다. 전쟁이라니? 그것은 한국전쟁이다. 그리고 '토지개혁 이전'은 묻지 않는다. 까마득한 '식민지 이전'을 묻지 않음은 물론이다. 모두에게 기회가 주어졌고, 모두가 열심히 일하고 열심히 공부했다. 필자는 1954년생이니 전후세대라 할 수 있다. 우리 친구들은 한날한시에 전국에서 꼭 같이 국립 초등학교에 입학하였다. 우리에게는 초등학교 동기 동창생이라는 동류의식과 평등의식이 있다.

달리기든 공부든, 아니면 주먹이든 모두가 모두에게 경쟁 상대였다. 간혹 부잣집 아이들을 편애했던 선생님들은 45년이 지난 지금도 초등학교 동창회에서 비난을 받는다. 그만큼 우리는 공평한 걸 좋아한다. 그런데 누가 감히 "선대에 노비였는지"를 물을 것인가? 신분의 차이가 없으니 이제는 돈, 재산이 최고다. 그래서 대한민국 전 국민은 돈벌이에 나섰다. 그것이 한국인의 생활 속에 맹위를 떨치는 물질주의다. 그렇게 보면 평등주의와 물질주의가 깊이 관련되어 있다. 물질주의를 천하다고 비난할 수만은 없는 이유다.

최근에 방영된 텔레비전 드라마에서 백정이 제중원 최초의 한국인 의사가 된다는 이야기가 나온다. 그런 일이 실제로 있었는지는 모르지만 그럴싸한 이야기다. 근대화 과정에서 국민 모두가 성공적으로 양반이 된 나라가 '구대륙'에서는 한국이 유일하지 않을까? 나라가 망하면서 철저히 망하니, 왕족이니, 양반귀족이니 모든 지배층의 권위가 땅에 떨어졌다. 근대화를 주체적으로 하지 못하니 사대부, 전통 지식인들이 존경받지 못했다. 식민지를 거치고, 토지개혁을 하고, 전쟁을 거치면서 전근대의 잔재는 일소되었다.

무엇보다 토지개혁의 영향이 실질적이다. 그것은 당시 인구의 70%를 차지하던 농민 가운데 70%에 가까운 소작농들을 자영농으로 바꾸었다. 바로 그 자영농이 대한민국 국민의 주류를 이루었으며, 그들의 독립불굴과 근검절약의 정신이야말로 국민정신이 되었다. 역사는 역설로 가득하다. 남한, 대만, 일본의 토지개혁은 중국의 토지개혁, 북한의 토지개혁에 밀린 수동적 조치였다. 그러나 그 효과는 실로 심대한 것이다. 특히 남한은 그 중에서도 출발선에서 토지소유가 가장 평등했고, 그런 만큼 경제성장률도 가장 높았다.[1]

1 전강수, 「농지개혁과 조봉암, 그리고 한국의 경제성장」, 2009년에서 재인용, Deininger, Klaus, (「Land Policies for Growth and Poverty Reduction, A world Bank Policy Rearch Peport」), 2003년. 이 보고서는 전 세계 26개국을 대상으로 1960년 현재의 토지 분배 상태와 1960년부터 2000년까지의 연평균 경제성장률 사이의 상관관계를 분석하였는데, 매우 뚜렷하게 초기 토지 분배의 지니계수가 낮을수록 장기 경제성장률이 높은 관련성이 확인되었다. 한국은 26개 나라 중에서 1960년 당시의 토지 분배가 가장 평등하고, 그 후 40년 동안의 경제성장 속도는 대만 다음으로 빠른 나라였으며, 베네수엘라, 페루, 아르헨티나 등은 초기 토지 분배가 가장 불평등하고 그 후 40년간의 경제성장률이 가장 낮은 나라들이었다. 20세기 후반 동아시아의 경제 발전과 남미의 정체를 가장 과학적으로 설명하는 요인은 박정희(한국)같은 지도자도 포퓰리즘(아르헨티나)같은 정치행태도 아니고, 바로 토지개혁의 승패라고 말할 수 있다.

30년 후 등소평이 집단농장을 해체하여 농민들에게 땅(의 경작권)을 나누어 주었으니 오히려 중국이 남한, 대만, 일본을 뒤따랐다고 볼 수 있다, 그리고 잘 알다시피 북한은 바로 그런 조치를 취하지 않았기 때문에 여전히 식량문제를 해결하지 못하고 있다. 전쟁도 바로 역사의 역설, 그 자체다. 숱한 인명 피해와 재산 피해, 파괴와 희생이 있었지만, 바로 그 전쟁을 통해서 어떤 혁명도 이루지 못할 만큼 전근대적 전통과 신분질서의 잔재를 철저히 청소하였다. 결과만을 놓고 보면 그것은 거대한 사회혁명이었다.

지금 한국의 '평등주의'는 생활 현실에서 도전받고 있다.

그동안의 경쟁의 결과 토지개혁의 효과도 거의 소진된 듯하다. 이제 부동산 자산의 불평등 지수는 토지개혁 이전 수준으로 돌아갔다. 강남의 아파트를 가진 사람과 갖지 못한 사람으로 대비되는 부동산 소유의 양극화도 결국 토지 소유의 양극화로 볼 수 있다.[2]

그리고 금융 자산의 양극화 역시 심각함은 말할 나위도 없을 것이다. 거기다 더하여 이제 고용과 소득의 양극화도 크게 벌어지고 있다. 그래서 가계소득을 기준으로 보아도 중산층의 비율이 1980년대까지는 70%를 넘어섰지만 이제

2 전강수, 「양극화 해소를 위한 토지정책 방향」, 2005년. 토지정의시민연대 창립총회에서 발표된 이 발제문에서 전강수 교수는 "서울 강남의 아파트 가격이 폭등한 것은 아파트 건물이 아니라 강남이라는 좋은 위치에 대한 사람들의 열망을 반영. 위치는 토지의 본질적 요소. 따라서 2000년대 아파트 가격이 급상승했다는 것은 아파트 대지 가격이 급상승한 것으로 해석해야 함."이라고 쓰고 있다. 또 전강수 교수는 2002년의 우리나라 토지소유의 지니계수를 0.764로 추산하고 있다. 이는 Deininger에 의해 0.3을 약간 상회하는 것을 추산된 1960년 우리나라의 토지분배 지니계수에 비해 월등하게 높아서, 이를 두고 필자는 "토지개혁 이전의 상태로 돌아갔다"고 말하는 것이다.

60% 이하로 떨어지고 있다. 대학진학률은 85%라는 최고치에 이르렀다가 떨어지고 있다. 경쟁을 포기하는 사람들이 늘어나고 있는 것이다. 이러한 양극화 사회가 대물림되면 바로 계급사회, 보통의 자본주의 사회가 되는 것이다. 그동안의 한국과는 매우 다른 모습의 나라가 될 것이다.

여기서 한국사회의 위기가 있고, 그 위에서 격렬한 정치적 변화도 일어나고 있으며, 문화와 현실, 의식과 생활의 격렬한 충돌이 있는 것이다. 한국 사람들은 아직 양극화 사회, 격차사회, 계급사회를 현실로서 받아들이지 못하고 있다고 보아야 할 것 같다. 그리고 한국의 미래에 대한 비전의 충돌이 일어나고 있다. 그것은 종종 '큰 미국'과 '작은 스웨덴' 가운데 어디로 갈 것인가?라는 식으로 던져지는 질문이다. 자본주의 선진국의 문턱에 선 한국은 어디로 갈 것인가? 과연 한국은 복지국가로 갈 수 있을까?

지역 연고를 가진 보수 양당이 대립하는 정치구도가 깊이 뿌리내리고 있다. '보수주의+자유주의' 세력이라는 점에서 여야가 다를 바 없다. 유럽에서 보는 것과 같은 강력한 사회민주당이 없다. 진보파 지식인들은 사회민주주의를 비판하는 것을 멋으로 안다. 노동조합의 조직률은 겨우 10%밖에 되지 않아 미국보다 낮다. 개인주의, 연고주의 문화는 사회 전반에 팽배해 있다. 대학과 언론은 미국 유학을 갔다 온 사람들의 손에 장악되어 있다. 요컨대 유럽식 복지국가를 실현할 힘과 세력이 보이지 않는다는 것이다.

그럼에도 필자는 한국에서 복지국가를 실현할 수 있다고 주장한다. 그것은 바로 한국의 역사, 한국사회의 특수성에 근거한 주장이다. 어떤 외국 이론으로도 설명할 수 없는 한국의 특수한 사회경제적 발전 과정이, 그 경로가 복지국가를 가리키고 있다. 그것을 국민이 잘 알고 있다. 2004년 5월, 한겨레신문은 창간 기념 여론조사를 하였다. 그 조사에서 국민들은 우리나라가 지향해야 할 사회상으로 '북유럽식 사회민주주의' 44.8%, '미국식 자유민주주의' 39.2%로 응답하였다.(《한겨레》 2004. 5. 17.)

2010년 5월의 조사에서는 질문의 표현을 조금 바꾸었는데 '북유럽식 복지국가 사회'에 손을 든 사람이 무려 67%에 이르고, '미국식 신자유주의 사회'에 손을 든 사람이 24.2%에 불과하다. 표현을 바꾼 영향도 있겠지만, 6년 사이에 생각이 바뀌기도 하였다.[3]

이미 2004년의 조사 결과도 놀라운 것이었다. 지식인들도 대답하기 힘들어하는 어려운 질문에 대하여 길거리를 다니는 남녀노소 일반 국민, 보통 사람들이 응답을 한다는 사실도 놀라웠고, 그 대답이 45 대 40으로 균형이 잡혀 있다는 사실도 놀라웠다. 그러나 이제 그동안 느끼고 보고 들은 바로, 즉 최근 미국발 금융위기를 보고, 미국의 형편없는 의료보험 실태를 듣고, 그것을 개혁하려는 오바마의 힘겨운 노력을 전해 듣고, 국민들은 미국식 사회경제체제는 우리와 맞지 않는다고 생각하게 된 것이다.

국민이 원하는 것은 '보편주의' 복지국가의 실현이다.

더욱 의미심장한 것은 이러한 응답자의 비율이 지지 정당과는 아무런 관련이 없다는 점이다. 그러니 자연히 보수니, 진보니 하는 정체성과도 상관없다. 지금의 이념적, 정치적 귀속감이 새로운 시대적 과제 앞에서 큰 의미가 없다는 사실을 보여주고 있다. 혹시 국민들이 잘 모르고 대답하지는 않았을까? 복지국가로

가려면 세금을 많이 내야 한다는 사실을 모르지 않을까? 아니다. 일관되게 응답하였다. 전체 응답자의 72.1%가 "세금을 많이 내더라도 모든 국민에게 복지혜택이 돌아가는 것이 좋다"고 답했다.

"세금을 낮추고 가난한 사람들만 돕는 것이 좋다"는 응답은 22.7%에 그쳤다. 국민은 '선별적 복지'가 아닌 '보편적 복지'에 대한 찬성 의사와 함께, '세금 더 낼 의사'도 있음을 명백하게 밝힌 것이다. 이런 기류는 소득수준, 학력, 지역에 관계없이 동일했다. 우리사회의 미래상으로 46.6%가 '빈부격차가 크지 않은 사회'라고 응답하여 '경제적으로 풍요로운 사회'라고 응답한 21.6%보다 훨씬 많았다. 말하자면 "한국 사람들은 평등주의자들이다!" 그들은 토지개혁으로 자영농이 된 사람들의 자식, 손자들인 것이다.

대단하지 않은가? 사회정책과 경제정책에 대해서 일관되게 복지국가 노선을 지지하고 있으므로 국민이 원하는 길은 복지국가 노선이라고 말할 수밖에 없다. 보수파 지식인들로서는 갑갑한 노릇이고, 아마 국민을 설득하는 데 어려움을 느끼고 있을 것이다. 갑자기 해일처럼 밀어닥치는 양극화 앞에서 우리 국민은 이를 숙명으로 받아들이기보다는 근본적 대책, 즉 복지국가를 요구하고 있다. 우리 국민이 불평등에 대해서 민감한 이유는 그 불평등과 격차가 형제와 친한 친구들 사이를 갈라놓고 있기 때문일 것이다.

미래를 예언하기는 무척 어렵다. 아무도 내일의 일을 장담할 수 없다. 필자는 30년 전에 오늘의 우리가 이렇게 풍요롭고 자유로운 나라에 살고 있을지를 꿈

3 이하 여론조사 결과는 《한겨레》, 2010년 5월 14일자에서 인용.

에도 상상하지 못했다. 마찬가지로 지금의 누구도 30년 후의 대한민국을 장담할 수는 없을 것이다. 그러나 최소한 "무지한 국민이 잘 몰라서", "국민이 원하지 않아서", "국민들이 세금을 내려고 하지 않기 때문에", "한국 사람들이 보수적이라서" 복지국가를 실현할 수 없는 것은 아니라고 자신 있게 말할 수 있지 않을까? 지식인은 국민의 뜻을 받들어야 한다.

지식인은 이제 '국민 탓'을 그만 두어야 한다. 그리고 한국형의 토종 복지국가 모델을 만들어가는 과정에 헌신할 각오를 다져야 한다. 과거 민주화 투쟁에서 헌신했던 만큼의 자세를 가진다면, 국민의 지지를 받는 그들의 노력은 반드시 결실을 맺을 것이다. 건국하면서 토지개혁하고, 전쟁으로 전근대의 잔재를 일소한 한국은 1965년부터 1996년까지 31년간 연평균 7.3%라는 세계 초고속 경제성장을 하였고,[4] 지난 30년간 민주주의를 실현하였다. 앞으로 30년간 복지국가를 실현할 것이라고 필자는 믿고 싶다.[5]

4 《연합뉴스》, 1998년 4월 17일자에서 인용, 세계은행, 「세계경제개발지표 보고서」, 1998년.

5 이 시기에 진행될 '통일'이라는 과정도 복지국가를 미룰 핑계가 되거나 복지국가 실현을 불가능하게 하는 장애가 아니라, 오히려 복지국가를 실현하지 않으면 안 되는 이유가 되고 복지국가 실현을 앞당기는 조건이 될 것이라고 필자는 믿는다. 유럽에서도 2차 세계대전이라는 국민국가의 위기가 복지국가로 가는 계기가 되었다.

보편적 복지는 포퓰리즘인가?

이상이 | 복지국가소사이어티 공동대표, 제주대학교 교수

지난 6.2지방선거를 몇 달 앞두고 우리 정치권에서는 무상급식 논쟁을 벌였다. 무상급식에 대해서는 모두가 주지하듯이, 이 의제를 제기한 것은 김상곤 경기도 교육감이었고, 이를 정치적 의제로 키워낸 것은 다름 아닌 한나라당 측이었다. 김문수 경기도지사와 한나라당의 일부 의원들은 무상급식을 사회주의와 연관 짓는 무리한 색깔공세를 감행했었다. 그런데 이것은 이미 상당히 성숙해져 있는 우리 시민사회에 별로 먹혀들지 않았고, 오히려 보편적 무상급식이 필요하다는 광범위한 여론의 형성으로 이어졌다. 진보정치는 이에 기민하고 적극적으로 반응하였으며, 심지어는 한나라당 내부의 일부 지방선거 출마 예정자들마저 보편적 무상급식을 주장하기에 이르렀다.

상황이 이렇게 전개되자, 한나라당 지도부와 이명박 대통령까지 나서 보편적 무상급식은 '포퓰리즘'이며 부잣집 아이들에게까지 무상으로 밥을 줘서는 안 된다고 선언했다. 정부·여당의 입장은 단호하였다. 진보진영과 정부·여당 간의 이러한 대립구도가 시민사회에서 광범위하게 먹혀들 조짐을 보이자, 제 1야당인 민주당이 전에 없던 적극적 정책 행보를 보여주었던 바, 보편적 무상급식을 민주당 정치의 전면에 내세운 것이다. 보편적 무상급식을 둘러싼 정치권의 이러한 정책적 대립구도가 선명하게 드러나자 많은 학자들과 정치평론가들은 이를 한국정치의 새로운 현상으로 간주하였다. 지금까지 한국 정치사에서 보편적 무상급식과 같은 민생복지 의제가 정치의 전면에 등장한 전례가 없었기 때문이다.

6.2지방선거 과정에서 북풍과 노풍 등의 정치공학이 지방선거를 혼탁하게 하였음에도 불구하고, 최종적인 선거의 결과가 말해주는 것은 이명박 정부의 밀어붙이기식 국정운영에 대한 혹독한 심판이었고, 보편적 무상급식과 같은 민

생복지 의제의 승리였다. 지방선거에서 승리한 야당들은 자신들의 지자체에서 보편적 무상급식을 반드시 실시하겠다는 방침을 천명하였다. 민주당도 지방선거 후 열린 의원 워크숍에서 전면적 무상급식을 실현하기 위해 관련 법안을 국회에서 최대한 빨리 처리한다는 방침을 밝혔다. 이에 대해 청와대와 정부·여당 등 보수적 엘리트들의 입장은 언제나 단호하다. 한나라당의 지방선거 경선과정에서 원희룡 예비후보가 애초 주장했던 보편적 무상급식 공약은 나경원 후보와의 단일화 과정에서 없어져 버렸다. 우리나라의 보수 엘리트들은 보편적 무상급식을 결코 받아들일 수 없었던 것이다.

이명박 대통령은 지방선거를 며칠 앞둔 시점에서 "부잣집 애들에게는 무상으로 밥을 주면 안 된다. 정부는 가난한 사람을 확실히 도와줘야 한다. 70~80% 국민들에게 복지를 주는 건 잘못된 것이다"라고 발언했다. 이 대통령의 이 말에서 파악할 수 있듯이, 보수적 엘리트들이 가장 두려워하는 것은 보편적 무상급식 그 자체가 아니다. 사실, 이것을 실시하는 데는 연간 2조원 정도면 된다. 연간 국내총생산(GDP)이 1,070조 원에 달하고, 일반정부의 재정 규모가 GDP의 30%인 대한민국에서 단지 연간 2조 원의 추가적 재정 부담이 두려워 정부·여당과 보수적 엘리트들이 지방선거에서 불리한 줄 뻔히 알면서도 보편적 무상급식 반대를 끝까지 고수하였겠는가? 아니다. 이들이 진짜 두려워한 것은 '무상급식' 그 자체가 아니라 '보편주의'였다.

6월 9일자 《중앙일보》 사설은 "민주당은 전면적 무상급식 관련 법안의 조속한 국회 처리와 함께 무상교육과 월 10만원씩의 아동수당, 고등학교의 의무교육화, 노년층 교통수당, 노인틀니 등의 건강보험 급여화를 다짐했다. 우리는 민주당의 이런 행태가 매우 걱정된다"고 적고 있다. 그렇다. 정부·여당과 우리나라의 보수적 엘리트들은 무상급식 그 자체보다는 이것을 시작으로 해서 보육, 교육, 의료, 요양 등 사회서비스의 제반 영역으로 보편적 복지가 제도화되는 것을 두려워하는 것이다. 그래서 보수 엘리트들은 민주당에게 '보편적 복지' 철학으로 돌아서지 말 것을 강력하게 요구하고 있다. 이렇게 민주당의 복지 철학이 보편주의로 바뀌면 돈 들어갈 일이 기하급수적으로 늘어날 것인데, 우리나라의 정부재정이 적자를 누적하고 있으므로 민주당이 과거 10년의 집권기간 동안 늘 하던 원래의 모습인 잔여주의 '선별적 복지'로 돌아오라고 촉구하고 있는 것이다.

이들은 "보편적 복지는 포퓰리즘이므로 우리나라가 이를 따를 경우 현재 심각한 재정위기를 겪고 있는 그리스 등 남유럽 국가들의 전철을 밟는 것"이라는 강력한 경고도 절대 빼먹지 않는다. 실제로 보편적 복지는 '포퓰리즘'이고, 이것의 결과는 국가적 재정위기인가? 정말 그렇다면, 우리는 보수적 엘리트들의 말을 듣는 것이 좋겠다. 최근 재정위기로 문제가 된 포르투갈, 이태리, 그리스, 스페인(PIGS)은 남부 유럽의 대표적 국가들로, '남유럽형 복지국가 모델'에 속한다. 이들 국가들은 사회서비스의 보편적 제도화가 가장 미발달된 국가들로 북유럽이나 유럽대륙의 국가들과는 '복지의 보편주의 수준'에서 비교할 바가 못 된다. 사실상 이들 남유럽 국가들은 보육, 교육, 여성, 의료, 요양 등 사회서비스의 보편주의 측면에서 복지국가 축에도 끼지 못한다. 사회서비스의 가족주의 모형으로 복지국가가 아니다. 그래서 성장과 복지가 '악순환'의 고리에 빠져 있는 국가들이다. 그런데 진짜 보편주의 복지국가인 스웨덴, 핀란드, 덴마크, 노르웨이는 어떤가? 이들 나라는 국가 재정의 건전성이 우수하고, 경제성장률도 유럽 평균보다 훨씬 높고, 경제위기에 대한 대응력도 매우 탁월하다.

사회서비스의 보편주의와는 별로 관련이 없는 남유럽 국가들의 재정위기를 들먹이며 보편주의 복지를 폄하하고 사실관계를 호도하는 것은 '고상한' 주류 엘리트들이 할 일은 아닌 것 같다. 사회서비스의 보편주의를 제대로 실현하고 있는 스웨덴 등 북유럽 복지국가들에서 그것 때문에 나라가 파탄 났다는 새로운 소식과 증거들을 제시한다면, 진실로 그렇다면, 우리는 우리가 견지하고 있는 보편주의 철학을 깨끗하게 포기할 용의가 있다. 정부·여당과 보수적 엘리트들의 말대로라면, 보편주의 원칙을 확고하게 견지하고 있는 스웨덴 등 북유럽 국가들은 '포퓰리즘'에 포획된 채 망해버린 국가들임에 틀림이 없다. 그런데 우리는 지금까지 그런 소식을 접한 적이 없다. 오히려 성장과 분배가 이분법적으로 구분되어 상호 배타적일 때, 즉 신자유주의 양극화 성장체제와 잔여주의 선별적 복지체제를 가진 국가들에서 양극화의 고통과 함께 경제사회적 위기가 발생한다는 사실을 경험적으로 체득하고 있다.

보편적 제도로서의 무상급식은 그야말로 작은 부분이다. 점차 사회서비스의 더 큰 부분으로 나아가야 한다. 현재 중위소득계층까지만 보육료를 차등 지원하고 있는 보육제도도 사실상의 무상보육으로 나아가야 한다. 아동수당도 지급해야 한다. 보편적 무상교육은 당연한 것이며, 대학등록금도 이자 부담을 없앰으로써 사실상의 완전후불제로 개편되어야 한다. 의료와 요양도 보장성 수준을 대폭 높여 사실상의 보편주의를 달성해야 한다. 소득보장에서의 보편주의도 중요한다. 일생에 걸쳐 소득의 단절이 없도록 '전 국민 고용보험제도'의 실질적 도입과 기초연금을 기본으로 하는 보편적 국민연금의 내실화도 요구된다. 이러한 보편적 제도의 도입에는 돈이 많이 든다. 그러므로 재정 누수의 방지 등 정부재정의 효율적 사용과 함께 조세정의의 구현과 '공평과세'를 통한 '증세'가 필요하다. 정부의 개입과 재정적 책임이 막중해진다. 그런데 이렇게 하는 것이 감세와 규제완화를 축으로 하는 신자유주의 작은 정부보다 훨씬 더 안정적인 성장을 담보해준다. 이제 '보편적 복지' 없는 경제성장은 불가능함을 알아야 한다.

최근, 복지국가소사이어티의 필자와 함께 각계 전문가 등 여러 오피니언 리더들이 국민건강보험의 보장성 수준을 경제협력개발기구(OECD) 국가들의 평균 수준으로 끌어 올리자는 시민운동으로 '모든 병원비를 국민건강보험 하나로' 시민회의를 준비하고 있다. 이는 우리나라가 국민건강보험제도라는 전체 국민을 포괄하는 우수한 보편적 의료보장제도를 가지고 있음에도 불구하고, 국민건강보험의 보장성 수준이 OECD 국가들의 평균 수준에도 크게 못 미치므로, 다수 국민들이 의료비 불안을 느끼고 민간의료보험에 가입하여 이중의 경제적 부담을 겪고 있는 바, 이를 바로 잡자는 운동이다.

그런데 이에 대해, 보수 언론과 엘리트들은 "꿈같은 복지"라며 우리를 '포퓰리즘'으로 몰아세우고 있다(《조선일보》 2010년 6월 8일자). 아파서 입원해야 하는 환자에게 경제적 능력을 따지는 것은 반 인권적이다. 미국의 '식코'형 시장주의 의료제도가 그렇다. 이와 달리, 유럽 복지국가들에서는 공적 의료보장제도가 보편적으로 잘 제도화되어 있으므로 입원 치료의 경우 사실상 무상의료다. 국가적으로 보편적 무상교육의 원칙을 견지하는 것처럼 말이다. 이는 교육과 의료 등 사회서비스의 공공성 원리에 근거한 것이다. 우리나라 보수 언론과 엘리트들의 주장처럼, 이것이 '포퓰리즘'이라면, 우리는 기꺼이 포퓰리스트가 되자. 그래야 우리나라가 진짜 선진국, 즉 성장과 분배가 '하나로' 사회 통합적 발전을 지속하는 '역동적 복지국가'로 될 것이기 때문에.

새로 출범한 민선5기 지방정부의 과제

이상구 | 복지국가소사이어티 상근연구위원

2010년 7월 1일부터 전국의 광역과 기초지방자치단체에서 일제히 민선5기 지방정부가 출범하였다. 이들 지방자치단체의 장들에게 바라는 국민의 기대와 여망은 지난 6.2지방선거의 결과를 근거로 유추해 볼 수 있을 것이다. 언론들의 예측이 빗나가고, 여론조사의 결과도 무색해지는 등 지난 6.2지방선거 결과를 두고 '선거혁명'이라고 할 정도로 많은 변화가 나타났다.

첫 번째는 정부·여당의 기존 정책들에 대한 심판과 변화에 대한 요구다. 세종시 수정에 대한 반발은 대전과 충남·북에서 야당의 압승으로 표현되었고, 4대강 개발 강행에 대한 반발은 인천, 충북, 충남, 경남, 강원 등 4대강 유역 단체장의 전원 교체로 나타났으며, 정부·여당의 과도한 남북 간 위기감 조성과 북풍으로 인한 역풍은 그동안 집권당의 아성이던 강원도에서의 한나라당 패배로 나타났다. 전교조 명단 공개와 무리한 교사 징계, 일제고사 강행 등 현 정부의 교육정책에 대한 반발과 자사고와 특목고 등 특권 교육 철폐에 대한 여망은 전남·북뿐만 아니라 서울, 경기, 강원 등 6곳의 진보 교육감의 당선으로 나타났다. 서울시의 경우 25개 구청장 중 21개 지역을 민주당이 석권하였고, 경기도 시장 군수의 경우 31개 중 21개를 민주당(19개)과 무소속(2개)이 차지하였으며, 그 원인은 민주당 등 야당이 잘 해서라기보다는 현 정부에 대한 국민적 심판이라는 데 이의를 제기할 사람은 없을 것이다.

두 번째는 세대교체에 대한 국민들의 여망이다. 김두관, 안희정, 이광재 등의 광역 후보와 기초지자체장 후보들의 대거 당선은 '노풍'의 효과보다는 기성 정치세력에 대한 반발과 세대교체에 대한 국민 여망의 반영이라고 볼 수 있다. 또한, 이러한 변화는 향후 민선5기 단체장들에 대한 여론의 지속적인 관심으로 나타날 것이며, 이들의 성공여부에 따라 우리나라 정치권의 전면적인 세대교체가 가시화될 수도 있을 것이다. 또한, 예전에 없었던 20대와 30대의 높은 투표참여 경향은 문자 메시지 등 지난 대통령 선거에서 검증된 참여 독려 방식에 더하여, '트위터'나 '인증샷' 등의 다양한 형식으로 발전하였으며, 이들의 참여를 유도할 수 있는 젊은 후보들의 역할이 더욱 커질 전망이다.

세 번째는 보편적 복지에 대한 국민들의 기대가 구체화된 것이다. 지난 선거에서 진보와 보수를 나누는 기준이 무상급식 공약의 채택 여부로 판가름날 만큼 무상급식은 중요 이슈가 되었다. 반면, 18대 총선에서 한나라당 싹쓸이의 근거가 되었던 뉴타운 공약은 전국 어디에서도 찾아볼 수 없을 정도로 자취를 감추었다. 이번에 당선된 광역과 기초단체장들의 선거공약에서 나타난 가장 큰 변화로는 민생과 관련된 보편적 복지 공약들을 들 수 있으며, 광역의회와 기초의회는 물론 교육감들의 공약들까지도 모두 보편적 복지가 중심이었다. 이번 선거를 통해, 그동안 취약계층을 대상으로 하던 복지 강화 공약들이 다수 국민들을 대상으로 하는 보편적 복지 공약으로 전환하는 것이 확실하게 득표와 정비례한다는 결과를 보여준 것이다.

그러나 새로 출범한 민선5기 지방자치의 미래가 밝지만은 않다. 우선 임기가 2년 반이나 남은 현 정부가 지방선거의 결과에도 불구하고 기존의 정책방향을 바꿀 생각이 별로 없어 보인다. 세종시 수정안은 상임위에 이어 본회의에까지 가서 겨우 무산되었으나, 추진 주체인 정부가 아직도 중앙부처 이전 계획을 구체화하지 않고 있어 행정중심복합도시가 현 정부 임기 내에 실효성 있게 추진되기는 쉽지 않을 전망이다. 4대강 개발에 대해서는 노골적으로 강행의사를 표명하였고, 당선된 지방자치단체장들이 할 수 있는 것은 준설토를 쌓아둘 적체장의 임대 거부 등 소극적인 반대에 국한된다. 천안함을 계기로 한 과도한 대북 대립은 중국과 러시아의 반대에 부딪혀 주춤하겠지만, 개성공단이나 금강산 관광, 북한에 대한 민간단체 지원 등 실질적인 교류를 현 정부가 다시 시작하는 것은 어려워 보인다. 즉, 6.2지방선거의 결과로 나타난 정부 정책에 대한 국민들의 여망을 반영시키는 것은 지방정부의 역할로는 한계가 있을 것이다.

또한, 새로 당선된 지방자치단체장들의 의욕과 열정에도 불구하고 지방정부가 실효성 있는 성과를 내는 것은 쉽지 않을 것이다. 정치 신인들의 상대적으로 일천한 행정 경험으로는 지난 50년간 고착되어온 지방 공무원들의 관행을 깨는 것이 용이하지는 않다. 지방 공무원들은 수십 년 동안 건설과 토목이 지역 발전의 상징인 것으로 교육받아 왔다. 지역 유지를 포함한 상당수의 주민들에서 보편적 복지에 대한 바람과 함께 도로 건설과 지역 개발에 대한 욕망이 공존하고 있다. 토목과 건설을 자신의 일로 알고 시정을 추진해온 분들이 하루아침에 취약계층을 대상으로 하는 선별적 복지도 아니고, 중산층을 포함한 일반 시민들을 대상으로 하는 보편적 복지 정책을 시행하기에는 한계가 있을 것이다. 실무를 담당할 공무원들에게는 보편적 복지를 위한 구체적인 실행 프로그램이 없을 뿐만 아니라 아이디어도 부족하고, 무엇보다 인식 전환에는 시간이 필요할 것이다. 주민들도 참여예산제와 주민참여형 "거버넌스"에 대한 요구를 하고는 있으나 구체적인 경험과 지식이 부족하다.

무엇보다 큰 문제는 지방정부의 심각한 재정난을 극복하는 것이다. 국회 예산정책처가 이정희 의원의 의뢰로 분석한 「지방자치단체별 재정난 현황」 보고서를 보면, 2008년 결산액 기준으로 16개 광역자치단체 가운데 인천, 전남, 충북, 전북, 강원, 충남 등 6곳의 전체 세입 대비 '가용재원'의 비율이 10%를 밑도는 것으로 집계됐다. 가용재원이란 국고보조금 등을 제외하고 지자체가 독자적으로 쓸 수 있는 '일반재원'에서 인건비와 운영비 등 반드시 써야 할 '경상비용'을 뺀 금액을 말한다. 이 재원이 부족하면 자체사업을 벌일 여력이 없어지고, 지자체의 재정적자로 이어지게 된다. 전체 246개 시·군·구 자치단체 중 올해 지방세로 공무원들의 월급을 충당하지 못하는 곳이 137개에 이르고 있다. 특히 인천광역시의 경우엔 가용재원의 비율이 -13.1%로 새로운 지역사업은커녕 일반재원으로 경상비용조차 충당하기 힘든 실정인 것으로 나타났다. 재정자립도의 경우 시 지역의 평균은 40.7%, 구지역의 평균은 37.3%, 군지역 평균은 17.8%에 불과하여, 지방정부 예산의 절반 정도가 중앙정부의 교부예산으로 충당되고 있는 실정이지만, 부자감세와 4대강 개발 등을 추진하는 중앙정부가 지방정부를 위한 교부예산을 현 수준 정도로라도 유지하길 기대하는 것조차 어려운 실정이다.

따라서 민선5기 지방정부의 성공을 위해서는 다음과 같은 정책들을 과감하게 추진할 것을 제안한다. 첫째, 중앙정부를 바라보기보다는 지역 주민들의 요구를 중심으로 정책을 펴야 한다. 이것은 단순히 중앙정부의 정책에 무조건 반대하라는 것이 아니다. 지방정부의 역할은 중앙정부와는 다른 것인데, 지방정부를 작은 중앙정부로 생각하는 잘못된 경향을 지적하는 것이다. 지방정부는 지역 주민들의 복지와 삶의 질의 향상을 정책의 최우선으로 삼아야 한다. 따라서 필요하면 지방정부의 공무원 조직도 기능을 중심으로 재편성하는 것이 필요하다. 참여정부에서 시작한 주민생활지원국을 확대하는 것에서 더 나아가 각 국별로 주민생활과 관련된 업무를 중심으로 역할을 재설정하고, 공무원들의 실적에 대한 평가 지표도 실질적인 지역 주민들의 삶의 질 개선 효과를 중심으로 바꾸어야 한다.

둘째, 지방정부의 운영에서 주민들의 적극적인 참여를 보장하여야 한다. 기존의 지역유지나 건설업자뿐만 아니라 다양한 계층의 지역 주민들이 참여할 수 있도록 보장해야 한다. 예를 들어, 올해 8월부터 시작될 예산 편성에 지역주민들이 직접 참여하게 해보자. 자신의 공약 이행을 위해 일정 정도의 총액을 부여하고, 이의 구체적인 사용처와 방법을 지역 주민들이 직접 정하게 하는 방안도 가능할 것이다. 노인들을 모아놓고 노인복지관을 짓는 데 수백억 원의 재정을 투입할 것인지, 노인 일자리를 만드는 데 투입할 것인지를 어르신들이 직접 판단하게 해보자. 보육 예산을 두고, 학부모들이 참여하여 시설 개선에 예산을 투입할 것인지, 보육교사 확충과 추가 부담금 완화에 투입할 것인지를 결정하게 하고, 자신들의 결정사항이 지켜지는지를 지역의 보육시설 평가인증에 직접 참여하여 감독할 수 있도록 해보자. 그리고 어린이, 여성, 노인, 일자리, 건강 등의 분야에 유능한 외부 전문가들이 참여할 수 있는 실질적인 기구를 운영하여 지방정부의 다양한 정책에 대해 도움을 받고 공무원과 지역 주민들이 다 같이 배울 수 있도록 하자.

셋째, 토건 관련 예산을 과감하게 축소하고 보편적 복지 예산으로 전환하자. 지자체의 예산은 지역에 따라 다르고, 광역시·도, 시·군·구에 따라 재정자립도와 예산 비중의 차이는 있으나 평균적으로 지방정부 예산의 30~40%가 토목과 건설에 투입되고 있다. 현실적으로 이들 사업을 계속하면서 복지사업을 확대하는 것은 불가능하다. 지역의 민간병원을 매입하거나 인수하여 공공병원으로 활용하거나, 예산을 투입하여 공공보건사업을 수행하게 하여 지역주민의 건강을 증진하고 '보호자 없는 병원'을 할 수 있도록 간호사 인력 파견 사업을 하는 것으로 지역 주민들의 질병 부담을 완화시켜줄 수 있다. 지방정부의 도로 확장을 조금만 늦추면 매년 수백억 원에서 수천억 원의 가용자금이 생긴다. 중앙정부의 교부금을 포기하더라도 지역의 토목사업을 축소하면 지방정부의 대응자금을 활용할 수 있는 여력이 생긴다.

연말에 보도블록을 교체하는 예산을 초등학생들의 무상 준비물 예산으로 전환하는 것은 어떤지? 학부모들의 의견을 물어보는 것이 좋다. 호화 청사 건립에 소요될 중앙정부의 지원금을 포기하고서라도 그에 대한 분담금으로 들어갈 시의 예산을 2011년부터 태어날 아이들에게 아동수당으로 지급하는 것에 대해 시민들과 폭넓게 논의해 보아야 한다. 4차선 도로를 내지 않아 발생하는 5분간의 지체 시간을 용납해 준다면, 관내 모든 신생아 출산 가정에 산모 도우미를 보내는 예산을 확보할 수 있다. 도로시설물 및 전기시설물 설치를 위한 예산을 꼭 필요한 곳으로 한정한다면 '방과 후 교실'이나 '지역아동센터'의 숫자를 확대할 수 있다.

그리고 예산에 대한 효과 평가를 사업 추진율, 도로 포장률, 건물 완공 여부 등 토건사업에 대한 평가 지표로 판단할 것이 아니라, 예산 투입으로 인해 주민들이 지출하던 비용의 경감 정도, 가구당 가처분 소득의 증가 정도, 실질적인 지역 주민의 일자리 창출 개수 등으로 평가하도록 하자. 공무원들은 평가제도에 따라 인사고과가 좌우되므로 목청을 높여 이들과 싸우기보다는 평가 기준을 제대로 정하는 것이 보다 효과적일 수 있다.

새로이 출범한 민선5기 지방정부는 우리나라의 지방자치를 정상화하기 위해서라도 반드시 성공할 필요가 있다. 이들의 성공은 보편적 복지 정책의 추진과 성공 여부로 판가름날 것이며, 국민들의 삶을 실질적으로 개선하는 튼튼한 기초가 될 것이다. 특히, 이번에 새로 당선되어 임기를 시작한 젊고 진보적인 지방자치단체장들과 지방의원들이 성공하기를 바란다. 이들의 성공이 우리나라 정치의 세대교체를 만들어 내고, 지역구도와 낡은 정치를 근본적으로 깨는 역할을 수행할 것이기 때문이다.

역동적 복지국가를 위한 시민정치운동

이상이 | 복지국가소사이어티 공동대표, 제주대학교 교수

우리 모두는 대한민국이라는 하나의 경제공동체에서 살아가는 같은 국민이 맞는가? 서민들뿐만 아니라 상당수의 중산층 사람들조차 "소외감을 느낀다. 사는 게 불안하다. 우리에게는 기회가 제대로 주어지지 않는 것 같다. 우리사회는 공정하지 않다. 아무리 노력해도 안 된다. 우리 자식들에게 이런 험한 세상을 물려줄 수는 없다"고 생각한다. 우리의 경제공동체 대한민국은 지금 심화되는 양극화 성장으로 인해 사실상 공동체성을 잃어가고 있다. 명백하게 20 : 80의 정글 사회다.

2010년 상반기 우리나라의 수출은 전년 동기에 비해 33%나 늘었고, 주요 제조업체의 영업이익도 거의 두 배나 늘었지만, 그것으로 끝이었다. 수출경제는 호황이었으되, 내수경제는 불황의 늪에서 헤어나지 못하고 있다. 제조업의 양극화와 내수경제를 이끌 국내 서비스업의 침체 때문이다. 우리가 이미 오래 전부터 알고 있던 우리사회의 여러 곳에서 진행되고 있는 양극화, 즉 대기업과 중소기업의 양극화, 수출경제와 내수경제의 양극화, 노동시장의 양극화, 교육 등 사회서비스의 양극화가 갈수록 심화되고 있다.

전에는 잘 몰랐고 모호하게 인식하였지만, 이제 많은 사람들이 이러한 사실을 알게 되었다. 우리는 지금 신자유주의 양극화 성장체제에서 살고 있다. 우리나라는 1994년에 금융자유화를 실시하였고, 세계화를 선언하면서 신자유주의 세계경제 질서에 편입되기 시작하였다. 이로 인해 촉발된 1997년의 외환위기 이후, 신자유주의 구조조정 프로그램을 충실하게 이행함으로써 우리나라에서 '신자유주의 양극화 성장체제'가 구조화된 것이다.

우리네 민생불안이 신자유주의 양극화 성장체제와 잔여주의 복지체제에서

비롯되고 있다는 것도 이제 많은 사람에게 널리 알려져 있다. 논리 정연하게 체계화된 지식으로는 아니더라도, 우리 국민은 이제 신자유주의 양극화와 민생불안을 삶의 현장에서 피부로 느끼고 있다. 늘 불안하고 여유가 없다. 행복하지 않다. 그래서 우리 국민의 67%는 우리나라가 장차 '행복지수가 가장 높고 더불어 살기 좋은' 북유럽 복지국가 방식으로 발전하길 원하고 있고, 우리 국민의 72%는 이러한 복지를 위해서라면 세금을 기꺼이 더 내겠다고 한다(《한겨레》 5월 14일자).

지난 6.2지방선거에서는 지난 선거들과 다른 뚜렷한 특징 하나가 부각되었다. '보편적 복지'에 대한 국민적 기대가 하나의 정치현상으로 나타나 일정한 정치사회적 흐름을 형성한 것이었다. 보편적 무상급식이 서민과 중산층의 민생불안을 파고드는 강력한 정치구도를 형성하면서 우리 국민은 보편적 복지의 중요성을 인식하게 되었고, 이를 실현해줄 '복지 지방정부'의 가능성에 기대를 품게 된 것이다. 삽질에 능한 지방정부가 아니라 보편적 복지를 통해 우리네 삶을 개선해줄 지방정부를 요구하게 된 것이며, 이러한 '기대와 희망'이 투표를 통해 정부여당을 심판하는 것으로 귀결된 것이다.

사실, 민생불안의 해소와 삶의 질 향상이라는 국민적 '기대와 희망'이 말처럼 그렇게 쉽게 달성되는 것은 아니다. 사회구성원 모두의 불안이 제도적으로 해소되고 삶의 질이 안정적으로 보장되려면 우리나라의 현실에 맞는 토종형의 보편주의 복지국가를 잘 설계하고 실현해야 하는데, 우리는 이것을 역동적 복지국가라고 부른다.

우리나라가 지금 유럽 선진국 수준의 역동적 복지국가를 제도적으로 달성할 때까지는 아무리 빨라도 10년 내지 20년이 걸릴 것인 바, 이것을 가능하게 하는 첫 번째 요소는 복지국가를 염원하는 다수 국민의 지속적인 '기대와 희망'이며, 두 번째 요소는 이에 조응하는 강력한 복지국가 정치세력의 존재이다.

10여 년의 신자유주의 양극화 시대를 거치며, 특히 지난 6.2지방선거를 통해 풀뿌리 속에서 그 모습을 드러낸 민생불안의 해소와 삶의 질 향상을 위한 보편적 복지와 복지국가에 대한 국민적 '기대와 희망'은 이미 싹트고 자라나고 있다. 이러한 '기대와 희망'을 품지 않으면 도저히 안 되겠다는 풀뿌리 정서는 역설적이게도 신자유주의가 만들어낸 양극화 정글 사회의 산물이다.

그럼에도 우려스러운 것은 야만적 정글 사회에서는 이러한 국민적 '기대와 희망'이 일회적·산발적인 것으로 되는 경향이 있고, 지속적인 것으로 표출되고 조직화되기가 쉽지 않다는 점이다. 이에 대한 대책이 요구된다. 그런데 설상가상으로 우리에게는 아직까지 우리 국민이 믿고 의지할만한 강력한 복지국가 정치세력이 없다.

풀뿌리 수준에서 국민적 '기대와 희망'에 올바르게 부응할 우리의 복지국가 담론을 널리 확산하고, 이를 느슨하게라도 노동·시민사회단체, 정당, 온라인 매체, 언론, 여러 가지 수다클럽(커피당) 등 다양한 형식의 네트워크들로 담아내고 조직해야 한다. 신자유주의 양극화체제를 극복할 대안 담론인 역동적 복지국가는 보편적 복지, 적극적 복지, 공정한 경제, 혁신적 경제라는 네 가지 원칙의 통합적 구조물이다.

여기서 중요한 것은 이 네 가지 원칙은 동시적으로 작동하며, 긴밀하게 연계되어 유기적으로 상호작용을 끼치므로 어느 하나를 떼어낼 수 없다는 점이다.

가령, 적극적 복지만을 떼어내서 이것을 수사적(사회투자)으로 강조한다면 이는 더 이상 진보가 아니며(신자유주의 제3의 길 등 가짜 진보), 결과적으로 복지국가를 희화화하는 것이 된다. 마찬가지로 보편적 복지만을 강조한다고 해서 복지국가가 되는 것도 아니며, 공평과세 원칙의 누진적 조세제도가 포함된 공정한 경제와 혁신적 경제 또한 보편적·적극적 복지와는 서로 뗄 수 없는 유기적 통합체다.

결국, 역동적 복지국가는 신자유주의 양극화 사회의 민생불안을 해소하고 모든 국민이 삶의 안정성과 역동성을 향유할 수 있도록 하는 우리 시대의 진보담론이자 정치적 과제이다. 오늘도 경쟁만능의 양극화 정글 사회에서 시장적 방식으로 만성적 불안의 해소책을 찾아 나선 사람들에게 어떻게 하면 우리의 역동적 복지국가 담론을 제대로 전달할 수 있을까?

우리는 풀뿌리 시민사회의 담론을 완전히 바꾸어 놓아야 한다. 오랫동안 우리 뇌리와 습관 속에 박혀있는 '경쟁과 효율' 성장 만능의 '경제적 자유주의(신자유주의)' 담론을 '역동적 복지국가' 담론으로 바꾸어 놓는 일은 누구의 몫인가? 지식인과 노동·시민사회·진보정당운동을 포함한 진보개혁진영 모두가 나서야 한다. 궁극적으로는 지역 단위의 풀뿌리 시민운동이 중심에 서야 하고, 시민 한 사람 한 사람이 이 일의 주체로 나서야 한다.

결국, 우리는 모두 수다쟁이가 되어야 한다. 그래서 역동적 복지국가의 담론과 정책을 널리 확산하고, 이를 중심으로 다양한 형태의 네트워크를 형성하고, 이것을 시민사회운동과 복지국가정치운동의 동력으로 삼아야 한다. 이러한 흐름이 풀뿌리의 수다쟁이 운동을 통해 들불처럼 번져 나간다면, 우리나라의 정치지형은 순식간에 바뀔 것이다. 범야권 정치세력 모두가 자신들이 '역동적 복지국가' 정치의 적임자임을 자임하며 앞 다투고 경쟁할 것이다. 이러한 정치과정에서 장차 누가 '진정한 진보' 정치세력인지는 국민적·역사적 평가를 통해 자연스럽게 드러나게 될 것이다.

역동적 복지국가를 위해 진보정치의 담론과 세력을 재편하고 규합하는 일이나 민주당의 진보적 재편을 촉구하는 일도 매우 중요하다. 만약 이러한 일이 순조롭게 진행된다면, 전국의 풀뿌리 수준에서 진행될 역동적 복지국가를 위한 수다쟁이 운동이 한층 더 탄력을 받게 될 것이다. 이는 위와 아래가 제대로 조응하기 때문이다. 즉, 풀뿌리 수준에서 역동적 복지국가의 담론과 정책의 확산에 탄력이 붙게 될 것인 바, 이는 다시 진보개혁 정치세력의 전반적 강화를 촉진하게 된다.

이렇게 역동적 복지국가 담론의 풀뿌리 확산과 복지국가 정치의 활성화가 능동적 상호작용이라는 선순환의 관계를 갖도록 해야 한다. 이것이 우리가 추구하고자 하는 '역동적 복지국가 시민정치운동'의 전략이자 방법이다. 이제 시민정치운동의 주체를 만들어야 한다. 그래서 이에 동의하는 지식인, 노동·시민사회의 활동가, 진보적 정당인, 복지국가 정치 희망자, 그리고 우리 풀뿌리 보통 국민들의 참여와 관심이 매우 중요한 것이다.

복지국가론에서 자유에 대한 올바른 이해

이래경 | 복지국가소사이어티 공동대표, 일촌공동체 상임이사

복지국가를 논하는 글 자리에 생뚱맞게 웬 자유타령이냐고 반문할는지 모른다. 또한 기왕이면 마이클 센델의 책으로 세간의 폭발적 관심을 끄는 정의라는 주제나, 이명박 대통령도 언급하고 복지와 직접 관련이 있어 보이는 공정의 문제를 언급해야지, 복지와는 직접 관련이 없을 법한 주제를 꺼내느냐고 타박할는지도 모르겠다.

첫 번째 변명으로는, 복지국가를 형성하는 데는 국가운영 시스템으로서 정치적 이슈를 만들어내고 정책적인 내용을 담아가는 정치적인 접근, 즉 상층부 방식만으로는 어렵고, 동시적으로 그 시대를 살아가는 시민사회 속에서 삶의 태도, 철학, 실천, 그리고 패러다임의 변화를 추구하는 현장의 방식이 반드시 병행되어야 한다고 본다.

예컨대 북유럽의 보편적 복지제도는 북유럽 사람들의 생활 속에 존엄과 정의와 연대라는 이념이 깊이 자리를 잡음으로써 실효적으로 확고하게 뿌리내릴 수 있었다. 역으로 아직 생산영역에서 재벌 독식체계가 확고하고 시민사회의 일반적 행태가 출세제일주의에 경도되고 천민적 지대추구와 지독한 가족이기주의에 빠져 있는 우리의 현 상황에서, 복지 이슈를 정치 일선에서 전면화한다고 해서 이를 돌파해내기는 결코 쉽지 않을 것이다. 설령 일시적으로 돌파한다고 해도 이를 제대로 지속하기는 더욱 어려울 뿐만 아니라 극심한 혼란과 예기치 못한 반동을 야기할 수도 있다.

한국사회 내에서 시민 개개인의 삶 속에 복지가 일상적, 실천적으로 뿌리를 내려야 복지국가의 기초가 다져진다고 본다. 이를 위해서는 상기에 언급한 존엄, 정의 및 연대에 대한 치열한 검토와 논의가 필요하다고 본다. 당연히 존엄

의 다른 이름인 자유라는 문제부터 논의를 시작하는 것이 순서일 터이다.

두 번째 설명을 하자면, 복지국가로 가는 여정에서 예상되는 사회정치적 갈등과 혼란을 줄이기 위해서는 복지국가소사이어티 내부적 입장만이 아니라 복지국가의 의미를 축소 또는 그 중요성에 큰 의미를 두지 않는 타자의 관점에서 다시 살펴보는 것이 필요하겠다는 생각이다. 복지체계는 투쟁과 일방적 굴복을 통해서가 아니라 주어진 상황에 대한 반성과 성찰 그리고 당당하고 합리적인 설득과 포용을 통해서 지속가능한 조건을 이루어 왔음을 지난 역사가 보여준다.

논쟁을 통해 반대편의 입장인 시장만능주의 또는 신자유주의, 그리고 애매한 중간적 입장 또는 절충적 입장을 취하는 공동체적 자유주의와 사회투자국가론 등에 대해 철학적 비판을 명확히 해야 할 필요가 있다고 본다.

한편에서는 진보진영의 학자들이 모여 한국사회 현 단계의 과제와 지향으로 진보적 자유주의를 지목하고 나섰다. 학문적으로는 엄정하게 선정하였으리라 믿어 의심하지 않으나, 가슴에 정확히 와 닿는 느낌이 없다. 진보라는 말은 귀에 들어오는데, 진보에 보태진 자유주의는 일반인으로는 뜻을 정확히 헤아려 알 길이 없다. 자유론의 대가로 알려진 이사야 벌린은 자유의 개념이 백가지도 넘는다고 푸념을 했다 한다. 이리저리 해서 자유라는 개념에 대해 논쟁을 제기할 필요성을 느꼈다.

학자가 아닌 생활인으로 다루기에는 무모하고 벅찬 주제이나, 무식함을 핑계 삼아 인터넷 검색을 시작해본다. 자유와 소유의 개념이 인류 역사에 기록으로 남겨진 것을 추적해 보면 BC 24세기경 메소포타미아 수메르지역의 상형문자에서 시작된다고 한다. 인류 최초로 문자를 사용하여 법을 규정한 이들의 기록을 보면, 재산을 소유자의 뜻에 반해서 처분하도록 강요해서는 안 되며, 부당한 일을 당하면 이를 항의할 수 있도록 규정하였다 한다. 문명의 시작부터 인간은 사유권과 자유의 문제를 핵심적 주제로 삼아온 것임을 보여준다.

노예제라는 명확한 한계를 지니기는 했으나 현대 민주주의의 원형을 보여준 그리스 시대에는 자유시민 중심의 직접적 민주정치가 있었고, 로마시대에는 원로원과 호민관제에서 비롯한 공화정신이 황제의 권력에 대립하여 시민적 자유를 방어해 왔다.

암흑기라 불리는 중세 시기에도 자유에 대한 인식이 있었다. 신학대전을 집필한 아퀴나스는 하나님과 인간의 관계를 은총과 자유의지로 설명하고 있다. 하나님이 만든 이상적 공간인 에덴의 섭리를 거부하고 자유의지로 스스로 자신의 선택을 고집한 인간이 삶 속에서 마주치는 고통, 배신, 좌절 등의 원죄 속에서 신음할 때 신은 은총을 통해서 인간을 구원에 이르게 한다는 논지이다.

르네상스를 지나면서 자유의 내용은 보다 풍부해진다. 만인에 대한 만인의 투쟁설인 『리바이던』 저술로 유명한 홉스가 놀랍게도 자유에 대해 치열한 문제의식을 가진 것으로 알려져 있다. 그는 다음의 세 가지 관점, 즉 기존의 관행과 철학으로부터의 단절, 내재된 욕망의 실현 과정, 그리고 필연과 양립되는 주제로서의 자유의 문제에 접근하고자 했다. 특히, 필연으로부터 구분되는 자유의 개념은 뉴턴의 물리학적 대법칙 발견과 다윈의 진화론 이후 인간은 스스로 자유로운 존재가 아니라 자연법칙의 필연성에 종속되어 있다는 결정적 필연론 또는 섭리에 의한 예정조화론 등이 등장할 것에 대해 선각자적으로 제기된 중요한 문제의식이었다고 할 수 있다.

누군가는 세 사람의 John을 만나면 현대적 자유개념을 이해할 수 있다고 한다. 첫 번째 인물은 사회계약론과 근대적 민주주의의 철학적 기초를 만든 존 로크(John Locke)다. 천부적 인권, 즉 인간의 존엄과 가치로서 주어지는 자연적 자유와 사회계약에 의해 법의 규제 하에 형성되는 사회적 자유의 개념을 구분하여 주창했고, 이의 경제적 적용으로서 사유재산권의 신성함을 지지하였다. 일부에서는 로크가 사유재산권을 무조건으로 지지한 것으로 해석하고 있으나, 그는 모든 소유권의 근본은 자연인 대지에 있으며 노동을 통해서만 소유형태의 이전이 이루어진다고 했다.

두 번째 인물은 자유론을 저술한 존 스튜어트 밀(Jonh Stuart Mill)이다. 이 분야에서 천재적 걸출함을 보인 그는 자신의 내면에 있는 진정한 나의 개성과 욕망을 자신의 정체성으로 보고, 이를 실현하는 과정을 자유로 규정한다. 나아가 자유의 행사는 남의 자유를 해치는 않는 범위에서 자신의 삶에 긍정적 효과와 효율성의 증대로 이어져야 한다는 공리적 흔적을 보인다. 그는 제한받지 않는 개개인의 자유야말로 독특함과 창의성으로 결국에는 사회와 역사의 발전을 가져온다고 확고히 믿는다. 특히, 표현의 자유는 무조건적으로 허용되어야 한다는 그의 입장은 이후 고전적 자유론 또는 순수한 자유론 또는 소극적 자유론의 기초가 된다.

세 번째 인물은 1970년대 미국 지성의 상징이었던 존 롤스(John Rowls)다. 존 롤스는 현대적 복지국가의 철학적 토대를 제공한 인물로 '정의론'으로 더욱 잘 알려져 있다. 그는 정치적 자유주의라는 저술을 통해서 각자 개인의 지위와 재산 유무와 관계없는 원초적 상황에서, 미래가 어떻게 전개될지 모르는 무지한 베일 속에서, 모두가 동등한 조건에서의 정치적 합의, 즉 사회계약을 이루어야 하며, 이의 당연한 전제로 자유를 이야기한다. 이에 그의 사상적 스승인 임마뉴엘 칸트(Immanuel Kant)의 자유에 대한 입장을 살펴본다.

칸트는 형이상적으로 논증할 수 없는 주제로 시간, 공간, 영혼과 신의 존재, 그리고 자유를 언급한다. 그에게 있어서 자유의 문제는 논증의 대상이 아니라 인간 존재의 근거이어야 하며 실천이성의 전제가 된다. 자연계에서 목도하듯이 단순한 본능과 충동에 따르는 것은 동물적 또는 노예적 조건인 임의성이며, 인간이 실천이성 속에서 강제(의무)에 의하여 스스로 정한 법칙, 즉 선험적 형식에 복종하는 것이 자유 또는 자유의지라고 이야기한다.

여기서 자유를 바라보는 두 개의 시각이 충돌하고 있음을 목도한다. 하나는 개성과 욕망의 연장으로 자유를 보는 관점이고, 다른 하나는 인간의 보편적 존재형식으로서 실천이성의 명령에 따르는 자율이 자유라는 관점이다.

20세기로 들어서면서 자유에 대한 해석이 보다 정교해진다. 이사야 벌린은 "무엇으로 부터(free from)"의 개념과 "무엇을 하고자 또는 무엇이 되고자(free to do or become)"의 개념으로 구분하여 전자를 소극적 자유, 후자를 적극적 자유로 지칭한다. 소극적 자유는 외부적 장애 및 장벽 또는 구속이 없는 상태에서 행동 또는 사고하는 것이다. 적극적 자유는 원하는 방향으로 행동 또는 성취할 가능성을 말한다.

흔히 소극적 자유는 개인적 상황을 중심으로 이루어지고, 적극적 자유는 집단적 형태 또는 공동체의 일원으로 이루진다고 한다. 전자는 주로 정치적 자유와 사적소유권 문제에 집중하게 되고, 따라서 정부나 공공의 개입을 부정하는 입장에 서게 된다. 적극적 자유는 행위의 주체가 자신의 뜻과 의지를 실현하는 능력에 강조를 두며, 따라서 자유의 척도는 주어진 사회경제적, 정치적, 문화적 상황구조 아래에서 발현할 수 있는 능력으로 표현된다. 자연스레 소극적 자유는 개인에게 강조와 우위를 둔다. 적극적 자유는 주어진 상황과 조건으로 제도적이고 구조적 문제에 보다 집중하게 된다.

스탈린 시대를 경험한 이사야 벌린은 적극적 자유의 긍정적인 점을 인정하면서도 이것이 가져올 수 있는 전횡적이고 집단적 폭력의 위험성을 경계하였다. 그래서 기본적 조건으로 소극적 자유를 적극 강조하며, 어떠한 조건과 경우에 있어서도 소극적 자유를 침해해서는 안 된다는 입장을 취한다.

최근에 이르러서는 자유를 소극적 관점과 적극적 관점으로 구분하여 대립시키는 것은 의도적 오류이며, 오히려 자유는 위에 언급한 두 개의 측면과 자연적 한계를 종합하여 구성되어야 하며, 따라서 자유는 여러 가지 종합적 지표에 의해서 평가되어야 한다는 포괄적 입장이 주류를 이룬다. 이러한 관점을 받쳐주는 이론가로 하버드대학 교수인 맥칼럼(Gerald MecCallum)은 3요소 화음론(triadic relations)을 주장한다. 맥칼럼 교수에 의하면, 자유는 주어진 조건과 상황에서 행위의 주체, 행위를 제약하는 조건, 행위의 의도 또는 목적의 세 가지의 요소가 서로 삼각적인 화음관계를 이루며 형성된다고 설명한다.

지금까지 자유에 대한 주요한 관점을 간략히 정리해 보았다. 미국에서 대단히 인기를 끌고 있는 진화론 입장의 철학 교수인 다니엘 데닛은 자유도 진화한다고 선언한다. 혹자는 자연 진화의 입장은 결정론적 관점이어서 자유와 결정론이 서로 충돌하는 자기모순이라고 할는지도 모르겠으나, 데닛은 자연 진화를 결정론과 비결정론의 대립과 보완의 종합으로 본다고 할 수 있다.

데닛의 주장처럼, 필자도 자유는 비가역적으로 발전한다고 믿는다. 자유에 대한 내용이 시계 바늘을 되돌려 과거로 돌아갈 수는 없다, 사람이 원숭이로 되돌아 갈 수 없듯이 말이다. 오히려 시대를 지나가면서 제약조건이 하나씩 풀리면서 적용의 지평을 넓혀가고 내용이 보다 풍부해진다. 물론 일시적 반작용과 예상치 못한 새로운 제약이 발생할 수도 있으나, 이는 일시적이고 우연적인 과정이며, 인류의 역사가 그러했듯이 결국, 자유는 탄력적으로 새로운 진보의 내용을 획득해가면서 전진해 나갈 것이다.

이사야 벌린이 이야기한대로 JS Mill 입장의 정치적 시민권적 자유, 즉 소극적 자유는 대단히 소중하고 양보할 수 없는 확고한 출발선(embedding platform)임에 분명하다. 이러한 출발선을 침해하는 행위는 반동적이며 반인권적인 것이므로 당연히 이러한 시도에 대해서는 분연히 일어나 저항하고 분쇄해야 한다. 한국 시민사회는 현대사 속에서 4.19 혁명과 5.18 민주화 운동 등을 통해 이미 이를 확인하는 저력을 과시했다.

동시에 자유는 출발선인 소극적 자유를 넘어서서 현재적 시점에서 자유의 확대를 제한하는 조건과 상황을 극복하는 방향으로 운동해 간다. 제한적 조건이 자연에서 오는 것이라면 과학기술의 힘을 빌려서 지속가능한 방식으로 해결해야 하며, 압박조건이 사회경제적인 것에서 온다면 당연히 이를 개선하는 방향으로 진전해야 한다. 여기서 분명히 해야 할 것은 인간의 존재양식은 시간과 공간, 그리고 자유와의 관계 속에서 규정된다.

시간과 공간은 수동적이고 실존적으로 던져진 것이라면 자유와의 관계는 인간의 실천주제로 다가온다. 당연히 자유는 타자(그것은 자신 존재의 연장이라고 말할 수 있다)와의 관계 속에서 확대를 모색할 수밖에 없다. 로크와 밀, 칸트 및 현대적 입장을 종합하면, 자유는 주어진 상황 및 조건과 타자와의 관계 속에서 자신의 존재양식으로서 사고, 표현, 가치와 존엄 그리고 활동의 해방 영역을 넓혀가는 과정이라고 할 수 있다.

이러한 연장에서 자유의 문제를 경제적 영역으로 돌려 사적소유와 시장의 문제로 들어가 보면 내용은 확연히 달라진다. 잠깐 언급했듯이, 존 로크가 사유재산권을 천부적 권리라고 이야기했을 당시는 새롭게 성장하는 신흥 시민계급과 구체제의 지배계급 간의 치열한 갈등과 투쟁 속에 있었다. 구체제의 이해와 속박으로부터 생산력의 해방과 발전을 위해 사적 재산권의 획득은 자유의 진전을 위해 반드시 필요한 핵심적 사항일 수밖에 없었다. 아담 스미스 이후 경제학이 윤리학에서 분리되고 시장경제의 기제가 확고히 자리를 잡으면서, 이후 수세기 동안 시장과 사유제의 결합을 통한 경제활동으로 인류사회는 과거 어떤 시대보다 물질적 풍요를 누릴 수 있었다.

그러나 과유불급이라는 말이 있듯이, 인류를 물질적 제약에서 자유롭게 해방시키는 데 큰 역할을 한 사적소유와 이익 실현의 욕구가 지나쳐 시장을 매개로 자연과 노동 그리고 매개체인 화폐 자신조차 오로지 상품화하는 물신과 소외의 과정에서 인간의 존엄을 속박하고 인간의 가치를 무시하는 탐욕으로 변질되어 간다, 이로 인해 존 로크가 그토록 외쳤던 천부적 인간존엄과 가치가 오히려 핍박을 받으며, 개별적 인간 존재는 오로지 노동력으로 대상화되어 천부적 자연과 함께 상품시장의 메커니즘 속에서 탐욕을 채우는 수단으로 변질되는 상황에 이른다. 시장은 탐욕과 결합함으로써 지난 수세기 동안 보였던 해방의 역할에서 이제는 억압과 구속의 기제로 작동한다.

현재 목도하듯이, 자유라는 이름을 도용하고 이로 포장하고 은폐하여, 자유라는 이름을 오염시키는 일방적 수탈구조를 정당화하는 신자유주의적 시장만능의 메커니즘을 묵인하는 것은 자유의 수호라는 입장에서도 결코 용납할 수 지경에 이르렀다. 왜냐고? 되풀이 하지만 자유의 핵심내용은 존 로크가 지적했듯이 인간이면 모두가 지녀야 할 천부적 권리와 존엄에 근거하고 있기 때문이다. 시장과 사유제는 개개인을 위한 경제적 상황이 개선되고 개개인의 자유영역이 확대되는 범위에서만 유효하다. 따라서 이제부터 경제의 영역은 수탈을 일반화시킨 시장만능주의에서 벗어나 수세기 전에 분리되었던 윤리의 영역과 재결합해야만 한다.

자유라는 이름으로 자유를 적극적으로 옹호하기 위해서라도 사회적 합의(강제)를 통해 신자유주의 또는 시장만능주의가 가진 탐욕적 요소, 즉 반자유(존엄)적이며 반인권적인 내용을 고발하고 억압해야 하며, 시장의 역할을 사탄적 탐욕과 분리시켜 본래적인 탁월한 재화 창출의 순기능으로 되돌려야 하며, 사적 소유가 가져다주는 개별적 열정과 노력을 인류 모두의 가치를 보다 높이는 방향으로 재정립하여야 한다. 최근의 세계적 금융위기와 경제위기는 이를 명백히 증언하고 있는 것이다.

존 롤스는 정치적 영역의 핵심가치를 자유로 삼는 반면에 사회경제적 주요가치로 정의를 내세운다. 연이여 사회경제적 정언명령으로 기회의 공정성과 사회경제적 성과를 최소수혜자에게 최대한 배려하는 최대-최소의 수혜원칙을 주창한다. 여기서 주의할 것은 준차적 서열의 문제다. 준차적 서열이라 함은 강조점과 우선순위가 뒤섞여서는 아니 된다는 점이다. 그가 이야기하는 준차적 서열은 정치적 자유가 우선하고 기회의 공정성과 최대-최소수혜의 원칙이 뒤따르는 순이다. 복지국가는 당연히 자유로서의 존엄과 타자와의 관계 속에서 정의와 연대를 그 핵심으로 삼는다.

〈추가〉

우리사회 일부에서 복지국가는 한국의 현실적 조건에서 아직 설익은 개념이며 정의가 우선적으로 실현되어야 한다는 주장을 펴는 그룹이 있다. 이는 잘못된 인식이거나 복지국가 운동을 의도적으로 훼방하려는 의도로 보인다. 위에서 언급하였듯이 자유, 정의 그리고 연대는 복지국가의 철학적 기초이자 자양분이고, 복지국가는 그러한 영양분 위에 피어나는 꽃, 즉 실천적 결과물이기 때문이다. 동전의 양면처럼 정의는 복지국가의 개념에서 분리될 수 없을 뿐만 아니라, 복지의 주요한 내용적 기초를 이룬다. 더 나아가, 정의는 자유와 연대와 함께 복지국가의 일부분에 지나지 않는다, 마치 몸과 마음은 분리될 수 없듯이 말이다. 복지는 어느 시대에도 요구되는 과정적 당위이며, 다만 범위와 수준은 시대적 한계로 규정될 뿐이다. 현재의 한국사회는 다중적 위기와 불안으로 인해 폭발 직전에 이른 상황이며, 따라서 복지국가 또는 보편적 사회제도에 대한 전면적 도입을 긴급하고 절실하게 요구하고 있다.

한국에서의 "정의", 그리고 공정한 사회를 위한 조건

홍보위원회

'정의' 와 그 핵심적 내용인 '공정' 이라는 단어들이 최근 한국사회를 쓰나미처럼 휩쓸고 있다. 『정의란 무엇인가?』라는 번역서가 벌써 30만부 넘게 팔려나가면서 몇 주째 서점가의 베스트셀러가 되고 있으며, 저자가 강연하는 자리에는 수천 명의 청중이 몰려드는 기현상을 보였다.

저자 마이클 센델은 "정의(正義)"를 보편적 내용으로 '정의(定義)' 하기보다는 다양하고 구체적이며 때로는 극적인 상황 속에서 정의의 내용을 전개하고 있다. 이 과정에서 독자들은 '정의'는 공허한 것이 아니라 서로 다른 이해관계들이 상충하는 삶의 구체적 내용 속에서 그 실체를 찾을 수 있음을 배울 수 있다.

이명박 정부 역시 최근 공정한 사회를 자주 언급한다. 이명박 정부의 출범 초기에 "비즈니스 프렌들리"를 강조하며 공항의 VIP실을 기업가들에게 개방하고, 부자감세를 과감히 단행하였던 것에 비하면 격세지감마저 든다. 그러나 이명박 정부의 '공정한 사회'가 공정에 대한 국민적 합의도 없이 센델의 베스트셀러의 등장과 더불어 느닷없이 출현한 것은 혹시 다른 의도가 있는 것이 아닌가 하는 의심을 하게 한다.

이명박 대통령이 말하는 공정한 사회가 진정성을 가지고 국민들에게 다가오기 위해서는 최소한 다음과 같은 조건들이 전제되어야 할 것이다.

첫째, 국민 개개인 모두가 자신의 생각을 전달할 수 있는 표현·결사·집회·언론 등 기본적인 자유가 보장되어야 한다. 정부 시책에 반하는 이야기를 했다고 구속 조사하고, 주요 언론매체의 수장을 정권의 측근들로 임명하면서 신규 방통산업에 대한 특혜를 미끼로 보수 언론들과의 야합을 시도하는 현 상황에서는 일반 국민이 동의할 수 있는 '공정의 기준' 을 만들어 낼 수 없다.

손석희 교수가 사회를 보는 〈100분 토론〉을 볼 수 있고, 김제동과 김미화 방송인이 마음대로 자신이 하고 싶은 이야기를 할 수 있어야 국민들은 공정한 사회에 대한 이야기를 시작할 수 있을 것이다. 실명제라는 이름으로 인터넷에서 정부를 비방한 사람이 총리실 사찰까지 당하는 상황이 명확하게 개선되지 않는 한 이명박의 "공정한 사회"라는 것은 전두환의 '정의사회 구현'과 별반 다르지 않을 것이다.

둘째, 이익과 효율에 기초한 공리주의의 입장만을 따르는 성과주의 사회에서는 공정성을 확보할 수 없다. '공정'은 '옳음'이 '좋음'에 우선한다는 전제에서 출발해야 한다. 공정의 다른 표현인 정의의 필요성은 배분할 자원의 부족이라는 '자연적 한계'에서 출발한다. 제한된 사회경제적 성과물과 자원을 구성원 모두에게 형평성 있게 나누는 과정에 대한 합의가 공정성의 구체적인 내용이 되어야 한다.

또한, 하위계층의 소득이 절대적, 상대적으로 모두 빠르게 높아져야 한다. IMF 이후 극심해진 빈부의 격차를 세금과 복지의 확대를 통해 실질적으로 좁혀가는 것이 공정의 우선순위가 되어야 할 것이다. 토건세력만 살찌게 하는 대형 토목건설 공사들을 중단 또는 축소하고, 검증되지 않은 부유층과 대기업 대상 감세정책을 포기하여야 한다.

특히, 무력화시킨 종합부동산세를 부활시켜 계층과 지역 간의 격차를 좁히고, 근로소득 및 사업소득의 형평성에 문제가 없도록 불로소득에도 공정한 과세를 하여야 한다. 이렇게 하여 새로이 확보되는 재정은 국민 모두가 인간적인 최소한의 존엄을 유지할 수준의 사회안전망 확충에 우선적으로 투입되어야 한다.

정량적으로 현재 30% 수준인 사회안전망에 투입되는 재원을 우선 50% 수준까지라도 끌어올려야만 형식적이나마 공정사회를 입에 올릴 수 있을 것이다. 이러한 누진적·연대적 증세와 복지확대의 재정운용은 한국경제의 가장 큰 병폐인 양극화를 완화시키고, 내수경기를 활성화하여 균형적인 경제의 선순환 구조에 크게 기여할 것이다.

셋째, 교육과 취업에 있어서 엄정한 공정성이 확보되어야 한다. 정의의 상징으로 법원의 휘장에 사용되는 '유스티니아 여신상'은 눈을 가리고 있다. 이 눈가림은 현실에 대한 외면이 아니라 각자 개인이 처해 있는 사회적 지위, 재산, 인적 관계 등에 관계없이 공정의 기준이 적용되어야 함을 의미한다.

여기서 핵심적인 사항은 항상 새롭게 시작하는 출발선의 기준과 조건이다. 기존의 사회경제제도가 재화 및 서비스 등 배분할 자원을 보다 효율적이고 성과 있게 만들기 위해 일부의 차등과 격차를 용인한다 하여도 이것이 부당하게 다음 세대로 대물림되어서는 안 된다.

전면적인 무상보육을 통해 매월 수백만 원짜리 영어 유치원에 나가는 부잣집 아이들도 평범한 아이들과 같은 출발선에 설 수 있도록 해야 한다. 무상급식과 무상 교복, 무상 준비물을 통해 없는 집 아이들이 기죽지 않고 공부할 수 있도록 하여야 한다.

그러나 지금 우리사회는 기회의 평등을 누리지 못하고 있다. 유명환 장관의 딸 사건이 대표적이다. 일본의 경우만 해도 특채를 제외하고는 5급이나 7급 시험의 합격 여부에 관계없이 시작은 모두 9급 공무원으로 임용하도록 하고 있다. 이들이 최하위직에서부터 동료들과 같이 내부경쟁을 하도록 하고 이 과정에서 능력과 성실을 검증받은 인사들을 발굴해 내고 있는 것이다.

그러나 우리나라는 고려와 조선시대의 음서제도를 떠올리게 하는 문제에 시달리고 있다. 이미 각종 고시와 공시, 공기업시험 등에서 부모의 학력과 경제력이 합격 여부를 좌우하는 가장 중요한 변수가 되어 버렸다. 제대로 된 등록금후불제가 없는 상태에서, 해마다 수천만 원의 등록금을 요구하는 법학전문대학원 제도는 더 이상 개천에서 용이 나는 일을 기대하기 어렵게 만들고 있다.

이러한 차등과 격차의 조건이 세대를 넘어 이전 될 수밖에 없는 제도를 허용하는 것은 공정하지 못한 것이다. 뿐만 아니라 구성원들이 가진 다양한 역량을 발휘할 수 없도록 하여 결국 그 사회의 붕괴 혹은 퇴화를 이끄는 요인으로 작용하게 될 것이다. 이러한 기본적이며 일반적인 전제와 조건들에 대한 정권 차원의 응답이 있어야, 비로소 국민들은 "공정한 사회"라는 구호에 대해 신뢰할 수 있을 것이다.

역동적 복지국가를 위한 시민정치포럼의 창립을 축하하며

홍보위원회

'역동적 복지국가를 위한 시민정치포럼'(공동대표: 신필균, 이병천, 이상이)이 2010년 8월 31일 창립총회를 열고 공식 출범했다. 이 포럼은 주대환, 최병모, 고세훈, 조원희, 유원일(창조한국당 국회의원) 등 30여 명의 공동 제안으로 조용하게 준비되었다.

그런데 공개적인 발족 제안이 있은 후 불과 10일 만에 140여 명이 창립회원으로 참여한 가운데 공식 출범을 한 것이다. 그동안 한국사회에서 복지국가 담론과 정책을 주도해온 지식인, 시민운동가, 노동운동가 등이 그들이다.

이날 창립행사에는 민주당 천정배 의원과 진보신당의 조승수 의원이 참석하여 축사를 했다. 우리는 이 포럼의 출범이 갖는 역사적 의미가 매우 뜻 깊다고 생각한다.

첫째, 이 포럼은 최근 진보진영의 주요 화두로 급부상하고 있는 '역동적 복지국가론'을 본격적인 정치적 과제로 제시하고, 구체적으로 이를 실천하기 위해 첫 발을 내디딘 첫 번째 조직이라는 점에서 큰 의미가 있다.

이미 2010년 3월 15일 민주당 정동영, 천정배, 이종걸 의원, 민주노동당 이정희 의원, 창조한국당 유원일 의원, 진보신당 조승수 의원, 노회찬 대표, 심상정 전 대표 등 진보개혁진영의 대표적인 정치인들이 '역동적 복지국가'를 우리 국민에게 함께 제안하는 행사를 여의도에서 가진 바 있다.

이후 치러진 지난 6.2지방선거에서는 무상급식과 같은 보편적 복지공약이 선거의 주요 정책이슈로 형성되었다. 이는 불과 2년 전인 2008년 총선 당시 뉴타운으로 상징되는 개발공약이 선거판을 휩쓸었던 사실에 비추어 볼 때 우리 정치사에서 매우 획기적인 사건이 아닐 수 없다.

최근 전당대회 등 내부 지도체제 개편을 앞둔 각 정당들의 주요 정치인들이 일제히 진보와 복지를 주요 정책이슈로 제출하고 있는 상황 역시 이러한 분위기의 연장선 속에서 이해될 수 있다. '복지국가 건설'이라는 과제가 점점 우리 사회가 나아갈 새로운 지표로 힘 있게 규정되고 있는 것이다.

이런 맥락 속에서 한국 정치의 새로운 이슈로 떠오른 역동적 복지국가 건설 과제를 기존 정치인들에게만 맡겨두지 말고, 직접 시민의 정치적 역량으로 실천하자는 것이 이 포럼의 기본 취지라고 할 수 있다.

둘째, 이 포럼은 무엇보다 '역동적 복지국가'라는 명확하게 정리된 자기 가치를 추구하고 있다는 점에서 중요한 의미를 지닌다. 해방 이후 지금까지 모든 정치세력들은 정치적 이해관계에 따라 이합집산을 거듭해왔으나 그러한 반복적인 연합과 분열은 대개 어떤 이해관계에 따른 것일 뿐, 뚜렷한 정치노선이나 정리된 사회이론을 전제로 하지 못하는 경우가 많았다. 그리고 이러한 몰가치적 정치연합은 우리나라의 정치발전에 도움이 되지 못했다.

우리는 요즘 유행하고 있는 복지국가의 논리가 정치인들의 이합집산을 위한 단순한 명분이나 정치적 수사로 활용되어서는 안 된다고 생각한다. 그렇게 될 경우 국민들의 마음속에는 또 다시 정치인들에게 속아 넘어갔다는 깊은 한탄이 시작될지 모른다. 자기희생과 헌신 속에서 반드시 역동적 복지국가를 만들고 말겠다는 이념적 진정성이 있어야 한다.

그리고 이러한 이념적 진정성을 전제로 광범위한 정치세력 간의 연대와 연합이 진행되도록 해야 한다. 우리는 복지국가 시민정치포럼에 많은 수의 복지 분야 전문가들과 이론가들이 참여하고 있다는 점에서 이 포럼의 '역동적 복지국가'를 향한 이념적 진정성의 일단을 확인할 수 있다.

셋째, 이 포럼은 '시민정치운동'이라는 새로운 방식의 정치개입을 추구하고 있다. 그동안의 시민운동은 '정치적 중립'이라는 프레임에 갇혀 있었다. 시민운동은 정치를 해서는 안 된다는 지상명령이 작동하고 있었던 것이다. 바로 이런 '정치적 중립'의 논리가 폭풍처럼 몰아치는 바람에 결국 시민에게 주어진 자유는 정치권을 욕할 자유뿐이었다.

그러나 이제 단순히 정치적 중립만을 고수하는 것은 별로 큰 의미가 없다. 정치적 중립 논리는 오히려 시민의 머릿속에서 정치의 중요성을 잊게 만들고, 시민사회와 시민단체의 사업에서 정당을 되도록 배제하도록 만드는 역효과를 부르기도 했다.

따라서 이제는 시민들과 시민운동가들에게 단순히 밖에서 정치를 욕하는 역할이 아니라 보다 적극적으로 정치에 개입하는 역할이 주어져야 한다. 스스로 정치를 창출하는 역할이 주어져야 한다. 이 포럼이 명칭과 제안문을 통해 제시하고 있는 시민정치란 바로 이런 맥락일 것이다.

그동안 정치적 중립을 시민운동의 미덕으로 생각해온 지식인 여러분들이 이 포럼에 대대적으로 참여해준 것은 시민운동의 정치적 중립이라는 낡고 오래된 가치관이 붕괴하고 있음을 보여준 것이다. 우리는 지식인으로서 시민정치 선언에 참여해준 시민정치포럼의 많은 분들께 감사드린다.

여러 차례 확인되었듯이 복지국가 건설의 과제는 국가권력의 장악 없이는 실현 불가능한 과제이다. 그래서 우리는 더욱 더 복지국가를 위한 시민정치포럼의 출범에 큰 기대를 걸지 않을 수 없다.

출범 기념 토론회에서 신진욱 교수가 한 말처럼, 새로운 정치를 위해서는 “열정”과 “세력”과 “실천”이 필요한 것이다. 이미 우리는 모두의 가슴속에 흐르는 복지국가 건설의 뜨거운 열정을 확인했다. 이제 우리에게 필요한 것은 복지국가 노선을 추진해나갈 강력한 정치세력의 존재와 그들의 지칠 줄 모르는 실천뿐이다.

다시 한 번 ‘역동적 복지국가를 위한 시민정치포럼’의 출범을 축하드린다. 우리는 우리사회가 역동적 복지국가로 나아가는 길목에서 장차 이 포럼이 수행해나갈 역사적 역할을 의심하지 않는다.

역동적 복지국가의

경제와 조세재정

오바마 금융개혁의 의미와 이명박과 윤증현의 엇박자

이종태 | 복지국가소사이어티 정책위원

이명박 대통령이 세계경제포럼(1월 27~31일)에서 놀라운 발언을 내놓았다. 프랑스의 세계적 통신사인 AFP는 1월 28일자 기사에서 다음과 같이 이명박 대통령의 발언을 소개했다. "한국의 이명박 대통령이 세계경제포럼 특별연설을 마친 뒤 대형은행 최고경영자들에 대한 (선진국 지도자들의) 정치적 공격에 동참했다. 그는 국제금융위기를 겪은 은행 경영자들이 개혁에 반대해서는 안 된다고 말했다." 1월 말 들어 오바마 미 대통령이 본격적으로 시동을 걸기 시작한 '금융개혁'에 이명박 대통령이 동참 의사를 밝힌 것이다.

다시 말하지만, 이는 정말 놀라운 일이다. 이 대통령이 지지한 '오바마 금융개혁안'의 핵심 정신은, 한국 정부가 강력하게 추진해온 '금융기관 대형화, 겸업화'를 저지하는 것이기 때문이다. 더욱이 이명박 정부가 추진해온 겸업화는 그 일반적 의미인 '상업은행업(예금업 및 대출업)과 투자은행업(증권업, 자산운용업, M&A 등 자본시장 관련 영업)' 간의 장벽을 허무는 정도가 아니다. 금융업(상업은행업과 투자은행업)과 제조업을 하나의 (재벌)지주회사 내에서 겸업할 수 있다는, 대공황 이전 미국을 떠올리게 하는, 대단히 과격한 정책이었다.

더욱이 한국 경제의 수장인 윤증현 기획재정부 장관은 지난 1월 24일 《서울경제》신문과의 인터뷰에서 "오바마 대통령의 금융개혁 방침에도 불구하고, 우리는 금융기관 대형화와 자본시장통합 등 우리만의 갈 길을 계속 갈 것이다"라고 소신을 밝힌 바 있다. 혹시 4일여 동안 한국의 금융정책이 180도 바뀐 것일까. 아니면 '세계적 지도자'로 부상하고 있는 이명박 대통령이 이른바 국격을 높이기 위해 오바마-사르코지-트리셰-고든 브라운 등 '일류국가'의 지도자들과 스크럼을 짜보신 것일까.

필자는 17세기 초 청의 팔기군이 베이징으로 진공한 이후에도 오랫동안 명에 대한 사대(事大)를 꿋꿋이 지켰던 조선 주자학파들의 풍모를 윤증현 장관께 느낄 뿐이다. 그렇다면 윤증현 장관의 '길' 혹은 '정도(正道)'인 미국의 금융시스템(지금 오바마가 청산하려고 몸부림치고 있는)은 어떤 것이었나.

거대한 괴물, 금융투자복합체

미국 금융시스템의 중추는 거대 금융투자복합체(Bulge Bracket)였다. 2000년대 들어서는 주로 지주회사 형태로 존속해왔다. 이 금융기관들은 지주회사라는 지붕 밑에 상업은행, 증권업, 자산운용업, 헤지펀드, 사모펀드, M&A 컨설팅 등 다종다양한 금융업이 '겸업화' 된 금융복합체였다(이보다 더한 '괴물'은 앞으로 한국에서 탄생할 재벌 산하의 금융-산업복합체 정도일 것이다). 더욱이 이 금융복합체들의 사업규모는 매우 거대했다. 예컨대 2010년 초 현재, 미국엔 자산규모(자기자본+채무) 1조 달러 이상인 투자-상업은행이 6개나 있다. 1조원이 아니라 1조 달러! 골드만삭스, 모건스탠리, JP모건체이스, 씨티그룹, BOA, 웰스파고 등이다. 그 다음 서열인 PNC나 뱅코프 등도 자산규모가 3천억 달러에 달한다.

그런데 '두' 줌도 안 되는 금융회사들(모두 세어보니 8개에 불과하다)이, 이 정도 규모의 자금을 휘두를 수 있다는 것은 무엇을 의미하는가. 이 금융회사들은 '시장 순응자'가 아니라는 것이다. 일반적으로 시장 순응자(일반 투자자)는 주식 등 금융자산에 투자한 뒤 그것이 오르면 이익을 내고 내리면 손해를 본다. 그러나 이 금융회사들은 엄청난 정보망으로 자금의 흐름을 휘어잡고, 시장을 좌지우지할 수 있는 괴물 같은 존재다. 예컨대, 현물환 거래량이 하루 70억~100억 달러 수준인 한국 외환시장의 경우는 마음만 먹으면 원-달러 가격을 올릴 수도 내릴 수도 있다.

일반적으로 '금융회사 대형화'를 '규모의 이익' 운운하는 경제이론으로 설명하려는 분들이 많다. 그러나 이는 고상한 이야기일 뿐이다. 국내든 국외든, 금융기관의 규모를 키우려는 자들의 목적은 '시장 그 자체'를 움직이는 것일 뿐이다. 아무튼 이런 금융기업이 무너지면 1개 회사당 1조 달러가 날아가고, 국가(세계) 전체에 디폴트(채무 불이행) 사례가 넘치는 생지옥이 현현할 것이다. 이는, 만약 금융복합체가 부도 위기를 맞는 경우, 국가와 사회가 그리고 심지어 세계가 어떻게 해서라도 구제해야 한다는 이야기와 동일하다. 이른바 대마불사다. 어떻게 보면, 이런 금융복합체들은 존재 그 자체가 세계의 안녕을 위협하는 행위다.

더욱이 이런 '고질라'들은 2008년 금융위기 이전까지만 해도 '투자은행 지주회사' 혹은 이른바 CSE(Consolidated Supervised Entities)란 요상한 법인체로 지정되어 규제를 거의 받지 않았다. 자기자본(금융기업 법인 소유의 재산)의 50~70배에 달하는 돈을 빌려도 괜찮고, 말도 안될 만큼 허술한 증권을 발행해도 문제없었다. 이런 상황에서 은행들은 고수익이지만 그만큼 리스크도 큰 투자를 일삼았다. 헤지펀드 및 사모펀드에 투자하거나 대출하고, 장외파생상품(예컨대 세계금융위기의 주범으로 지목되어 있는 CDO, CDS 등 구조화 상품)을 대거 매입했다. 그러다가 이런 위험한 투자부문이 일거에 무너지면서, 먼저 헤지펀드가 파산하고, 이에 자금을 제공한 대형 금융복합체의 도산 위기로 이어진 것이 2008년 가을의 세계금융위기다. 물론, 미국 정부는 금융복합체 파산의 사회적 여파가 두려워 구제금융을 제공할 수밖에 없었다.

그런데 이 초대형 금융복합체들이 이토록 위험한 투자를 오랫동안 영위할 수 있었던 이유는 무엇일까. 사실, 금융업은 일반적으로 '남의 돈'을 위탁받아 장사하는 업종이다. 그리고 제 아무리 간 큰 금융복합체라도 '남의 돈'으로 모험을 즐길 만큼 무모하지는 않다. 그러나 이를 가능하도록 한 장치가 있었다. 바로 '자기계정 투자'(proprietary trading)다. '남의 돈'이 아니라 '금융기관 자신의 돈(=자기계정)'을 만들어 위험투자에 뛰어들었던 것이다. 그리고 금융복합체들이 '자신의 돈'을 만들 수 있었던 계기는 1990년대 중반 이후 지배구조를 기존의 '파트너십'에서 주식회사로 전환한 것이다. 아무튼 미국 금융기관은 이런 '자기 돈'으로 직접 헤지-사모펀드를 운영하거나 아니면 이런 펀드에 대출 및 종합 서비스를 제공하는 방법 등으로 엄청난 수익을 거두어 왔다. 2006년 말 현재 미국 5대 금융기관의 총수익 중 70%가 자기계정 투자에서 나왔다고 한다. 이처럼 '자기계정 투자'는 미국 금융기관들이 대규모로 고수익-고리스크 영업을 벌일 수 있었던 구조적 기반이었던 것이다.

구제금융은 받고, 대출은 줄이고

그런데 오바마 대통령은 이런 금융시스템을 왜 개혁하려고 하는 것일까. 2010년 1월 말 시점에서 과격한 용어(Fight!)까지 동원하며 초대형 금융기관들과 결전을 서두르는 이유는 무엇일까. 그가 보기에 미국 초대형 은행들이 2008년 금융위기를 불러왔던 영업행태를 그대로 고수하고 있으며, 이 때문에 미국

경제의 기반이 다시 무너지고 있기 때문이다.

오바마 행정부의 구제금융을 받은 미국 은행들의 행태를 한번 보자. 납세자의 돈으로 겨우 명줄을 이은 이들은 가계 및 기업 등 생산적 부문에 대한 대출을 오히려 크게 줄였다. 연방준비제도이사회가 2009년 12월 발표한 자료(Flow of Funds Accounts of the United States)에 따르면, 미국 은행들의 가계대출은 2008년 3분기 -621억 달러, 4분기 -2,533억 달러를 기록했다. 2009년에도 1, 2, 3 분기에 각각 -1,607억 달러, -2,140억 달러, -351억 달러에 이르고 있다. 이는 미국 은행이 '가계에 대출한 자금'보다 '가계로부터 상환 받은 자금'이 2008년 3분기엔 621억 달러, 4분기엔 2,533억 달러, 2009년 2분기엔 2,140억 달러 더 많았다는 이야기다. 가계에 대출하기는커녕 상환을 강행하면서 미국 시민들의 목을 죄었던 것이다. 기업대출 역시 2009년 들어 마이너스로 돌아서면서, 2분기 -2,480억 달러, 3분기 -2,830억 달러를 기록했다.

이는 무엇을 의미하는가. 미국 은행들이 금융위기 이후 열심히 한 일은, 첫째 가계와 기업으로부터 예전에 빌려줬던 돈을 받아내는 것, 둘째 자기계정을 통한 위험투자였다는 이야기다. 그런데 금융기관이 본업인 중개업(예금 및 대출)을 열심히 하면, 실물경제에 대한 지원이 활발히 이루어질 수 있다. 그러나 자기계정 투자를 열심히 하는 경우, 해당 기관이 떼돈을 벌지는 몰라도 실물경제에 도움이 되지는 않는다. 자기계정 투자는 문자 그대로 금융기관이 '자신의 돈'과 '자신의 책임'을 기반으로 투기 활동을 벌이는 것이기 때문이다.

지난해 4분기, 순이익 49억500만 달러라는 '어닝 서프라이즈'를 기록한 골드만삭스의 경우가 대표적이다. 이처럼 미국의 '금융기관 부활'은 가계 및 기업에 대한 대출을 회수하면서 실물경제를 오히려 압박하는 방법으로 이루어진 것이다. 물론, 금융독점체들이 다른 사람 눈치 안 보고 열심히 한 다른 일도 있다. 이렇게 벌어들인 수익을 경영진과 직원들에게 거액의 보너스로 배분하는 행위이다. '구제금융도 갚지 못한 주제에'라고 시민들이 욕설을 퍼부어도 꿋꿋하게 버텼다. 미국 금융독점체들에게도 '제 갈 길'이 있었던 것이다. 마르크스가 좌우명으로 삼았던 단테의 금언, "제 갈 길을 가라, 남이야 뭐라든!"을 따르는 자들은 동서양을 막론하고 이토록 많다.

오바마 금융개혁안의 핵심

이에 따라 오바마는 '은행' 혹은 '은행을 자회사로 보유한 금융기관(금융지주회사)'들이 헤지펀드 및 사모펀드를 보유하거나 이런 펀드에 투자하지 못하도록 하는 것을 금융개혁의 핵심적 방안으로 내세우고 있다. '자기계정 투자'도 금지할 계획이다. 안정성이 중요한 상업은행 부문을 투기성이 농후한 '투자은행' 부문으로부터 보호하겠다는 의미다. 다른 한편, 초대형 은행들의 규모와 영업범위를 제한하는, 상당히 반시장주의적으로 보이는 아이디어도 내놓았다. 연두 국정연설에서는 '은행세'를 신설해서 금융기관의 지나친 비대화를 억제하자고 주장하기도 했다.

이 정도 되면, '막 가자는 것'이다. 필자가 보기엔 기존 금융시스템의 수정이 아니라 전복 수준이다. 한국의 금융화론자들이 지난 1997년 이후 본격적으로 추진해온 '금융기관 대형화, 겸업화' 역시 철 지난 구호가 될 가능성이 크다. 지난 2007년 이후 이뤄낸 「자본시장통합법」, 「금융지주회사법」, 「공정거래법」 등의 재개정도 마찬가지다. 미국을 열심히 좇아왔는데, 앞서 가던 미국이 갑자기 뒤로 돌아 역주해오는 바람에 정면충돌의 가능성도 있다. 더욱이 오바마 대통령의 금융개혁 제안에 영국의 고든 브라운 총리, 유럽중앙은행 트리셰 총재, 심지어 프랑스 사르코지 대통령과 이명박 대통령까지 동의하는 현재의 상황으로 미루어볼 때, 국제금융 질서가 다시 한편 재편될 가능성이 점점 더 농후해지는 느낌이다.

그러나 '전쟁'은 이제 막 시작된 것에 불과하다. 오바마 미국 대통령은 1월 27일 연두 국정연설에서 "이미 대형은행의 로비스트들이 금융개혁 법안을 죽이기(kill) 위해 준동하고 있다"고 말했다. 영국의 최대 은행 바클레이, 독일의 최대 은행 도이치방크, 글로벌 금융기업인 스탠더드 차터드 등의 최고경영자들은 세계경제포럼에서 오바마의 금융개혁안을 '인기를 끌기 위한 정치 전술'로 몰아 붙였다. 한편, 금융개혁이라는 '전장'은 금융권/정치권, 선진국/개도국, 영미/EU 등 너무나 다양한 전선으로 찢어져 있어, 어디로 튈지 감히 예측하기 힘들다. 더욱이 최근 세계증시의 추락으로 짐작할 수 있듯이, 지구적 차원의 금융구조 개혁은 앞으로도 수없이 많은 악재를 낳으며, 세계 각국의 주식 투자자들을 적으로 만들 것이다. 현재로서 확실한 것은 '금융개혁'을 둘러싼 세계 전쟁이 이제 막 시작되었다는 것 외엔 없다.

유럽발 경제위기와 우리나라의 재정적자

홍보위원회

한국조세연구원(KIPF)은 '재정동향(2010. 2. 1)'에서 기획재정부가 작성한 국가채무관리계획을 분석한 결과 이명박 정부 집권 1년차인 2008년 309조원이던 국가채무가 2013년에는 493조4,000억 원으로 184조4,000억 원이나 늘어날 것으로 예상했다. 또한, 2014년에는 500조 원을 넘어설 것으로 전망하였다. 실제로 이명박 정부는 집권 2년 만에 국가부채를 309조 원(2008년)에서 407조 원(2010년)으로 100조 원이나 증가시켰다. 이것은 국내 총생산(GDP)대비 36.1% 수준에 이르는 천문학적 금액이다.

더 놀라운 것은 이 수치는 중앙정부와 지방자치단체의 채무만을 합한 것으로, 4대강 개발을 담당 중인 수자원공사 등의 공기업과 공적 보장기관 들의 부채를 합할 경우 총 부채는 710조 원에 이른다는 점이다. 이는 GDP 대비 69% 수준이다. 여기에 국가직접부채와 보증채무, 4대 공적연금 책임준비금 부족액, 통화안정증권 잔액, 공기업 부채 등 광의의 국가부채를 모두 합친 '사실상의 국가부채'는 약 1천439조 원으로 사상최대 규모라는 주장도 있다(국회 정무위원회 국정감사, 이한구 의원, 2009. 10.)

2006년 한나라당은 '참여정부 재정파탄의 원인분석과 대책'이라는 자료를 통해 참여정부 4년간 큰 정부 만들기, 기금 미정비, 혈세 낭비 등으로 국가부채 규모가 국민의 정부 말기에 비하여 85.6%가 증가(248조 원)하여 심각한 위기상황이므로 국회 내에 재정파탄대책 특별위원회를 구성하여야 한다고 주장한 바 있었다(한나라당 공공부문개혁 특위, 2006. 9). 참여정부 시기에 한나라당이 주장하던 국가재정건전법 제정, 국회의 예산결산 심의과정 강화, 연도별 재정규모에 맞춘 국책사업 실시 등의 주장을 하던 의원들은 지금 무엇을 하고 있는지 참으로 궁금해진다.

기획재정부는 국가부채를 GDP의 40% 수준을 넘지 않도록 관리하며, 2013년에 균형재정을 달성하겠다고 발표하였지만, 이와 같은 추정과 계산은 실질성장률 4～5%, 연평균 재정수입 증가율 5～6% 등의 실현하기 어려운 가정들을 근거로 한 것이어서, 달성이 불가능할 것으로 보인다. 참고로, 국제통화기금(IMF)은 2014년에 우리나라의 국가채무가 GDP의 51.8%에 이를 것으로 예상했다.

물론 재정적자와 부채규모에 대한 통계수치만 단순비교를 해보면, 한국은 미국이나 유럽에 비하여 심각하지 않다고 볼 수도 있다. 올해 예상되는 국가채무 407조2,000억 원은 국내총생산(GDP)의 36.1%로 일본(227%), 미국(94%), 영국(82%) 등과 비교하면 양호한 편이다. GDP의 5% 수준에 이르는 재정적자의 규모도 선진국들보다는 낮은 수준이다. 그러나 더 중요한 것은 앞으로의 추세다. 다수의 학자들과 민간연구소들은 기하급수적으로 늘어나는 현재의 국가채무 증가속도가 지속되면 진짜 재앙이 될 수 있다(삼성경제연구소, 2010. 2)고 우려하고 있다.

더 큰 문제는 이러한 재정건전성 악화가 국가복지의 확대 때문이 아니라 부자감세와 토건사업으로 인해 발생하고 있다는 점이다. 한국개발원(KDI)이 기획재정부의 요청으로 실시한 연구(문형표 등, 우리나라 SOC 스톡 진단연구, 2004. 4)에 따르면, 한국은 GDP 대비 일반정부 재정지출 중 경제사업(에너지, 수송, 통신 등)의 비중이 매우 높은 수준인 것으로 나타났다. 이 추세가 계속될 경우, 2010년에 이미 적정 수요의 120%나 과잉 투자될 것으로 전망되어 대통령에게까지 보고된 바 있었다(대통령 직속 정책기획위원회, 2004). 이것은 비단 중앙정부만의 문제가 아니다. 흔히 삽질예산으로 불리는 토목과 건설 부분에 대한 과도한 예산 배정은 지방정부도 마찬가지다. 현재도 연간 전체 지방정부 재정의 28% 이상이 건설 및 토목 관련 예산으로 투입되고 있다.

삽질 예산에 대한 비난이 고조되자, 이명박 정부는 4대강으로 인한 재정건전성 악화라는 비난을 피하기 위해 2010년 예산안에서 4대강 예산 중 많은 부분을 수자원공사에게 떠넘기기도 했다. 그런데 이것은 '눈 가리고 아웅'하는 것에 불과하다. 준정부기관의 부채에 대해 과장할 필요는 없겠지만, 이와 같은 명백한 부채 떠넘기기는 미래의 어느 시점에선가 부메랑으로 돌아올 것이기 때문이다. 종부세 폐지 등으로 매년 엄청난 규모의 부자감세를 단행하고, 토목 중심의 각종 개발 부담을 공기업들의 부채로 떠넘긴 현 정부의 결정에 대한 부정적 결과는 현재와 가까운 미래에 우리 국민들의 민생 부담으로 고스란히 전가될 것이다.

그리고 이렇게 되면 차기정부가 할 수 있는 일이 거의 없는 상황에 직면할 가능성도 있다. 현 정부가 부유층에게 베풀어준 부자감세는, 다른 측면에서 보면 미래의 정부가 훗날 쓸 돈들을 현 정부가 미리 당겨쓰는 것과 같다. 이명박 정부 시기 동안에는 국가부채로 인한 경제위기가 도래하지는 않겠지만, 다음 선거에서 누가 승리하고 어떠한 정권이 집권하든 현재와 같은 재정 상황이 지속된다면, 정부의 역할은 매우 제한적으로 될 것이 분명하다. 어쩌면 정부정책을 펼 수 있는 여력이 고갈된 상황에서, 집권기간 내내 국가부채 상환에 매달리다가 정권을 마감하는 사태가 되풀이 될 수도 있다.

최근 PIIGS 국가(포르투갈, 이탈리아, 아일랜드, 그리스, 스페인의 첫 글자)들의 과도한 국가부채로 경제위기가 심화되어 국가부도 사태를 맞을지도 모른다는 위기감이 조성된 바 있다. 이들 국가들의 과도한 재정적자와 경상수지적자가 국내총생산(GDP)의 10%선을 상회하고, 그리스와 이탈리아의 국가부채가 각각 GDP의 125%와 120%이다. 물론 이 나라들이 국가적인 파산위기를 맞게 된 것은 미국발 금융위기 때문이다. 즉, PIIGS 국가들은 글로벌 금융위기로 인한 경제침체를 극복하려고 나랏돈을 쏟아 붓다가 곳간이 무너진 것이다. 그리고 이 나라들의 경제위기는 높은 규모의 국가부채 때문에 발생하였다는 점에서 국가채무가 급속하게 증가하고 있는 우리나라에 경종을 울리고 있다.

그러나 우리나라 보수세력의 시각은 이와 같은 현상의 본질을 왜곡하고 있다. "그리스의 방만하고 비효율적인 재정구조는 1980년대에 사회당이 집권하던 시절 도입한 사회주의 정책들로 인해 굳어진 것이다(《조선일보》 2월 13일자)", "높은 복지지출로 인해 유럽 국가들의 재정구조가 취약한 것은 새삼스런 일은 아니다(《한국일보》 2월 9일자)" 등의 기사에서 보듯이, 한국의 보수 언론들은 유럽 국가들이 위기에 빠진 원인이 마치 과도한 사회복지 지출 때문인 듯 그릇된 해석을 내놓고 있다. 이들은 과도한 복지제도가 오늘의 재정적자를 초래하고 급기야 경제위기까지 초래하였다고 주장하는 것이다.

그런데 이러한 주장들에는 의도적이든 아니든 '진실의 왜곡'이라는 측면에서 심각한 문제가 있다. 예를 들어, 유럽 국가들 중에서도 가장 높은 사회복지비를 지출하고 있는 북유럽의 국가들은 2008년 이후 밀어닥친 세계적 경제위기 상황에서도 건재하였고, 오히려 위기대응 능력이 탁월했던 것으로 평가되고 있으며, 재정위기를 겪고 있는 남부유럽 국가들보다 더 높은 사회보장을 하고 있는 중부유럽의 국가들도 국가부채가 경제위기로까지 진행되지 않고 있다. 즉, 사회복지 지출을 많이 하는 것이 재정적자와 경제위기로 이어진다는 주장은 왜곡이자 억측일 뿐이라는 것이다.

우리 복지국가소사이어티는 지금까지의 어려운 경제 여건 속에서도 한국이 세계적 경제위기를 큰 피해 없이 극복할 수 있었던 것은 지난 정부들에서 지켜진 재정건전성으로 높은 외환보유고를 확보함으로써 국가가 비교적 위기대응 여력을 확보하고 있었던 것이 중요한 이유 중의 하나였다고 생각한다. 재정의 건전성은 확보되어야 하고, 이를 위한 노력은 매우 중요하다. 그러므로 감세조치는 철회되어야 하고, 민생경제의 발전을 위한 국가복지의 대대적 확충은 더 이상 미룰 수 없는 우리 시대의 과제다. 오히려 이를 위한 부자증세가 요구된다.

우리 복지국가소사이어티가 주장하고 있고, 시대적 요구로 부상하고 있는 '보편주의' 복지의 제도적 확립을 위해서는 일시적인 재정적자도 감수해야 할 것이다. 물론 부자감세의 철회, 토목공사의 중지, 조세정의의 구현 등이 선제적으로 시행되고, 국민적 동의를 얻는 것이 전제가 되어야겠지만, 이런 조건들이 충족된다면 적정수준의 공공사회지출 비중을 높이기 위한 일정 기간의 적자재정도 필요하다. 그러나 건설경기 부양을 위한 재정적자, 생산유발효과와 고용창출효과가 낮고 이미 시대적 필요성을 다한 토목사업을 위한 재정적자, 부자감세를 메우기 위한 재정적자에는 결단코 반대한다. 현 정부가 지금과 같은 재정정책을 지속한다면, 남부유럽 국가들의 경제위기는 머지않아 우리나라의 현실이 될 수도 있기 때문이다.

보편적 복지를 위한 사회복지세 도입을 요구한다

조승수 의원의 사회복지세 법안 발의를 적극 지지하며

홍보위원회

2010년 3월 3일 진보신당의 조승수 의원은 증세법안인 사회복지세 신설 법률안과 지방교부세법 및 지방교육재정교부금법 일부 개정 법률안을 제출하였다. 여기에는 진보신당뿐만 아니라, 강기갑, 곽정숙, 권영길 등 민주노동당 의원, 오제세, 최영희, 최문순 등 민주당 의원, 그리고 유원일 의원 등 창조한국당 의원까지 발의에 동참하였다.

지방선거가 임박한 시점에서 정치인들이 세금 올리자는 법안을 제출하는 것은 쉽지 않은 일이다. 물론, 한나라당이 절대 다수를 차지하고 있는 현 국회가 '증세 법안'에 동의해 줄 것으로 생각되지는 않지만, 그렇다 해도 우리는 이 법안의 제출 그 자체로도 매우 의미가 있다고 생각한다. 동 법안은 소득세, 법인세, 상속증여세와 종합부동산세 납세자들에게 기존의 소득세에 15~30%씩을 누진적으로 가산하는 방식으로 연간 15~20조원 규모의 재원을 추가 확보하는 것을 골자로 하고 있다.

이렇게 확보된 재정의 30%(연간 4조원)는 지방교부세로 편입되어 지역복지사업의 확대에만 사용할 수 있는 포괄적 지방교부금으로 활용되도록 규정하고 있다. 또 20%(연간 3조원)는 교육복지교부금으로 편입시켜 무상급식 등을 위한 재원으로 사용하도록 규정하고 있다. 나머지 50%는 양극화 서민복지개선특별회계를 신설하여 출산 및 아동수당과 실업수당의 도입, 비정규직 보호, 기타 사회적 약자에 대한 지원 강화 등에 지출되도록 하고 있다.

우리 복지국가소사이어티는 이 법안을 다음과 같은 이유로 적극적으로 지지한다.

첫째, 이 법안은 이명박 정부의 부자감세 문제를 바로잡기 위해 필요하다. 최근 통계청 발표에 따르면, 이명박 정부의 감세안이 본격 시행된 첫해인 2009년의 소득분배가 그 이전에 비해 더욱 왜곡된 것으로 나타났다. 이 자료에 의하면, 전체 소득분포의 하위 20%인 1분위 가구가 해마다 일상적으로 부담하는 '경상조세 부담액'이 2008년 1만4,171원에서, 2009년 1만6,181원으로 14.2% 증가했다. 2분위 가구도 2만5,667원에서 3만166원으로 17.5% 늘었다.

반면, 소득이 상위 20%인 5분위 가구는 31만601원에서 27만8,367원으로 경상조세 부담액이 10.4%나 감소했다. 통계청 관계자도 "5분위 가구 경상조세가 줄어든 것은 소득세율 인하가 가장 큰 원인이고, 종부세를 포함한 재산세의 감소가 영향을 미친 것"이라고 설명했다. 부자감세에 의한 양극화 효과가 확실하게 나타나고 있는 것이다.

예를 들어, 종부세 부과액은 2008년 2조3,000억 원(대상자 41만 명)에서 2009년 1조원(21만 명)으로 무려 1조3,000억 원이나 감소했고, 그 혜택은 고스란히 고소득층에 돌아갔다. 고소득층은 감세 혜택을 톡톡히 즐기는 데 반해, 서민층은 세금이 오히려 늘어났고, 이로 인해 소득격차가 더 벌어졌던 것이다. 지난해 소득 상위 20%인 5분위 계층의 소득이 하위 20%인 1분위 계층의 5.76배로 늘어나 격차가 더 벌어진 것이다.

여기에다 감소된 세수로 인한 피해는 당장 지방교부금의 감소로 이어져, 지방정부의 취약계층을 대상으로 하는 사회복지예산 삭감을 유발시켰다. 즉, 감세정책으로 세수가 줄고, 연달아 복지예산이 축소되는 연쇄효과가 발생하고 있는 것이다. 서민들은 감세정책 아래서 세금은 오히려 더 내고, 전체 세수의 감소로 복지혜택은 더 줄어드는 이중의 피해를 보고 있다. 이것은 향후 심각한 사회문제의 근본적인 원인이 될 수 있다.

둘째, 사회복지세는 전체 국민들이 아니라 상위 소득자 일부에게만 그 부담이 국한된다는 측면에서 사회정의와 형평성의 제고에 기여한다. 사회복지세는 연간 소득세를 1,000만 원 이상 내는 사람들을 중심으로 부과되는 세금이다. 전체 근로소득자 중 상위 10%만 이 세금을 부담할 뿐, 400만 원 이하의 근로소득세를 내는 대다수의 근로소득자는 아예 부과대상에서 제외된다. 또한, 퇴직 소득자 역시 소득금액에 관계없이 과세대상에서 제외하도록 되어 있다.

법인세도 33만 개의 적자기업은 물론이고, 5억 원 이하의 법인세를 내는 21만 개의 기업까지 이 세금의 부과대상에서 제외된다. 상위 1.3%인 4,400개 기업에만 사회복지세가 부과된다. 이는 세금 감면액만 연간 1조원인 삼성전자 정도의 기업에게 2,000억 원을 추가 부담하도록 하는 것이다. 즉, 다수의 기업들에게는 부담이 되지 않는 증세정책이며, 따라서 이 법안이 전체 경제활동을 위축시킨다는 주장은 별로 설득력이 없다.

다른 세원인 상속증여세 역시 그 부담자가 전체 인구의 5% 미만에 불과하고, 6억 원 이상의 부동산에 부과하는 종합부동산세는 이미 50%나 감면을 받은 상태이기 때문에, 여기에 추가로 30%를 부과하여도 부자감세 정책이 실시되기 이전에 비하면 20%나 감소한 수준이라고 할 수 있다. 이를 두고 추가적인 부담이라고 할 수는 없을 것이다.

셋째, 부자감세 정책의 문제점을 적극 알리기 위한 방안의 하나로도 '사회복지세' 제안은 유의미하다. 우리나라의 평균 사회복지 지출은 OECD 국가의 평균에 비하면 39%(민간부분 포함) 밖에 되지 않는다. 보편적 복지를 위한 복지

예산의 원천이 턱없이 부족한 실정이다.

실제로 중앙정부가 지방에 내려주는 지방교부금의 경우, 부자감세를 통해 줄어든 예산이 5년간 30조 원 정도(연 평균 6조원)이다. 따라서 사회복지세를 신설한다 하여도 감소된 지방세수를 이전 수준으로 회복하기는 힘들다. 우리나라의 전체 소득세수는 GDP의 4% 수준으로, OECD 평균인 12%에 비하면 턱없이 낮은 수준이다. 사정이 이와 같음에도 불구하고 아직도 다수의 국민은 자신에게 전혀 혜택이 없는 부자감세를 주장하는 정당과 후보들에게 투표하고 있다. 따라서 우리는 사회복지세 논쟁을 통해 과연 이러한 정책 기조가 진정으로 누구에게 이득이 되는 조세정책인지를 국민 대중에게 적극 알려나가야 할 필요가 있다.

사실, 세제 관련 정책에서 일반세가 아닌 특별세나 특정한 용처를 지정하여 거두는 목적세를 신설하는 것은 후진적인 것이고, 세법의 논리에도 적합한 것은 아니다. 그러나 대부분의 국민이 세금을 거둔 정부로부터 혜택을 직접적으로 받아본 적이 없는 우리나라의 특수한 상황에서는, 오직 개인에게 체감되는 사회복지 확충에만 사용하도록 하는 목적세를 신설한다는 것은 국민들을 설득할 수 있다는 점에서 큰 의의가 있다.

따라서 우리 복지국가소사이어티는 이 법률안 제정을 국회 차원에서만 추진할 것이 아니라 하나의 국민운동으로까지 확대해 나갈 것을 적극적으로 제안한다. 우리는 무상보육, 초·중·고등학교의 무상급식, 노인복지, 고용안정, 평생교육, 아동수당, 장애인 복지, 사회서비스 등으로 사회복지세의 용처에 대한 항목을 만들어 국민들이 스티커를 붙이는 등의 방법으로 의견을 개진하도록 하고,

이러한 여론을 반영하여 사회복지세로 확보된 재원을 사용할 것을 제안한다.

이번 지방선거에서 부자감세 정당인 한나라당과의 대립구조를 제대로 만들기 위해서도 지역 주민들의 사회복지 지출에만 한정되도록 규정하고 있는 사회복지세 신설은 큰 의미가 있다. 현 정부의 과도한 재정적자는 다음에 집권할 정부로 하여금 임기 내내 과도한 국채 상환 부담에 얽매여 아무 일도 할 수 없게 만들 것이기 때문에 정권 획득을 목표로 하는 야당들에게도 이 법안은 유용할 것이다.

민주당이 진정으로 한나라당과 차별화를 하고 싶다면 사회복지세 신설에 동의해야 한다. 토목정권과의 차별화를 추진하면서 진정성 있게 복지국가를 주창하고 싶다면 한나라당의 박근혜 전 대표 역시 사회복지세 신설에 동참하여야 한다. 무상급식을 주장하는 원희룡 서울시장 예비후보도 사회복지세 신설에 동의하여야 한다. 사회복지세에 동의하지 않으면서 국가복지의 확대와 무상급식을 주장하는 정치인들은 모두 국민을 속이는 것이기 때문이다.

중소기업 외면하면 고용문제를 해결할 수 없다

대기업만 기억하는 정부, 중소기업은 어디로 가는가?

홍보위원회

우리나라 경제가 계속 어렵다. 비즈니스 프렌들리를 내세운 친기업 정권인 이명박 정부가 집권하면 경제성장이 이루어질 줄 알고 우리 국민들은 지난 대선과 총선 당시 한나라당에 표를 몰아주었다. 그러나 결과는 한마디로 기대 이하다. 경제성장률은 제로성장에 머물렀고, 1인당 국민소득은 2년 연속 뒷걸음질을 치고 있다. 저축률과 투자율도 동반 후퇴했다. 그러다 보니 일부 대기업을 제외하고는 "경제는 언제 좋아지는가?"라는 푸념이 나오고 있다.

더 큰 문제는 현 정부의 소위 친기업 정책이 대기업에만 집중적인 혜택을 줄 뿐, 중소기업을 소외시키고 있다는 것이다. 이와 같은 대기업 중심 경제정책 때문에 중소기업이 혁신과 발전을 위한 과감한 혜택을 거의 받지 못하고 있고, 이 때문에 주로 중소기업에 의존하고 있는 우리나라 고용문제의 탈출구가 보이지 않고 있다. 잔뜩 움츠린 중소기업의 어깨가 우리사회 총고용의 크기를 위축시키고 고용의 질적 양극화를 심화시키고 있는 것이다.

한국은행은 지난 3월 30일 발표한 '2009년 고용부진의 원인'이라는 자료를 통해 지난해 우리 경제가 중소기업보다는 고용에 인색한 대기업 중심으로 운용되는 바람에 고용 없는 경제가 계속되고 있다고 분석했다. 반도체·디스플레이 패널·정보통신기기 등 고용유발계수가 낮은 자본집약적 산업의 수출액이 전체 수출총액의 26%에 달한 반면, 고용유발효과가 높은 음식, 숙박 등 전통서비스업은 오히려 퇴출률이 높아졌다. 음식, 숙박업의 영세업체 시장점유율은 2000년 71.3%에서 2008년에는 54.2%까지 떨어졌다. 폐업하는 영세자영업이 늘어나면서 이 업종들의 고용발생 여력이 크게 약화된 것이다.

실제로 삼성전자는 지난해 영업이익이 11조5,776억 원으로 전년보다 두 배

정도 늘었지만, 직원은 623명만 늘었을 뿐이다. 영업이익 1조원 클럽에 가입한 기아자동차는 오히려 104명의 직원을 줄였다. 케이티(KT)는 대규모 명예퇴직으로 6,750명이나 내보냈다. 통계상으로도 매출 순위 30대 대기업들이 지난해 늘린 고용은 고작 0.6%에 불과했다. 정부로부터 감세와 규제완화 혜택을 얻어내며 이익을 크게 늘렸으면서도, 고용확대는 이루어지지 않았던 것이다.

이와 같은 대기업 몰아주기와 중소기업 푸대접은 곧바로 고용과 소득분배의 악화 등 민생현안의 실패로 이어지고 있다. 한국은행이 발표한 '2009년 국민소득'에 따르면, 2009년 1인당 국민총소득(GNI) 증가율은 마이너스 11.0%를 기록했다. 국내총생산(GDP)이 플러스 성장을 기록했음에도 1인당 GNI가 큰 폭으로 하락한 것은 지난해 원 달러 환율이 15.8%나 급등했기 때문이기도 하지만 노동소득의 분배가 왜곡된 측면이 크다. 지난해 우리나라 기업의 영업잉여는 3.8%에서 5.9%로 증가한 반면, 노동소득 분배율은 61.0%에서 60.6%로 다소 하락했다. 이것은 수출을 위주로 하는 대기업은 이익을 본 반면 노동자를 비롯한 서민의 삶은 상대적으로 나빠졌다는 얘기이다.

이명박 정부의 중소기업 무대책은 대기업과 중소기업 간의 일자리 격차를 더 벌려 놓고 있다. 인천대 옥우석 교수(무역학과)가 노동부의 매월노동통계 자료 등을 분석한 결과 기업 규모가 작을수록 대기업과의 임금 차는 더 컸다. 2007년 현재 근로자 수 5~9명인 중소기업 근로자의 월평균 임금은 대기업의 52.3% 수준이었다(《경향신문》 4월 14일자). 고용의 대부분을 중소기업에 의존하고 있는 우리나라의 조건에서 중소기업 일자리의 질이 악화되고 있다는 것은 심각한 문제가 아닐 수 없다. 중소기업에 대한 정부의 무대책은 대기업과 중소기업의 양극화와 노동시장에서 일자리 양극화를 초래하며 결과적으로 사회 총소득의 양극화 요인으로 작용하는 것이다.

물론 우리는 정부가 대기업을 윽박질러서 억지로 고용을 늘려야 한다고 생각하지는 않는다. 우리 복지국가소사이어티가 추구하는 역동적 복지국가는 투명하고 공정한 기업문화를 추구하고 혁신적 중소기업을 육성하는 내용을 담고 있다. 기업에 대한 경제외적 압박은 결코 문제를 근본적으로 해결하는 방안이 될 수 없다. 고용에 대한 판단은 어디까지나 기업의 고유한 권리이다. 하지만, 난관에 빠진 이 시대의 고용문제의 해결을 위해서는 무엇보다 기업이 스스로의 경제논리 차원에서 고용을 늘릴 수 있는 조건과 환경을 만들어 줄 수 있어야 한다.

이런 차원에서 정부는 이제라도 적극적인 중소기업 대책을 고민할 필요가 있다. 중소기업 강화를 위한 근본적인 처방을 제시하고, 제대로 된 중소기업이 성립하고, 혁신을 통해 발전할 수 있도록 하는 기초를 제공해서, 바로 그들이 질 높은 일자리를 대량으로 창출할 수 있도록 해야 한다. 경우에 따라서는 중소기업이 각자 자신의 노동자들에게 지급하는 임금을 국가가 직접 지원하는 방안을 마련해 중소기업 일자리의 질을 높일 수 있도록 해야 한다.

이외에도, 고용의 실질적 보장을 위해 사회서비스 분야에서 사회적 기업과 지방공기업을 육성하여 고용문제를 정면으로 돌파하는 방안을 고민해 볼 필요가 있다. 이렇게 되면, 우리나라 전체의 사회서비스 수준을 높여 국민 개개인의 삶의 질을 높여주게 될 뿐만 아니라, 이 분야에 새로 고용된 일자리를 통해 소득재분배와 소비 진작의 선순환을 유도하는 강력한 계기를 만들어낼 수 있을 것이다.

국가부채-공기업부채-가계부채

홍보위원회

우리 복지국가소사이어티는 급속한 국가부채의 증가 문제를 경고를 한 바 있다(2/18 논평). 이명박 정부는 집권 2년 만에 중앙정부와 지방자치단체의 채무를 합한 국가부채를 100조원이나 증가시켰으며 또한, 최근 4대강 개발의 부담을 떠안은 수자원공사 등의 공기업부채 잔액도 2년 전에 비하여 80조3천억 원이 증가했다고 발표된 바 있다(한국은행 자금순환통계, 4/16). 국가부채와 공기업부채를 합할 경우 총 부채는 710조 원(GDP 대비 69%)이나 되고, 이러한 추세라면 다음 정부인 2013년부터 균형재정을 시작하더라도 2050년에는 국가채무가 GDP 대비 91%에 달할 것이라 한다(삼성경제연구소).

정부는 미국발 부동산 위기 극복을 위한 적극적 재정정책을 위해 어쩔 수 없는 선택이었다고 말하지만, 오늘의 국가부채 문제가 부자감세와 4대강 개발이 서로 어울려 만들어낸 오묘한 합작품이라는 비판을 피해 갈 수는 없을 것이다. 그리고 이와 같은 대규모 국가부채는 앞으로 상당기간 동안, 우리의 후대들에게 회복하기 힘든 부담을 지우게 될 것이다. 이것은 변명하기 어려운 역사적 원죄가 되어 앞으로 오랫동안 우리나라에서 보수정권의 출현을 막는 걸림돌로 작용할 가능성이 높다. 그런데 문제는 이것으로 그치지 않는다. 우리 복지국가소사이어티는 심각한 문제로 대두된 국가부채와 공기업부채뿐 아니라, 최근 급속하게 증가하고 있는 가계부채에 대해서도 그 심각성을 지적하고자 한다.

2003년 카드사태 이후 주춤했던 가계부채 문제 역시 최근 연 10%의 증가율을 보이며 급속하게 늘어가고 있다. 가계와 비영리 부분을 포함한 개인 부문의 금융기관 차입금과 상거래 신용 등을 합한 가계부채 규모는 2009년 3분기 말 현재 894조원(GDP 대비 85.7%)에 이르고 있는 것으로 나타났다(한국은행,

2010). 물론 이 숫자는 단순 국내총생산 대비 가계부채의 비중으로 보면 경제협력개발기구(OECD) 27개국 중에서는 12번째 정도로 그리 높은 편은 아니다. 그러나 가계부채의 상환 능력을 나타내는 가계 금융자산/가계 부채 비율로 볼 때, 이들 국가의 평균인 2.5배보다 낮은 2.15배로 나타나 우리나라 국민들의 부채 상환 능력이 매우 취약한 것으로 드러났다(LG 경제연구원).

최근 지방선거를 앞두고 부산과 대구를 비롯한 대도시조차 미분양 아파트들이 급증하고 있음이 언론을 통해 수시로 경고되고 있다. 물론 최근의 부동산 경기침체 자체가 과장되었다는 주장에서부터, 정부의 대규모 미분양 아파트 구입을 유도하기 위한 건설업체들의 전략이라는 주장까지 다양한 해석과 원인 진단이 나오고 있다. 그러나 이미 전국의 주택보급률이 수치상으로는 평균 100%를 넘은 시점에서 서울의 강남 3구와 같은 몇 개의 특정 지역을 빼고는 더 이상 부동산 경기상승을 기대하기 어렵다는 것이 일반적인 국민들이 느낌일 것이다.

그렇다면, 주택가격의 거품해소와 전체적인 하락은 정도와 시기의 문제는 있을지언정 결국 필연적인 것이고, 이와 같은 실물자산의 가치하락은 급감하는 가계부채 상환 능력을 더욱 가속화시킬 것은 자명해 보인다. 즉, 미국의 서브프라임 모기지론 사태와 같은 대규모 부동산 가치하락이 올 경우, 부동산을 담보로 대출을 해주고 있는 금융기관의 대규모 부실이 발생할 것이고, 이는 금리인상의 부담요인으로 작용해 그렇지 않아도 점점 감당하기 어려워지는 개인부채의 상환불능 사태를 몰고 올 가능성이 높아지는 것이다.

지난 1970년대, 우리나라의 경제개발 시기에는 가계가 저축한 돈으로 기업이 투자 재원을 공급받고, 대신 고용을 통해 이윤을 가계로 돌려주는 나름대로의 선순환 구조가 작동하고 있었다. 그러나 이제 더 이상 기업은 국내에 투자를 하려고 하지 않고, 고용 자체도 줄어들며, 고용의 질도 나빠지는 등 기업과 가계 간의 선순환 고리가 작동하지 않게 되었다. 이를 두고 우리는 '고용 없는 성장'이 일상화되었다고 말한다.

실제로 2009년 기업들의 영업이익은 크게 늘었으나 투자는 늘지 않았다. 기업들은 투자할 곳을 찾지 못하여 잉여자금을 비축해 놓기 시작하였으며, 이 때문에 기업의 총 저축률이 18.4%(한국은행, 2009년 국민계정, 3/22 발표)로 증가하였다. 반면, 최대 20% 가까이 되던 개인 총 저축률은 4.9%에 머물면서 기업 총 저축률과의 격차를 13.5% 포인트나 벌려놓았다. 대기업들은 저축이 쌓이는 반면, 개인의 저축은 급속히 감소하고 있고, 개인의 채무상환 능력도 급속하게 떨어지고 있는 것이다.

여기서 영국의 사례를 잠시 살펴보자. 영국의 경우, 2000년에 들어 주택경기 호황 때 모기지 대출 급증으로 가계대출이 증가하였다. 그러나 2007년 가처분 소득 대비 가계대출의 비중이 170%로 증가하면서 전체적으로 소비능력의 약화, 개인파산 증가, 신용경색 심화 등의 문제를 노출시켰다. 이로 인해 2009년 3/4분기 이후부터 전체적인 마이너스 성장과 경제위기론이 대두되고 있는 실정이다.

우리나라의 경우는 영국보다 상황이 더 심각하다(현대경제연구원, 2/28). 이미 우리나라는 ①가처분 소득 대비 부채 비율이 150%에 도달하여 심각한 수준에 이르렀고, ②원리금 상환 부담률(DSR, debt service ratio)이 미국(13%)보다 높은 15%에 이르러 출구 전략 등에 따른 금리 인상 시 이자부담 증가로 부채상환 부담이 더 가중될 것이며, ③자산이 없는 소득 1분위의 저소득층이 가처분 소득 대비 부채 비율이 320%(4-5분위의 경우 120%)나 되어 저소득층의 부채 상환 능력이 매우 취약한 것으로 나타났다.

이런 상황에서, 앞으로 유가상승이나 환율증가, 수출 감소 등 경제에 악영향을 줄 만한 문제가 하나라도 심각하게 돌출된다면, 부동산 가격 하락으로 인한 자산가치 감소와 개인 저축의 감소로 인한 채무상환 능력 감소 등의 상황과 맞물리면서 심각한 가계부채의 상환불능 사태를 불러올 가능성이 높다.

이미 여러 곳에서 경고음이 울리고 있다. 그러나 정부의 경제정책이 어디에 어떻게 존재하는지 잘 보이지 않는다. 정부는 국가채무에 대해서도 손을 놓고 있고, 공기업 채무에 대해서도 방관하고 있다. 다가올 위협이 분명하게 보이는 가계채무의 문제까지 방치하고 있다. 만약 정부가 앞으로 다가올 위협을 느끼지 못하거나, 이미 다가온 위험에도 대책을 세우지 않는다면, 우리 국민의 운명은 매우 심각한 국면과 마주하게 될 것임을 경고하지 않을 수 없다.

자본이득 과세를 통한 주식시장 정상화와 복지재원 확충

박종현 | 복지국가소사이어티 정책위원, 진주산업대학교 교수

지난 2002년의 대통령 선거는 마지막 날까지도 그 결과를 알 수 없는 박빙의 싸움이었다. 투표 전날 저녁 누가 최후의 승자일지를 놓고 갑론을박이 벌어지던 중, 당일의 주가를 보면 노무현 후보의 승리가 분명하다는 주장이 있었다. 그날 주식시장은 미국 증시의 하락과 유가 급등 등 많은 악재에도 불구하고 종합주가지수가 4.73 포인트 상승한 상태로 장을 마감했는데, 이는 속성상 재벌개혁과 남북평화를 선호하는 주식시장 참여자, 특히 외국인 투자자들이 이러한 노선을 추구하는 노무현 후보의 당선이 유력하다는 '고급' 정보를 주가에 반영한 결과라는 논리였다.

이처럼 수많은 진성 정보들이 주식시장에 흘러 다니고, 주가가 결국 이들 정보를 반영하게 마련이라는 발상은 주식시장의 흥망성쇠와 함께 한 오랜 관념이라고 할 수 있다. 주식시장의 정보 수집 및 전달 기능에 대한 이러한 믿음은 '효율시장가설'이라는 이론으로 구체화된다. 효율시장가설에 따르면, 잘 작동하는 경쟁적인 주식시장의 경우 시장 참여자들의 치열한 경쟁 속에서 기업의 진정한 가치, 곧 향후의 배당 흐름에 대한 모든 이용 가능한 정보들이 효율적으로 활용된 가운데 거래가 이루어지며, 이러한 과정을 통해 주가는 모든 정보들을 신속하게 반영하고 결국 가치와 일치할 수밖에 없다는 결론으로 요약된다.

이 입장에서 보자면, 주식시장이란 자신의 이익만을 추구하는 불완전한 개인들이 거짓 정보와 진짜 정보가 뒤섞인 상황에 맞서 자신의 기량과 운을 겨루는 대단히 불확실한 공간이지만, 각자의 치열한 경쟁 속에서 거짓 정보가 걸러지고 기량과 운에서 우위에 있는 사람들이 열매를 얻으며, 마침내 국민경제의 바람직한 자원배분까지 가능케 하는 자생적 질서의 공간이 된다.

이제 주식시장은, 이 이론에 힘입어, '공인된 도박장'이라는 음습한 호칭 대신 '시장경제의 심장'이라는 명예를 얻게 된다. 우리는 여러 가지 이유로 기업의 진정한 가치를 알기 어렵고, 때로는 본연의 활동을 통해 주주들에게 더 많은 배당을 줄 기업과 분식회계 등으로 부실을 숨기는 기업을 가려내지 못하는 경우도 많다. 하지만 주식시장만 잘 작동하면 문제는 해결된다. 결국 주가가 기업의 진정한 가치를 반영하는 한에서는 주가에 기대어 우리의 소중한 돈을 투자하면 좋은 기업에는 보다 많은 자원이 유입되고 그렇지 않은 기업으로부터는 자원이 빠져나갈 것이므로 시장의 힘에 의해 합리적으로 자원이 재배분되며, 결국 국민경제 전체의 파이도 커질 것이기 때문이다.

그동안 주식시장에 대해 여러 가지 혜택이 제공되었던 것도 주식시장의 순기능에 대한 믿음이 전제되었기에 가능한 것이다. 우선, 각자가 자발적으로 은행에 저축을 하는 것만으로는 노후 대비책으로 불충분하다며 펀드 가입을 국가가 나서서 권유하거나 연기금의 주식투자를 합리적인 자산배분 전략으로 정당화했던 점을 들 수 있다. 특히, '소득이 있는 곳에 세금이 있다'는 원칙을 포기하면서까지 주식거래에 따른 자본이득, 곧 주식 양도차익에 대한 과세를 면제해 주었던 것은 주식시장에 대한 대표적인 특혜라고 할 수 있다.

우리의 경우, 자본이득에 대해서는 양도소득이라는 명칭 아래 종합소득과는 별도로 분류 과세하고 있으며, 특히 소액주주의 상장주식 양도차익에 대해서는 주식시장 안정과 육성이라는 명분으로 과세를 하고 있지 않다. 부동산 등 다른 자산의 처분과정에서 얻는 소득에 대해서는 세금을 부과하는 상황에서 주식 매매에 따른 소득에 대해서는 과세를 하지 않는 것이 조세 형평의 차원에서 과연 타당한가라는 문제는 여전히 남지만, 그럼에도 불구하고 이 제도의 존재가 용인되려면 주식시장이 국민경제에 미치는 순기능이 대단히 크다는 게 입증될 수 있어야 한다. 이 점에서 효율시장가설이 현실에서 실제로 작동하는가라는 물음은 주식시장에 특혜를 계속 제공하는 것이 바람직한가를 가늠하는 결정적인 근거가 될 수 있을 것이다.

로버트 실러 등의 경험적 연구에 따르면, 주식시장의 특징은 정보의 효율적 처리가 아니라 과도한 변동성에 있다. 1871년부터 2008년까지 무려 130년에 걸친 장기 데이터를 가지고 '주가'와 '진정한 가치'를 비교해 보면, 이 둘이 따로 놀고 있다는 점을 확인할 수 있다. 진정한 가치의 경우 완만하게 상승하는 추세를 보이는 반면, 주가는 훨씬 격렬한 변동성을 드러내고 있는 것이다. 주가가 무작위적 운동 대신 높은 변동성을 보였다는 것은 투자자들이 기업의 장기적 수익창출 능력, 곧 진정한 가치에 대한 관심보다는 일시적 열광과 유행, 공포와 탐욕, 헛소문과 집착 등의 영향을 받는 가운데 매매에 임하고 있음을 뜻한다.

이처럼 주식시장이 기업의 장기적 성과에 대한 진지한 관심보다는 군중들의 변덕스런 판단과 격렬한 감정의 지배를 받으며, 주가가 장기적으로도 진정한 가치와 일치하지 않는 것이 사실이라면, 주식시장에 특혜를 주는 조치들은 결코 정당화될 수 없다. 이보다는 주식시장이 투기적 움직임에 의해 지배되지 않도록 주식시장에 대해 오히려 규제를 확대하는 것이 바람직한 일이 될 것이다. 이와 관련해 우리는 이제 주식양도 차익에 대한 과세를 진지하게 검토할 필요가 있다. 선진국들의 경우 대부분 주식거래에 따른 자본이득에 대해 과세를 행하고 있으며, 최근 미국발 금융위기 이후 자본이득 과세를 한층 강화하려는 움직임을 보이고 있다.

자본이득 과세는 조세 정의에도 부합할뿐더러, 주식 보유기간에 따라 과세를 달리함으로써 주식시장 참여자들의 투기적 매매를 억제하고 장기 가치투자에 대한 관심을 북돋울 수도 있다. 이 경우, 효율시장가설이 꿈꾸는 주식시장 본연의 기능 회복에도 크게 기여할 수 있을 것이다. 나아가 자본이득 과세는 현행 증권거래세에 비해 훨씬 큰 조세 수입을 가능케 해 재정적자 문제를 해결하는 데도 큰 도움을 줄 것으로 기대된다. 더욱이 자본이득세 중 일부를 사회보장세로 할당하는 프랑스의 방식을 도입한다면, 역동적 복지국가를 향한 보편적·적극적 복지 기반을 확충할 새로운 계기가 될 수도 있다. 그러므로 이는 일거양득 이상의 정책효과를 가진다 하겠다.

일본의 복지 성장 전략이 주는 교훈

홍보위원회

최근 진보신당 조승수 의원실의 요구로 국회 예산정책처가 제출한 자료에 따르면, 현 정부가 추진해온 '부자감세 정책'의 소비 진작 효과가 매우 미미한 것으로 나타났다. 이명박 정부의 부자감세 정책이 만들어낸 소비 진작 효과는 많이 잡아도 1조4,980억 원에 불과한 것으로 보인다(2009년 감세분 기준). 세수 감면 규모가 4~5조원에 달한다는 측면에서 볼 때 소비 진작 효과는 아주 미비한 셈이다.

차라리 감세규모 만큼의 돈을 전 국민에게 나눠주거나 하위 20% 계층에 집중해서 분배했다면 훨씬 더 큰 소비 진작 효과가 기대된다는 점에서, 예산정책처의 자료는 감세를 통한 소비 진작이라는 현 정부의 정책노선이 철저히 실패했음을 보여주는 증거가 아닐 수 없다.

정부는 최근 '비상경제정부 1년 주요 정책 추진 성과'에서 "경제위기에 적극적으로 대응해 우리 경제는 경제협력개발기구(OECD) 국가 중 가장 빠른 회복세를 보이는 성과를 이뤄냈다"고 자평하였지만, 사실 서민들의 삶은 회복되지 않고 있다. 영세 상인들은 손님이 없다고 아우성이고, 주부들은 물가의 고공비행에 힘겨워한다.

지난해 3·4분기의 가구당 실질소득 증가율은 -3.3%로 2003년 이후 가장 큰 하락폭을 보였고, 전체 근로자의 반이 넘는 임시·일용직 등 비정규직의 월평균 임금상승률도 -7.2%로 전 분기(-1.3%)보다 훨씬 더 나빠졌다. 최근 몇 년 동안 대다수의 가계가 매년 실질 임금을 삭감당하고 있는 것이다.

우리 국민들은 이렇게 늘어나고 있는 가계 적자를 각종 신용카드나 가계 대출 등 빚으로 메우고 있는 것으로 보인다. 지난해 9월 말 현재 가계신용(가계대출+판매신용)은 712조7,971억 원으로 1년 전에 비해 5.4% 늘어난 반면, 총가처분소득은 지난해 9월 말 현재 1,043조1,988억 원으로 1년 동안 1.5% 증가하는 데 그쳤다.

실질 가처분소득 대비 실질 가계부채 비율 역시 80% 수준으로 나타났다. 이는 한국의 가계가 은행융자나 마이너스 통장 등 빚을 갚느라 소비의 여력이 크지 않음을 나타낸다. 이러한 상황에서 내수를 살리고, 실질적인 체감 경기를 회복하는 길은 하나 밖에 없다. 그것은 바로 적극적·보편적 복지정책을 펴는 것이다.

한국보건사회연구원의 2010년 사회복지지출의 국제비교연구에 따르면, 한국의 '사회복지 지출 수준'은 GDP 대비 10.95%이고, 공공복지 지출 수준은 GDP 대비 8.3%로 경제협력개발기구(OECD) 회원 국가들 평균(=20.6%)의 절반도 안 되는 것으로 나타났다. 이것은 OECD 30개 회원국 가운데 최하위권 성적이다.

복지국가소사이어티는 우리 국민들의 삶이 고달픈 이유가 바로 여기에 있다고 생각한다. 우리는 그동안 일부 취약계층만이 아니라 전 국민을 대상으로 하는 적극적·보편적 복지정책의 시행을 통해 '사회 임금'을 늘리고, 가계의 가처분소득을 증가시키는 '경제정책과 사회정책의 연계 전략'을 주장하여 왔다. 우리는 최근 일본의 정책 변화를 보며, 이와 같은 우리의 신념을 재확인하게 된다.

50년 토건 국가의 종말을 고하고, 자민당 정권을 교체한 일본의 민주당은 이제 적극적인 사회보장의 확대를 경제정책으로 채택하고 있다. 새로 취임한 간 나오토 총리(민주당)는 "사회안전망의 충실화를 통해 고용을 창출하며 앞날에 대한 국민의 불안을 없애고 소비를 확대해 경제성장을 추구한다"는 새로운 일본의 성장전략을 발표하였다.

즉, 사회보장의 확대로 다수의 사회서비스 일자리를 창출하고 적극적인 국민생활 복지 지출을 통해 정부의 '이전 지출(Income transfer)'을 국민 가처분소득의 증가로 연결시키는 전략을 골자로 하는 일본판 '제3의 성장의 길'을 신성장 전략으로 제시한 것이다(6/11 총리 취임 연설, 6/14 중의원 연설).

한국보다 상대적으로 많은 사회보장 지출을 지속해왔던 일본이 지금보다 더 확대된 사회보장 정책과 이를 통한 일자리 창출을 신성장 전략의 주요 부분으로 제시하고 있는 것이다. 반면, 우리나라의 정부여당은 지난 6.2지방선거를 통해 국민의 가혹한 심판을 받았음에도 불구하고, 국정운영 기조를 전환할 움직임을 전혀 보이지 않고 있다.

우리 복지국가소사이어티는 우리나라의 안정적인 경제성장을 위해서라도 적극적·보편적 복지정책을 추진해야 한다고 주장한다. 수출증가와 지표상의 경제성장이 고용창출과 국민들의 삶의 질 개선으로 연결되지 않고 있는 현 상황을 돌파하려면 무엇보다 복지를 중심으로 하는 국가성장 전략을 추진해야 한다. 신기술 개발과 생산성의 증가는 단순히 연구개발비(R&D)를 확대한다고 이루어지는 것이 아니다. 이제 새로운 차원의 경제성장을 추구하려면 좀 더 세련된 고차원적 사회복지가 필요한 것이다.

국민소득 5만 불 시대를 만든 북유럽의 국가들은 예산이 남아돌아서 전 국민의 생활을 지원하는 적극적·보편적 복지제도를 채택한 것이 아니다. 제도적 복지를 채택하였기에 국민소득 5만 불의 안정적 성장을 이루어낸 것이다. 이웃 일본의 사례를 뻔히 보면서도 부자감세와 4대강 개발의 고집을 꺾지 않는다면, 현 정부는 장차 더욱 가혹한 국민적, 역사적 심판을 받게 될 것이다.

강만수 위원장의 상속세 폐지 주장에 반대하는 이유

홍보위원회

얼마 전 강만수 국가경쟁력강화특위 위원장이 상속세 폐지를 주장했다. 강만수 위원장은 "미국, 일본, 한국 정도를 제외한 세계 대부분의 국가가 상속세를 폐지하고 있고, 상속세를 유지하고 있는 국가 역시 소득세보다 높지 않다"고 했다. 그는 또 "상속세 때문에 자본 도피가 일어나고, 결국 우리 경제를 지키지 못하게 되므로 앞으로 국회를 잘 설득해서 상속세 폐지를 관철해야 한다"며 상속세 폐지를 거듭 강조했다. 우리 복지국가소사이어티는 이와 같은 강만수 위원장의 주장에 몇 가지 문제를 제기하지 않을 수 없다.

첫째, 현재와 같이 낮은 소득세 환경 속에서는 상속세를 폐지해서는 안 된다는 것이다. 강만수 위원장은 스웨덴, 뉴질랜드, 포르투갈, 싱가포르 등 많은 나라에서 상속세를 폐지했다고 하지만, 이 나라들 중에는 이미 매우 높은 소득세율로 인해 충분히 소득재분배를 구현하고 있는 곳이 많다. 2006년 당시 스웨덴의 소득세율은 최고 57%에 이른 바 있다. 상속세 없이도 소득재분배를 이미 충분히 달성하고 있는 것이다.

우리는 유럽의 복지국가 수준으로 우리나라의 소득세 규모가 누진적으로 커진다면 상속세율 인하 혹은 폐지 주장을 검토해 볼 여지가 있다고 생각한다. 그러나 현재와 같이 낮은 조세부담률 하에서 추진되는 상속세 폐지는 전체적인 부자감세 노선의 일환일 뿐이다.

정부는 상속세 징수율이 낮고 전체 세수 규모도 총 재정의 1% 이내에 머무는 등 미미한 수준이라고 밝히고 있지만, 그럼에도 불구하고 현재 상속 증여세 세수 규모는 약 1.2조 원에 달한다. 국가의 재정적자가 날로 증가하고, 정부의 부자감세와 무리한 토목공사로 복지예산의 비중이 위축되고 있는 시점에서 이것마저 폐지하자는 주장은 받아들이기 힘든 것이다.

사회의 한쪽에서 감세가 이뤄지면 반드시 다른 한쪽에서는 부담의 증가가 발생한다. 상속 증여세의 폐지는 세수의 감소를 초래해 근로소득자 등의 부담을 증가시키거나 복지혜택의 축소를 초래해 복지 수혜자들의 고통을 증가시키고, 사회통합의 저해와 사회불안의 확산을 초래하게 될 것이다.

둘째, 가업승계를 지원해 장수기업을 육성해야 하는데, 상속세가 이를 방해한다는 주장은 일부 동의할 수 있다. 그러나 이것은 꼭 상속세를 폐지해야만 해결되는 문제는 아니다. 이미 정부는 상속세 체제 안에서 가업승계지원제도를 운용 중이다. 가업상속재산 비율이 50% 이상이면 3년 거치 12년간, 50% 미만이면 2년 거치 5년간 세금을 나눠 낼 수 있도록 하고 있는 것이다. 또, 가업을 10년 이상 영위한 경우 해당 가업의 상속재산에 대해서는 최대 100억 원까지 가업상속 공제를 해주고 있다. 즉 '가업'이라는 명분에 따라 100억 원까지는 상속세를 피해갈 수 있는 합법적인 길이 열려 있는 것이다.

일본과 독일 역시 비슷한 취지의 제도를 운용 중이다. 독일은 가업승계의 경우 상속세를 7년간 유예 후 일자리의 93%를 유지할 때 85% 면제받는 방안과, 상속세 10년간 유예 후 일자리 100% 유지할 때 100% 면제 받는 방안 중 하나를 선택하도록 하고 있다. 우리는 이 정도 수준에서 충분히 장수기업 육성과 고용보장 등에 대한 세제상의 지원 문제를 해결할 수 있다고 본다.

셋째, 재벌기업의 경영권 보호를 위해서 상속세를 폐지해야 한다는 주장이다. 삼성 같은 거대 기업의 경우 대규모 상속세를 납부하게 되면 이른바 '오너'의 재배구조가 흔들릴 우려가 있다. 강만수 위원장은 "전문경영인 체제는 실패했다. 한국사회가 오너 경영에 대해 부정적인 말이 많지만 오너 경영은 책임 있는 경영이라 볼 수 있다"고 말해, 재벌의 지배구조 유지를 위해 상속세를 폐지해야 한다는 주장을 우회적으로 지원했다. 물론 재벌 시스템은 과거 압축 성장 시절에 민간부문의 장기 위험투자를 유치하는 등 일부 긍정적인 요소가 있었던 것이 사실이다.

그러나 상속세 때문에 재벌기업의 소유권이 외국으로 넘어갈 것이라는 주장은 지나친 우려에 불과하다. 현재도 이미 일부 거대 기업의 경우 외국인 지분이 내국인 지분을 초월한 상태이지만, 그 외국인 지분이란 것이 하나의 몸처럼 움직이는 것이 아니기 때문에 재벌체제의 지배구조는 잘 유지되고 있다.

우리는 국가가 주식으로 상속세를 납부 받고, 국가가 이 민간 기업의 주식 소유를 통해 지속적으로 배당수입을 받는 방안에 대해 상당히 진지하게 검토하고 연구해 볼 필요하다고 생각한다. 이렇게 하면, 민간 기업에 대한 국가의 지분 보유를 통해 상속세 때문에 오너의 경영권이 외국으로 넘어가는 상황을 막을 수 있다. 또 국가는 초우량기업으로부터 지속적인 배당을 받게 되어 안정적인 세외수입을 창출할 수 있게 된다. 물론 현재도 주식을 통한 상속세 물납이 가능하지만 이 경우 자산관리공사가 이를 다시 공매에 넘겨 민간에 매각하므로 경영권 보장이 곤란해지는 문제가 있다.

끝으로, 우리는 상속세의 상징성에 대해 언급하지 않을 수 없다. 우리는 흔히 건강한 자본주의가 성립되기 위해서는 출발선이 똑같아야 한다는 말을 한다. 한 세대가 축적한 부는 기본적으로 세대를 넘어 그대로 이전되기보다는 그 부를 창출하도록 도와준 해당 사회에 반납되어야 한다. 다음 세대는 모두 같은 출발선에서 다시 출발해야 하는 것이다.

한번 형성된 부가 아무런 역동적 변화 없이 세대를 넘어 고정적으로 대물림된다면 그 사회는 반드시 역동성을 상실하게 될 것이다. 역동성을 상실한 자본주의는 사회적 자원 재분배에 기여하지 못하는 것은 물론이고, 자원의 회전과 선순환에도 별로 이바지할 수 없다. 우리가 국가경쟁력강화특별위원회 강만수 위원장의 감세 소신이 국가경쟁력 발전에 별로 도움이 되지 못할 것으로 보는 이유는 이런 맥락이다.

우리가 사는 세상이란 버스 속의 의자와 같은 것이라서 잠시 앉아서 여행을 즐기다가 다음 사람에게 넘겨주고 나가야 하는 것이다. 나도 그 자리에 앉을 수 있다는 희망이 없어지고, 천년만년 똑같은 사람이 같은 자리를 차지하고 앉아 있다면, 누가 그 버스를 타고 싶어하겠는가?

슈퍼리치의 기부와 사회 불평등

문진영 | 복지국가소사이어티 정책위원장, 서강대학교 교수

요즈음 우리나라 신문들이 미담(美談)으로 소개하고 있는 공통적인 기사 중의 하나가 미국 슈퍼리치(super rich)들의 기부 약속이다. 며칠 전 미국의 슈퍼리치 40명은 재산의 반 이상을 기부하겠다고 약속하였는데, 그 액수가 무려 175조원에 달한다고 한다. 기부의 배경을 떠나서 우선 천문학적 기부액수에 놀라움을 금할 수 없다. 175조원이면 2009년 우리나라 국가예산(217조원)의 약 80%에 해당하는 엄청난 금액이다.

이 천문학적인 금액이 고작 40명의 기부금으로 모은 액수라는 사실에 놀라게 되고, 더욱이 이들 40명의 기부자는 미국의 전체 슈퍼리치의 1/10도 안 된다는 사실에 또 한 번 놀라게 된다. 이들의 기부문화가 확산되면 나머지 슈퍼리치들의 기부행렬도 이어질 것이고, 그래서 그 기부액수는 기하급수적으로 늘어날 것인 바, 이것이 좀 더 나은 사회를 위한 주춧돌이 될 것으로 기대하고 있는 것이다.

하지만 이렇듯 슈퍼리치들의 기부행렬이 이어지고, 이들의 기부가 선행으로 칭송받는 사회는 분명 건강한 사회는 아니다. 오히려 이러한 슈퍼리치의 존재, 그리고 이들의 기부를 영웅적 행위로 묘사하는 그 자체가 바로 현재 미국 사회가 얼마나 심각하게 병들어 있는지를 잘 보여준다고 하겠다. 왜 그러한가?

우선 오해를 피하기 위해서 밝히는데, 필자는 자신이 가지고 있는 재산의 반 이상을 기부하기로 결정한 이들 슈퍼리치의 결정을 폄훼할 생각은 전혀 없으며, 오히려 이들에 대해서는 일정한 존경심마저 가지고 있다. 이들은 주어진 규칙의 범위 내에서 남다른 노력과 창의력으로 최선을 다해서 경제적 부를 일구어낸 뛰어난 사람들이라고 생각한다.

그리고 이들 중 상당수는 단순히 돈을 버는 데 그치는 것이 아니라, 새로운 영역을 앞장서서 개척해 간 '시대의 디자이너'라는 점에서 그들의 위대성은 더욱 부각된다. 1년 내내 온갖 사술(詐術)을 부려가며 부를 쌓다가 연말에 우아한 자선파티에서 찔끔찔끔 기부하면서 지난 1년간의 패악을 속죄 받으려는 삼류 부자들과는 격이 다른 사람들이라고 믿는다. 하지만 여기에서 필자가 강조하고 싶은 것은, 이러한 슈퍼리치의 선의를 의심하거나 이들의 기부가 잘못되었다는 것이 아니라, 이들의 기부행위가 선행으로 칭송받고 영웅시되는 사회는 분명 건강한 사회는 아니라는 것이다.

기부를 약속한 슈퍼리치 중의 한 사람인 영화감독 조지 루카스는 자신의 암울했던 고교생 시절을 회상하며 자신의 기부금을 교육 발전에 사용할 것이라고 한다. 하지만 조지 루카스의 기부가 미국의 수많은 암울한 고교생 모두에게 보다 나은 삶의 기회를 주지는 못한다. 시민의 권리와 의무가 조화된 공화국이라면, 개인의 기부가 아닌 국민의 세금으로 튼튼한 공교육의 기반을 만들고, 이 기반 위에서 개개인의 창조적 수월성을 계발(啓發)할 수 있는 교육 시스템을 갖추어야 한다.

다시 말해서, 이들 슈퍼리치의 기부로 미국의 교육이 핀란드식 교육으로 발전할 수는 없는 것이다. 그리고 슈퍼리치의 재산을 모두 모아서 보건의료 사업에 기부를 하더라도 미국 사회의 고질적인 병폐인 저소득층의 건강보장의 문제와 의료양극화를 해결하지 못한다. 교육과 의료와 같은 공공성이 강한 재화는 정부가 제도적으로 제공하는 양질의 보편적인 공공서비스를 근간으로 해야 하며, 결코 개인의 선행으로 해결할 문제가 아니다.

공화국의 시민이라면 어느 누구도 한 개인의 영웅적 기부행위로 자신의 삶의 조건이 바뀌기를 원하지는 않을 것이다. 삶의 조건의 변화는 자신의 노력으로 이루거나, 여의치 않을 경우 정부정책을 통해 이루어야 할 정부의 제도적 책무이지, 시장에서 뛰는 기업가의 자선 책임은 아닌 것이다. 기업가들은 자신의 사업영역에서 열심히 일해서 고용을 확대하고 부가가치를 생산하고, 이에 상응하는 세금을 정부에게 내면 되는 것이다.

이들 슈퍼리치들이 다수 몰려있는 곳이 미국이다. 미국은 경제협력개발기구(OECD) 회원 국가들 중에서 가장 소득불평등 정도가 심한 나라로서, 사회의 신뢰도, 국민의 기대수명, 사회이동성, 그리고 아동교육 성취도 등의 지표는 가장 낮은 한편, 영아사망률, 범죄, 십대임신, 정신질환자, 그리고 마약 중독자의 비율은 가장 높은 나라(Wilkinson and Pickett, 2009)이다.

이런 미국 사회에서 그나마 슈퍼리치들의 기부행렬이 이어진다는 것은 다행이라는 생각이 드는 한편으로, 어쩐지 소 잃고 외양간 고치는 격이라는 생각이 든다. 따라서 우리에게 주어진 책무는 우리사회에서 진정으로 중요한 가치를 잃어버리기 전에 정부가 나서 튼튼한 외양간, 즉 양질의 보편적 복지체계를 잘 갖추는 것이다.

보편적 복지가 대기업과 중소기업의 상생을 만든다

이명박 정부의 말뿐인 중소기업 정책

홍보위원회

이명박 대통령이 주례 라디오 연설을 통해 "대기업이 현금을 쌓아두고 있으면서도 투자를 하지 않아 서민이 힘들다"며 중소기업 상생정책을 요구했다. 이에 발맞춰 윤증현 기획재정부 장관은 "대기업이 중소기업에 대해 성과를 나누어주는 노력"을 강조했고, 전임 최경환 지경부 장관은 "대기업이 자기 자신을 위해서라도 중소기업과 상생할 수밖에 없음"을 도요다 협력업체의 예를 들어 주장하였다. 심지어는 경제부처 장관도 아닌 최시중 방통위원장까지 "특정 대기업의 고용수준이 타 기업의 25% 수준에 불과하다"며 대기업 비난에 가세했다.

그러나 이와 같은 현 정부의 마음에도 없는 대기업 압박은 오래지 않아 곧바로 실체를 드러냈다. 대기업이 불공정 하도급 거래로 중소기업에 피해를 입힐 경우 피해액의 세 배까지 직접 손해배상 하도록 규제하는 내용을 담은 '중소기업 피해구제법안'(이정희 의원 대표발의)은 제출된 지 2년이 되도록 논의조차 제대로 안 되고 있다. 거의 개헌 선에 육박하는 절대 다수 의석을 가진 현 정권에서 의지만 있으면 충분히 도입할 수 있는 각종 입법안에 정작 중소기업 대책은 포함되지 않고 있는 것이다.

국가가 중소기업을 보호할 수 있는 각종 규제 수단은 무수히 많다. 그러나 중소기업을 애지중지한다는 이 정부가 실제 정책으로 발표하는 것들은 "대기업의 자발적 선의와 자비"를 요구하는 립 서비스 수준에 그치고 있다. 대형 유통업체들의 이른바 '납품가 후려치기'에 대한 규제 법안은 제자리걸음 상태이고, 대기업이 골목 경제까지 장악하는 것을 규제하자는 취지에서 논의되어 온 SSM 규제법안(기업형 슈퍼 규제 법안) 역시 결론을 내리지 못하고 있다. SSM의 신규 개설을 제한하고 SSM 가맹점을 사업조정 대상에 포함시키는 규제법안도 지난

4월 이후 별 진전이 없다.

중소기업과 대기업의 부조화 문제는 외환위기 이후, 즉 1998년 김대중 정부 이후 지속된 규제완화 정책들 때문이다. 규제완화 과정에서 대기업으로부터 중소기업을 지켜주던 각종 제도들이 사라진 것이다. 이것이 오늘의 대기업-중소기업 문제를 불러온 원인 중의 하나다. 우리는 이러한 신자유주의 규제완화가 초래한 여러 가지 문제를 '낡은 규제의 부활'이 아니라 '보편적 복지'의 도입을 통해 해결할 수 있다고 생각한다.

중소기업 문제는 비단 중소기업만의 문제가 아니다. 이는 국가 전체의 경제 활력과 관련해 매우 중요한 문제이다. 이를테면, 대기업의 생산물을 구성하는 각종 소재와 부품은 중소기업이 제공한다. 이유가 어디 있건, 중소기업의 부실과 정체는 대기업 생산품의 질적인 저하로 이어질 수밖에 없는 것이다.

따라서 우리 경제의 발전을 위해서는 첨단기술을 보유한 혁신적 중소기업들이 필요하다는 점에는 이견이 있을 수 없다. 그러나 우리나라의 중소기업들은 첨단기술력을 보유하고 있다기보다는 대부분 저임금에 기반을 둔 '인건비 따먹기'에 의존하고 있는 실정이다. 이러한 상황에서는 근로자들의 기술 축적도 불가능하고, 고용안정성이 보장되지 않기 때문에 장기근속을 통한 숙련 노동자의 양성도 불가능해진다. 그리고 결국 그 피해는 궁극적으로 대기업에게 미치게 된다.

따라서 현재 우리나라는 대기업의 기술력을 담보하는 데 중요한 1차 하청기업의 R&D와 지속적인 기술 축적을 지원하고 있다. 그러나 문제는 2차, 3차 하청기업이다. 대기업은 수십조 원의 사내유보금을 쌓아두고 있으면서도, 여전히 각종 원가 상승 압력과 환율 위험 등을 하청 중소기업에 전가하고 있다.

대기업의 중소기업 착취는 실로 비열하다. 상품판매 대금은 현금으로 바로 받으면서 하청기업에 지급할 대금은 장기어음으로 결제하는가 하면, 중소기업이 만들어 놓은 각종 특허를 가로채기도 한다. 중소기업이 시장을 개척하면 그 시장이 일정 하게 성장하기를 기다렸다가 나중에 자본력으로 이를 접수하는 약탈 전략도 횡횡한다. 이러한 방식들이 우리 경제의 지속가능성을 압박하고 있다.

대기업의 중소기업 수탈 문제는 특히, 고용구조를 왜곡시키고 있다는 점에서 커다란 문제가 있다. 중소기업은 우리나라 전체 고용의 90%를 책임지고 있다. 여기서 대기업의 중소기업 수탈은 각종 기업복지의 후퇴와 중소기업 종사자의 저임금을 초래하는 원인으로 작용한다. 또 이는 국가적인 인력공급체계와 고용시장의 구조적 왜곡을 일으킨다. 한쪽에서는 5수, 6수를 해서라도 대기업과 공기업에 들어가려는 청년 취업 준비생들이 넘쳐나는 반면, 중소기업은 심각한 인력난에 시달리고 있는 것이다.

이런 맥락에서 우리 복지국가소사이어티는 모든 근로자를 위한 보편적 복지정책이야말로 근본적인 중소기업 지원정책이라고 주장한다. 즉 보육비, 교육비, 의료비, 주거비, 그리고 노후보장에 소요되는 비용을 국가가 지원해주는 보편적 복지 제도를 통해 중소기업 근로자들의 저임금과 상대적으로 부족한 기업복지를 보완하고, 궁극적으로는 기업복지를 대체하자는 것이다.

중소기업에 근무하더라도 대기업 수준의 각종 사회복지가 보장되며, 상대적으로 적은 임금이지만 안정적 고용이 보장된다면 신규 취업을 소망하는 청년층은 중소기업 취업에 대해 더 많은 매력을 느끼게 된다. 중소기업은 대기업에 비해 자신의 능력을 발휘할 수 있는 기회가 훨씬 더 많이 주어진다는 장점이 있다. 따라서 국가가 사회적 임금을 통해 부족한 중소기업 노동자의 수익을 보전해 준다면, 능력 있고 의욕에 넘치는 젊은이들이 중소기업을 기피할 이유가 없는 것이다.

현재 우리나라는 매년 5조원 수준의 각종 중소기업 지원정책들을 추진하고 있다. 우리는 이것이 부족해서 중소기업이 어렵다고 생각하지는 않는다. 우리는 보편적·적극적 사회보장 정책을 실시하면 의욕적이고 우수한 인재들이 대거 중소기업으로 진출할 수 있다고 생각한다.

이런 맥락에서 현재 대기업이 독점하고 있는 경제성장의 과실을 사회복지세로 징수하여 보편적 복지 재원으로 환원하는 것은 직접적이진 않지만 매우 효과적인 중소기업 지원 정책으로 작용할 수 있다.

삼성전자가 사상 최대의 수익을 올렸다는 이야기를 듣고 가슴이 아팠다는 최시중 방송통신위원장은 더 이상 가슴만 아파하지 말고 좀 더 실효성 중소기업 살리기에 동참해주기 바란다. 우리나라의 조세부담률은 OECD 평균에 크게 못미친다. 이런 상황에서 만약 합리적 증세를 통해 모든 국민들에게 보편적·적극적 복지를 실시한다면, 그것이 중소기업 근로자의 사회적 불리함을 상당부분 상쇄시킬 것이다. 이는 인건비 따먹기로 연명하고 있는 중소기업의 경영부담을 덜어줘 기업경쟁력의 상승 여력을 발생시킨다.

대기업과 중소기업의 상생은 무척 중요하다. 강한 중소기업이 강한 대기업을 만든다. 대기업은 세계시장에서 국제 경쟁에 나서고, 중소기업은 대기업이 최고의 상품을 만들어 낼 수 있도록 혁신적인 부품소재 개발을 추진하는 역할 분담이 필요하다. 우리는 보편적·적극적 복지가 이러한 대기업-중소기업의 상생과 역할 분담을 구현하는 데 있어 매우 유효한 정책 수단이 될 것이라고 확신한다.

대기업이 주체할 수 없을 정도로 넘쳐나는 어마어마한 이윤을 올리면서도 투자처를 찾지 못해 방황하고 있을 때, 국가가 이러한 자금여력을 공평과세를 통해 세금으로 걷어 들여 공정한 경제여건을 만듦과 동시에 보편적 복지라는 거대한 사회 보장에 투자한다면 그것은 중소기업의 인건비 부담을 줄여주고, 노동자의 생산의욕과 구매력을 상승시키며, 우리사회의 인적자본을 미래의 중소기업으로 재분배하는 선순환을 일으키게 된다. 그리고 이는 장기적으로 대기업의 다음 성장을 위한 원초적 환경을 성숙시킨다.

대기업과 중소기업의 진정한 상생은 합리적 증세 등의 공정한 경제와 보편적·적극적 복지를 통해서 이루어지는 것이다.

재정건전성이 복지 축소의 이유가 될 수 없어

정세은 | 복지국가소사이어티 정책위원, 충남대학교 교수

최근 선진국들의 움직임이 수상하다. 서브프라임 위기 이후 재빠르게 몇몇 개도국들을 추켜세워 G20을 결성하고, 이를 통해 확장적 재정 및 통화정책을 실시함으로써 위기극복에 나섰던 선진국들이 이제는 재정건전성을 회복해야 한다는 이유로 긴축적 재정정책의 분위기를 조성하고 있다. 올해 초까지 G20의 주된 이슈는 글로벌 불균형 해소와 은행세의 도입이었다.

그러나 6월 회의를 계기로 최대 이슈가 재정건전성 회복과 금융규제 강화로 바뀌게 되었다. 구체적으로는 글로벌 위기 극복을 위해 2009~2010년 동안 5조 달러에 달하는 경기부양방안을 실시하기로 했던 결정을 철회했다. 이 회의에서 각국 재무장관들은 언제 긴축기조로 선회할 것인지에 대해서는 의견이 엇갈렸으나 '성장 친화적' 인 재정정책을 추진한다는 데는 합의했다.

그런데 '성장 친화적' 정책이란 다름 아닌 긴축적 재정정책을 의미한다. 문제는 현 시점에서 긴축적 재정정책은 '더블딥(double dip)' 을 가져올 가능성이 높다는 점에서 결코 '성장 친화적' 이지 않은 정책이란 점이다. 그런데 왜 선진국들은 '성장 친화적' 이라는 핑계로 긴축적 재정정책을 추진하려는 것일까?

선진국들이 재정건성성에 대해 우려의 목소리를 높이게 된 것은 올해 초 그리스를 비롯한 일부 남유럽 국가들이 과다한 재정적자와 정부부채 문제로 위기를 겪게 되면서부터이다. 그리스 위기는 작년 9월 선거에서 승리한 사회당이 2009년의 재정적자가 GDP의 12.7%에 이른다는 사실을 밝히면서 시작되었다. 이것은 유럽연합(EU)의 가이드라인인 3%의 4배가 넘는 수준이다. 더욱 충격적이었던 것은 이러한 심각한 재정적자 문제를 수년 동안 우파정부가 감추어왔다는 점이었다.

한편, 프랑스와 독일의 주요 은행들이 그리스 국채를 많이 보유하고 있어서 그리스의 국가부도는 유럽연합 전체를 위기에 빠트릴 수도 있는 사안이었다. 이에 유로존과 국제통화기금이 부도위기에 처한 그리스에 3년간 총 1,100억 유로의 구제금융을 지원하기로 했고, 그 대신 그리스는 2012년까지 재정적자를 300억 유로(2009년 GDP의 11%) 감축하는 등 초강도의 긴축조치들을 시행하기로 했다.

그리스 위기의 여파는 여기에 머무르지 않았다. 더욱 중요하게는, 긴축적 재정정책 기조로 전환해야 한다는 분위기가 형성되고 있는 것이다. 그 이유는 금융위기의 과정에서 거의 모든 선진국들이 재정수지의 급격한 악화와 정부부채의 확대 등 그리스와 비슷한 상황에 처하게 되었고, 그로 인해 동일한 위기를 겪을 수도 있다는 공포 때문이다.

특히, EU 회원국들의 경우 GDP 대비 재정적자의 비율이 2008년 2.3%에서 2009년 6%로 높아지는 등 전체적으로 가이드라인 3%를 넘은 상황에 처하게 되었는데, 회원국들 중 또 다시 위기를 겪는 국가가 생기게 된다면 그 부담이 만만치 않을 것이므로 서로 허리띠를 졸라맬 것을 요구하고 있다. 또한 경제회복이 본격화될 경우 그동안 풀려나간 돈들이 인플레이션으로 귀결될 것이라는 경고도 재정긴축으로의 선회를 부추기는 요인이 되었다.

그러나 그리스 사태의 근본적인 원인은 무엇인가? 언론들은 그리스의 관대한 연금제도를 주된 요인으로 지목하고 있다. 1980년대에 집권한 사회당이 기간산업을 국유화하고 유럽에서 가장 관대한 연금제도를 도입했기 때문이라는 것이다. 다른 국가들의 경우 대개 40년을 일해야 연금을 수령할 수 있으나 그리스의 경우는 35년을 일하면 연금수급 자격을 주고 연금수준도 소득이 가장 높은 은퇴 직전 5년간을 기준으로 95.7%를 준다고 한다.

물론, 이와 같이 복지프로그램 중의 하나인 연금제도가 다른 국가들에 비해 관대해 보일 수 있다. 그러나 그리스를 비롯해서 이번에 과다 부채국가로 지목된 남유럽 국가들은 선진국들 중에서 복지정책을 적극적으로 시행하는 국가들이 아니라는 점에서 관대한 복지프로그램이 재정적자의 주요인은 아니다. 그리스의 경우 1995년부터 2006년 사이에 유럽국가들 중 노동시간이 가장 긴 나라(연간 1,900시간)였다고 하니 국민들 사이에 '복지병'이 만연되어 있었다고 볼 수도 없다.

그리스 위기의 근본적 요인으로는 유로 가입으로 인해 야기된 취약한 거시경제 환경에서 우파정부가 추진했던 감세정책을 들 수 있다. 그리스를 포함한 남유럽 국가들은 오래 전부터 중국 등 아시아 국가들과의 수출 공세에 밀려 만성적인 경상적자 문제를 겪어 왔었다. 2002부터 시작된 유로의 평가절상은 치명타가 됐다. 그런데 유로존 가입으로 환율이 고정되어 있고 통화정책에서도 재량을 발휘할 수 없었기 때문에 이를 해결할 수단이 없었다.

따라서 그리스 정부의 적자재정 정책이 경제를 지탱하는 유일한 거시경제 수단이 되었을 것으로 판단할 수 있다. 이러한 상황에서 2004년에 정권을 잡은 우파정부는 대규모 감세정책을 추진했다. 2004년과 2007년 사이 법인세율이 35%에서 25%로 10% 포인트나 인하되었고, 같은 기간 친척 간 부동산 상속세를 폐지하는 정책이 추진되기도 했다. 감세정책으로 세수가 주는 와중에 금융위기로 경기침체가 시작되자 정부수지는 걷잡을 수 없이 악화되었던 것이다.

한편, 그리스 정부는 국채를 대량 해외자본에 판매함으로써 재원을 정부수지 악화에도 불구하고 계속 지출할 수 있었다. 그런데 유로존에 가입했으므로 재정적자를 GDP 대비 3% 내에서 관리할 의무를 가지고 있는 그리스가 어떻게 GDP 대비 10%를 넘을 정도로 방만하게 재정을 운영할 수 있었을까? 이에 대해 《뉴욕타임스》는 월스트리트가 이번 사태와 깊은 관계가 있다고 분석한 바 있다.

이에 따르면, 그리스는 월스트리트의 투자은행들과 대출을 통화교환처럼 처리하는 거래를 함으로써 유럽의 '부채 제한규정'에 맞추면서도 자금을 계속 조달할 수 있었다고 한다. 즉 골드만삭스뿐만 아니라 JP모건체이스, 그리고 다른 많은 은행들이 그리스, 이탈리아 등의 정치인들이 추가 대출을 은폐할 수 있도록 도와주었던 것이다. 이러한 은밀한 내부사정을 알고 있던 투자은행들은 동시에 그리스가 부도가 날 때 오히려 큰돈을 벌 수 있는 상품도 미리 사두었다.

투자은행들은 위험을 헷지해 둔 것이라고 말하겠지만 그들의 행태는 다급한 사람에게 사정을 봐주는 척하면서 점점 더 많은 빚을 지게 만드는 악덕 사채업자의 행동과 다를 바 없다. 채무자가 빚잔치를 하게 되면 악덕 사채업자들은 큰 이득을 챙기게 된다. 즉, 그리스가 위기를 맞게 된 또 다른 중요한 요인은 지속가능하지 않은 부채증가를 가능케 하는, 또는 그것을 부추기고 위기를 조장하는 금융 자유화, 개방화였다고 할 수 있다.

그렇다면 현 상태에서 그리스가 정부지출을 급격히 축소하는 것이 올바른 문제해결책인가? 그리스를 비롯한 남유럽 국가들이 대대적인 지출삭감에 나선다면 경기침체가 더욱 악화되고 그로 인해 그리스 국민들 전체가, 특히 서민층이 큰 고통을 겪을 가능성이 매우 높다. 외환위기 직후 IMF의 권고에 따라 긴축적인 재정 및 통화정책을 실시함으로써 단기간에 전대미문의 경기침체를 겪었던 우리나라의 예를 떠올려볼 수 있다.

더 나아가 몇몇 국가가 아니라 세계 주요 국가들이 '부채위기'를 해결하기 위해 동시에 긴축정책으로 돌아선다면, 또 다른 글로벌 경제위기가 잉태될 수도 있다. 현재의 재정적자와 정부부채가 탐욕적 금융시스템이 야기한 위기를 극복하는 과정에서 생긴 것인데, 왜 애매한 서민층이 그 고통을 겪어야 하는가? 재정건전성이 중요하지 않다는 것은 아니다.

그러나 정말로 재정건전성을 중요하게 생각한다면 직접세 세율을 인상하여 고소득층과 자본으로부터 세금을 더 걷는 방안이 있지만, 이에 대한 논의는 G20회의에서 전혀 나오지 않고 있다. 반면, 재정건전성 회복을 위한 재정지출 감축은 거의 복지프로그램들이 그 대상이다. 과다 재정적자 국가들인 포르투갈, 이탈리아, 아일랜드, 스페인을 'PIGS' 국가로 지칭하는 것도 이 나라 국민들을 '탐욕스런 돼지'에 은근히 비유함으로써 과다 복지지출이 재정적자의 주요인이라는 편견을 갖게 한다.

이에 그리스의 경우 사회당은 사회보장지출 10% 삭감, 월 2,000 유로 이하의 공공근로자까지 포함한 공공부문의 임금동결을 긴축재정정책의 구체적인 방안으로 내놓았다. 이러한 움직임에서 파악할 수 있는 것은 신자유주의자들이 자신들의 신념을 버릴 생각이 전혀 없다는 것이다. 현재의 금융위기가 1929년의 대공황과 달리 단기간에 끝날 수 있다는 생각이 들자, 그들은 다시금 직접세 인하, 공공부문 축소, 복지 축소를 밀고 나가려 하고 있다. 즉, 금융위기 이후 새로운 경제모델로 여전히 신자유주의적 개혁을 추진하고 있는 것이다.

그러나 금융위기 전까지 진행된 직접세 인하, 공공부문 축소, 복지 축소 등의 신자유주의 개혁이 그들이 주장하던 것처럼 기업의 경쟁력을 높이고 시장을 활성화시키며 노동자들의 근로의욕을 자극해서 경제를 성장시켰는가? 1980년대 이후 영국과 미국 등 선진 각국은 소비와 투자를 촉진시켜 성장에 이로울 것이라는 논리로 직접세의 세율을 하락시켜왔다. 1980년대 들어 신자유주의자들이 정권을 잡게 되자 소득세와 법인세 세율을 인하하기 시작했는데, 자본 및 금융의 국제화로 자본이 자유롭게 이동하게 됨에 따라 국가들 간에 조세경쟁을 촉발시켰다.

대륙 유럽에서는 중심국인 독일이 '세율인하-기업경쟁력 강화-투자 증가 및 성장'의 논리로 세율인하 분위기를 유도했고, 다른 국가들은 유럽통합이라는 목적을 위해 이를 따라갈 수밖에 없었다. 세율을 낮추는 국가는 국내투자가 늘고 해외로부터 자본이 많이 들어와 성장률이 높아질 것이라 기대했지만 세율인하가 추진된 후 투자와 성장효과는 나타나지 않았다.

물론 아일랜드와 같은 경우 주위 국가들보다 세율을 크게 낮추어 주변국 자본을 유치함으로써 효과를 보기도 했다. 그러나 아일랜드는 매우 작은 국가이기 때문에 이것이 가능했다. 그에 비해 독일, 프랑스 등 규모가 큰 국가들은 세율을 낮추었지만 해외자본 유치, 투자증대의 이득보다는 직접세 세수 감소의 비용이 더욱 컸다. 그리고 감세로 인한 세수 면에서의 압박은 지출 측면을 압박하게 되었고, 특히 복지지출이 축소 압력을 받게 되었다.

물론 유럽 국가들은 이미 상당한 수준의 복지를 달성했고 복지국가에 대한 좌우파 정부의 합의가 있었기에 복지국가의 기조 자체가 포기된 것은 아니지만, 복지프로그램의 축소는 가계의 구매력을 하락시킬 수밖에 없었다. 1980년대 이후 대부분의 유럽 국가들이 소비부진 현상을 겪고 있는 것은 이와 무관하지 않다. 저(低)성장 문제를 해결하기 위해 기업 경쟁력을 강화하는 여러 조치들을 시행했지만 그로 인한 복지축소와 고용불안은 소비부진을 야기했고, 이는 투자부진과 정체를 가져왔다.

1980년대 이후 선진국들에서 'GDP에서 임금이 차지하는 몫'이 줄어들고 고소득층과 저소득층 간의 소득격차가 크게 벌어지고 있다는 점으로부터 신자유주의적 개혁이 양극화와 소비부진을 야기한다는 것을 알 수 있다. 그렇지만 금융위기가 터지기 전까지 미국 경제는 신자유주의적 개혁을 통해 높은 성장률과 낮은 인플레율이라는 훌륭한 성과를 거두었으므로 "금융규제만 조금 강화하면 미국식 신자유주의 모델은 위기 이후의 모델로서 바람직하지 않은가?"라고 반문할 수도 있다.

그러나 겉보기에 화려했던 미국 경제의 실체는 가계부채가 과도하게 증가해서 언제 터질지 모르는 폭탄을 안고 있는 모습이었다. 당시 미국 경제를 뒷받침한 것은 강력한 소비증가였는데, 많은 경제학자들이 비판했듯이 이것은 막대한 가계부채에 기인한 것이었다. 즉, 부동산자산 및 금융자산의 가격 상승에 기대어 가계가 부채를 얻어 자산을 구입하고 소비를 하는 부채 주도적 성장모델이었던 것이다.

미국 제조업이 이미 경쟁력을 상실했기에 가계가 구입하는 소비재는 주로 중국을 비롯한 동아시아로부터 수입하는 수입품이었다. 자연히 대외수지도 악화될 수밖에 없었지만 저렴한 수입품으로 인해 인플레율은 안정을 유지할 수 있었다. 즉, 신자유주의적 개혁이 야기하는 가계의 구매력 저하 및 소비부진을 해결하는 방법이 미국에서는 부채증가였으며, 이를 가능하게 한 것이 금융부문의 팽창이었던 것이다.

금융위기가 터진 후 '무엇이 잘못되었던가?'에 대한 반성은 이와 같은 메커니즘 모두를 포함하는 것이어야 한다. 금융부분의 팽창은 몇몇 금융기관들의 일탈적 행위 때문이 아니라 신자유주의 개혁이 야기하는 소비부진을 해결하기 위해 필연적이었다는 인식이 있어야 한다. G20은 자기자본 비율을 강화하고 유동성 관리를 강화하며 몇몇 파생상품을 금지하면 금융위기를 막을 수 있을 것으로 판단하고 있다.

그러나 유럽과 미국의 사례에서 보았듯이 감세, 공공부문의 축소, 복지축소라는 신자유주의적 모델은 금융팽창이 없다면 소비부진 문제를 해결할 수 없다. 아무리 기업의 경쟁력을 높여 제품을 싸게 공급해도 가계의 구매력이 없다면, 모든 국가가 동시에 바닥으로의 경쟁에 나서는 셈이 된다. 따라서 금융위기 이후 신자유주의 모델이 다시 득세한다면 세계경제는 수요부족으로 지지부진한 모습을 이어가던가, 새로운 거품을 만들어 성장하다가 다시 붕괴하는 운명에서 벗어날 수 없게 된다.

그렇다면 금융위기 이후 새로운 성장모델은 무엇이어야 하는가? 그것은 고용과 수요를 뒷받침하는 '복지의 강화'일 수밖에 없다. 그리고 그 복지국가 모델은 영국의 블레어 정부가 시행했던 모델, 즉 일하는 사람에게만 복지혜택을 주는 방식이어서는 안 된다. 일자리가 부족해서 또한 일할 능력이 없어서 일을 하고 싶어도 일을 못하는 사람을 배제하는 복지는 대안이 될 수 없다.

노동의 유연화에서 오는 불안정성을 막아주고 구매력을 유지시켜 주기 위해서는 경제 전체의 수요를 창출하고 노동 능력을 향상시켜 주는 보편적이고 적극적인 복지여야만 향후 지속가능한 모델이 될 수 있다. 그런데도 현재 선진국들은 예전의 모델로 서둘러 돌아가려 하고 있다. 아마도 대부분의 선진국에서 현재 우파정부들이 정권을 잡고 있기 때문일 것이다.

그러나 그들이 현명하다면 신자유주의적 모델이 지속 가능하지 않다는 것을 알 터인데, '그들은 왜 공공부문의 축소와 복지축소에 그토록 열심일까?' 라는 의문이 들지 않을 수 없다. 이러한 의문을 가진 사람이 필자 혼자만은 아닌 것 같다. 케인스와는 별도로 뒷날의 케인스 혁명으로 통하는 사상을 전개했던 칼레츠키가 40여 년 전에 다음과 같은 분석을 남겼기 때문이다. 그의 의문은 "완전고용의 유지가 자본가들에게도 유리할 터인데, 왜 그들이 반대하는가?" 였다.

그 의문에 대해 칼레츠키는 "정부가 그 자신의 구매를 통해 고용을 증가시킬 수법을 알게 되면, 기업의 강력한 통제력은 그 효력을 잃게 된다. 따라서 정부개입을 수행하기 위해 필요한 재정적자는 위험한 것으로 간주될 수밖에 없다. '건전재정' 이라는 교리의 사회적 기능은 고용의 수준을 '기업' 에 의존하게 만드는 일이다" 라고 분석했다(『완전고용의 경제적 측면』, 12장, 1971년). 그의 분석은 현재의 재정건전성의 강화와 복지축소 논의에도 여전히 유효하다.

누진적 이자 소득세를 도입하자

종합과세 원칙에 대한 근본적 의문

홍기표 | 복지국가소사이어티 정책위원, 레디앙 기획위원

과거엔 불경스러운 일이었지만, 역사가 흐르면서 지금은 지극히 당연한 상식으로 되어 있는 것이 여럿 있다. 예를 들면, '8시간 노동'이라든가 '여성 투표권' 같은 지극히 상식적인 것들을 쟁취하기 위해 인류는 같은 인류를 상대로 길고 지루한 투쟁을 계속해야 했다. 우리가 지금 지극히 당연한 상식으로 생각하는 '소득세' 역시 역사적인 투쟁의 산물이다. 돈을 많이 버는 사람이 더 많은 세금을 내야 한다는 소득세의 기본정신이 지금은 극히 당연한 상식이지만, 처음 등장할 때부터 인류의 상식이었던 것은 아니었다.

근대적 소득세의 기원은 영국이다. 1799년, 나폴레옹과의 전쟁으로 정부재정이 파탄 지경에 이르자 당시 영국의 수상이던 윌리엄 피트가 '소득'을 세원으로 하는 새로운 세금을 창설했다. 당시 납세자들은 소득의 크기에 따라 누진율을 적용하는 국가의 만행에 경악하지 않을 수 없었다. 영국인들은 이를 악마 같은 세금이라고 불렀다. 때문에 소득세는 전쟁이 끝나자마자 곧바로 폐지되었다.

소득세가 공평이념에 바탕을 두고 제대로 부활한 것은 1894년 미국에서였다. 소득이 많을수록 세금을 더 내야 한다는 전제로 태어난 이 세금은 그러나 1년 만에 없어지고 말았다. 어떤 독재자가 나타나서 소득세를 폐지한 것이 아니었다. 미국 대법원이 소득세에 대한 위헌판결을 내린 것이다. 그렇게 소득세 폐지는 법원에 의해 합법적으로 이루어졌다.

이렇게 무너진 소득세를 다시 도입할 수 있었던 것은 거의 20년이나 지난 뒤였다. 시어도어 루즈벨트는 1913년 소득세를 부활하고 이전처럼 위헌판결을 받지 않도록 이번에는 아예 헌법까지 개정했다. 이로써 역사를 뒤로 돌리는 일은 불가능하게 되었다. 소득세 도입이야말로 미국 민주당이 역사에 공헌한 매우

중요한 업적이다.

소득세는 소득에 따른 납세를 구현하기 위해 수평적 공평과 수직적 공평을 큰 원칙으로 한다. 수평적 공평은 같은 소득을 올린 사람끼리는 똑같은 세금을 납부해야 한다는 것이다. 경상도에서 올린 소득이건 전라도에서 올린 소득이건 모든 소득은 똑같이 대우 받아야 한다는 말이다. 반면, 수직적 공평은 소득이 다른 사람은 다르게 과세해야 한다는 것이다. 즉, 많이 버는 사람에게 많은 세금을, 적게 버는 사람에게는 적은 세금을 물려야 한다는 원칙이다.

이러한 소득세의 기본정신 때문에 현행 소득세법이 갖고 있는 기본원칙이 바로 '종합과세'의 원칙이다. 종합과세란 1년 동안 자신이 번 모든 소득을 하나로 합쳐 놓고, 이를 기준으로 적용받을 세율을 정한다는 뜻이다. 어떻게 번 돈이건 상관없이 즉, 소득의 원천이 무엇이건 상관없이 순증가한 경제력 전체를 똑같이 비교해야 공평하다는 것이 종합과세의 원칙이다. 그런데 필자가 보기엔 이러한 종합소득의 기본정신을 재검토해 볼 필요가 있다. 즉, 소득의 원천을 구분해 그에 맞춰서 서로 다른 세율상의 차별대우를 설계해야 할 필요성이 있다.

소득의 원천에 대한 구분 없이 일단 늘어난 모든 재산에 대해 똑같이 과세해야 한다는 원칙이 얼핏 보면 평등이념에 맞는다고 생각할지도 모르지만, 이렇게 될 경우 조세제도가 인간의 경제활동에 미치는 영향을 고려할 수 없게 된다. 예를 들어 불로소득이건 근로소득이건 같은 처분을 받는다면 사람들은 되도록 불로소득을 추구할 것이다. 즉, '각 개인이 어떤 소득을 추구하는 것이 좋은지?'에 대한 사회적 추천을 하기 어려워지는 것이다.

그럼 소득의 원천은 어떻게 구분할 수 있을까? 이론상으로는 모든 소득을 셋으로 구분할 수 있다는 것이 글쓴이의 생각이다. 첫째는 우리가 잘 아는 근로소득이다. 이는 자기노동을 통해 벌어들인 소득이다. 둘째는 자산소득이다. 별로 하는 일이 없지만 어떤 소유권을 근거로 가만히 앉아서 올리는 불로소득을 흔히 자산소득이라고 한다. 대표적인 것이 이자소득일 것이다. 셋째는 혁신소득이다. 어떤 불확실한 미래를 위해 투자를 감행하고 혁신의 대가로 소득이 형성되었을 경우, 단순한 불로소득과 다른 대우를 해야 한다.

이와 같이 모든 소득을 그 원천에 따라 근로소득, 자산소득(=불로소득), 그리고 혁신소득으로 구분하는 소득 3분법을 추구하게 된다면, 각 소득의 원천별로 세법상의 다른 처분을 설정할 수 있다. 이를테면, 혁신소득은 소득발생 초기에 조세부담을 낮게 하되 시간이 지날수록 관련 소득에 대해 높은 세율을 적용해 나갈 필요가 있다. 근로소득은 현행 4단계인 누진구간을 더 쪼개고 고소득 구간을 새로 창설하는 등 여러 단계로 구분할 필요가 있다. 자산소득은 힘들이지 않고 번 돈이므로 전체적으로 고율의 누진구간을 편성해야 한다.

현행 세제는 겉으로는 종합과세의 원칙을 내세우고 있지만, 내부적으로는 이미 이런 취지를 상당부분 반영하고 있다. 단지 종합과세라는 외형상의 원칙을 고집하고 있을 뿐이다. 특히, 근로소득은 다양한 공제를 통해 매우 많은 세제상의 대우를 해주고 있다. 형식적으로는 종합과세라는 원칙에 묶여 있지만 실제 내용상으로는 근로소득에 대한 차별적 대우를 하고 있는 것이다.

일부 양도소득에 대한 예외적인 높은 세율 등도 소득의 원천에 대한 명백한 차별이다. 금융소득 종합과세도 그렇다. 이 역시 근본적 취지 자체는 이자소득 같은 불로소득에 대한 과세 효과를 높이기 위한 것이다. 즉, 이미 우리 세법은 알게 모르게 소득의 원천을 차별대우하고 있다. 이 정도 되면 '종합과세'의 원칙을 제공한 순자산증가설의 입장에서 공식적으로 벗어날 필요가 있는 셈이다.

그런데 이 대목에서 한 가지 눈여겨보아야 할 부분이 있다. 그것은 이자소득세다. 현행세법은 종합과세라는 기본원칙을 내세우면서도 이자, 배당소득 등에 대해서는 14%의 원천징수로 모든 것을 끝내는 분리과세를 실시하고 있다. 그 이유는 징세의 편리 때문이다.

종합과세를 하려면 1년 단위로 납세자의 모든 소득을 집계해야 한다. 근로소득자들이 연말정산을 하는 것은 이 때문이다. 만약 은행이 이자소득세를 공제하면서, 해당자의 연간 종합소득까지를 고려하려면 많은 시간이 필요하고 매우 복잡한 과정을 거쳐야 한다. 따라서 은행은 예금주들에게 이자를 지급할 때 그냥 천편일률적으로 14%의 세금을 빼는 것으로, 모든 세금문제를 처리해 버리는 것이다.

2009년 국세통계연보에 따르면, 이렇게 걷어 들이는 이자소득 세수가(소득세의 경우) 3조원이 넘는다. 문제는 법인이 받아가는 이자소득이다. 1년에 7조원 정도의 법인세 원천징수분이 있는데, 이의 상당부분이 법인이 부담하는 이자소득세일 것으로 추정된다.

이것은 특히 기업의 호황기에 문제가 될 수 있다. 요즘에도 대기업들은 수출이 잘되어 은행에 수천억 원의 현금을 쌓아두고 있는 중이다. 우리나라 10대 그룹의 사내유보금은 17조원(2009년)에 달하고, 현금성 자산은 47조원에 이른다. 이는 당연히 큰 이자소득을 생성시키는데, 이에 대한 징세는 14%의 비교적 낮은 단일 세율에 그치고 있다.

결과적으로 현행 세제는 겉으로는 종합과세의 원칙을 내세우면서도 정작 중요한 부분은 분리과세를 하고 있는 것이다. 이러한 불합리 때문에 결국 이자소득으로 대표되는 불로소득의 한 갈래는 소득세 시스템의 기본취지를 제대로 살리지 못하고 있는 중이다.

만약 우리가 형식에 치우친 종합과세 원칙을 포기하는 대신 소득의 원천을 구분해서 근로소득과 불로소득과 혁신소득을 각각 분리과세 하는 쪽으로 조세제도의 기본철학을 전면 교체한다면 어떻게 될까? 제도적인 차원에서 불로소득에 대한 좀 더 분명한 차별대우를 설계할 수 있게 될 것이다. 이렇게 하면 현재 14%라는 단일세율이 적용중인 이자소득에 대해 여러 단계의 누진구간을 만들어 곧바로 적용시킬 수 있다. 근로소득처럼 소득구간에 따라 높은 세율을 적용받도록 해서 은행이 이자 지급시기에 해당 구간에 맞는 누진적인 세금을 직접 공제하도록 할 수 있다.

예를 들어, 1억원 이상의 고액 이자소득에 대해서 양도세 특수구간처럼 고율의 누진율을 적용하게 되면 국가는 큰 규모의 세수증가 효과를 얻을 수 있다. 자세한 계산이 필요하겠지만, 현재 걷히고 있는 이자소득세의 규모를 고려해 볼 때, 경우에 따라서는 수조 원 규모의 새로운 세수증가 요인을 찾아낼 수도 있을 것이다. 세제가 간편해지는 효과도 있다. 이자소득에 대해 단독 누진율을 설계하여 적용하면 굳이 복잡한 금융소득 종합과세제도를 운용할 필요도 없다.

경제위기라고 하지만 대기업을 비롯한 수출 중심 기업들은 벌써 몇 년째 호황을 누리고 있다. 수익은 쌓이는데 투자처를 찾지 못해 사내유보금만 늘어나고 있는 중이다. 이런 상황에서 법인이 누리고 있는 이자소득에 대해 고율의 누진세를 창설하면 법인이 돈을 은행에 쌓아둘 유인이 줄어들게 된다. 이는 법인이 본래의 업무에서 벗어나 자산소득에 관심을 갖는 문제를 방지하고 투자를 압박하는 요인이 된다. 이자소득은 대부분 지급하는 은행에서 곧바로 공제하므로 징세 절차도 간단하다.

최근 통일세 주장에서 보듯이 정부는 새로운 증세 명분과 세원 발굴에 혈안이 되어 있다. 정부의 통일세 창설 움직임에 대해 부가가치세율 인상을 위한 일종의 우회 전략이라고 보는 사람들이 많다. 아무리 작은 정부를 추구하는 우파 정부라 해도 일단 집권하게 되면 자기 권력의 확대를 지향하지 않을 수 없다. 예산은 해마다 늘어나고 정부는 확장된다. 결국 정부는 감세 명분과 증세 요청 사이에서 머리가 복잡해질 수밖에 없다.

따라서 정부는 특히 이자소득에 대한 누진율 적용에 관심을 가져 볼 필요가 있다. 이것은 정부의 속 깊은 고민을 해결해 줄 대안이 될 것이며, 동시에 공정사회로 가는 중요한 단초를 제공해 줄 수도 있기 때문이다. 이명박 정부는 시어도어 루즈벨트 대통령이 소득세 시스템 도입을 위해 길고 지루한 투쟁을 멈추지 않았던 것을 기억할 필요가 있다. 소득세 체제의 완성이야말로 진정한 의미의 공정한 사회일 것이다.

역동적 복지국가의

노동과 사회복지

노동운동의 과제와 보편적 복지국가

홍보위원회

MB정부 2년이 지나면서, 현 정부가 강조해온 친기업 정책의 실체가 여실히 드러나고 있다. 평창 동계올림픽 유치라는 명목을 찾아내 이건희 삼성그룹 회장을 단독 사면한 것은, 박정희 전두환을 포함해, 역대 어느 정권도 감히 하지 못했던 역사적인 친기업 정책의 기념비였다.

뒤이어 행정중심복합도시를 무산시키기 위한 방안으로 농민들에게 강제로 수용한 땅을 기업들에게 적정 가격의 1/6의 수준으로 공급하고, 입주하는 기업들이 마음대로 개발할 수 있도록 하겠다는 파격적인 친기업 정책도 발표되었다. 국가균형발전 정책이 졸지에 친기업 정책으로 둔갑하는 순간이었다.

미디어법 통과로 힘을 얻은 보수언론들이 일제히 입을 모아 노조의 정당한 단체행동을 불온시하고, 검찰과 경찰 등 동원 가능한 모든 공권력이 참여하여 기업들을 지원하는 총력 동원체제도 구축되고 있다. 그러나 무엇보다 '기업하기 좋은 나라'의 핵심적인 정책은 지난해 마지막 날, 4대강 예산을 날치기 통과시키면서 국회의장의 직권상정으로 함께 통과시킨 노동관계법일 것이다.

이 법에 따라 노조 전임자에 대한 임금 지급은 올해 7월 1일부터 원칙적으로 금지된다. 근로시간 면제심의위원회에서 허용하는 교섭, 협의, 고충처리, 산업안전 및 건전한 노사관계의 발전을 위한 노조 유지·관리 업무 등의 친기업적인 노조활동 외에는 급여 지급이 불가능해지고, 심지어는 정부가 정한 기준을 초과하여 노조를 두둔한 기업체를 처벌까지 할 수 있도록 하였다. 이 법에 따라 노조 전임자 숫자의 감소와 노동조합 활동의 위축이 충분히 예견된다.

이것뿐만이 아니다. '복수노조' 허용에 따라 근로자협의회, 상조회 등의 어용조직이 제2의 노동조합으로 합법적인 전환을 꾀할 것이 예상된다. 2012년 6월

이 지나면, 사업장 단위로 교섭창구를 단일화하도록 되어 있는 법 조항에 따라 기존의 노동조합을 제치고 친기업 노조가 교섭 주체로 나설 가능성도 열려 있다. 동일 산업군 간의 근로조건 균등화, 비정규직을 포함한 노동 약자의 보호 등으로 노사교섭의 모범을 보여주었던 산별노조들도 이번 노동법 개정에 따라 순차적으로 어려움에 처하게 되고, 결국 우리나라 노동운동의 제도적 후퇴가 불가피할 전망이다.

그런데 바로 이 대목에서 우리는 일련의 노동법 개악 조치가 결코 기업의 입장에서 유리하기만 한 것은 아니라는 충고를 하고 싶다. 물론, 당장은 기업의 입장에서 오늘날과 같은 노동관계법의 개정이 기업 활동에 유리한 조치로 느껴질 수 있다. 그러나 작금의 우리나라 경제는 과거 산업화 시대의 그것이 아님을 분명히 알아야 한다. 더 이상 저가 노동력 중심의 '요소투입형 경제'가 아니고, '지식기반형 경제'로 전환되었음을 간과해서는 안 된다.

이런 조건에서 '좋은 노동조건' 이란 단순히 임금을 많이 주거나 복리후생을 강화하는 것만으로는 만들어지지 않는다. 특히, 지식노동자들은 자신을 기업의 중요한 일원으로 인정해주고, 노동조합이라는 합법적인 시스템을 통해 자신의 의견이 회사에 수렴되며, 결국 회사 운영에 주체적으로 참여할 수 있는 민주적 조건이 보장될 때 비로소 자기 회사에 대한 소속감과 사명감을 가질 수 있고, 그때에만 창의적 노동이 가능해진다. 즉, 글로벌 경제가 일상화된 환경에서는 대기업들이 노동자를 단순한 사용대상이 아니라, 기업의 중요한 파트너이자 주요 고객으로 인식하는 기업문화를 주도해 나갈 때, 마침내 세계를 선도하는 최고 수준의 기업으로 발전해 나갈 수 있는 것이다.

이번 법 개정을 계기로 우리가 얻은 값비싼 교훈이 있다. 그것은 지금처럼 단순히 근로조건 개선만을 요구하는 수준으로는 노동조합의 존립 자체도 보장받을 수 없다는 준엄한 현실이다. 따라서 노동자들도 이제는 각종 사회적인 이슈와 정치적인 주제에 더욱 관심을 가지고 적극적으로 참여해야 한다. 노동조합과 노동운동이 대중적 이익집단으로써 갖게 되는 여러 가지 한계로부터 전략적으로 벗어나 사회 제 분야와의 연대와 단결에 기초하여 노조의 공익적 기능을 크게 높일 수 있도록 노동운동 지도부는 더욱 고민해야 한다.

단지 눈앞의 단기적 이익에만 급급하다면, 같은 직장에 있는 비정규직 동료의 아픔에 귀를 막고, 용산참사를 보면서 눈을 막고, 양심적인 언론인들에 대한 탄압도 외면하면서, 노사협상에서 기본급의 인상보다는 실질 수령액의 인상을 합의한 최근 특정 노조의 선택이 더 현명할지도 모른다. 다수의 일용 근로자들이나 힘겨운 처지의 자영업자, 800만 명이 넘는 비정규직들에게는 주로 노조 전임자들에게 영향을 미치는 이번 노동관계법의 개정이 별로 중요하지 않다고 말할지도 모른다.

그러나 오늘의 이 퇴보는 향후 봇물 터지듯 밀려오는 반노동 공세의 쓰나미가 되어 우리를 덮쳐올 것이다. 나치에 의해 끌려가는 가스실의 문턱에서 "나는 아무 일도 하지 않았는데, 왜 나를 죽이려 하느냐!"라고 뒤를 돌아보며 항의하던 유태인에게, 누군가 "당신이 아무 일도 하지 않았기 때문에 우리가 지금 이렇게 가스실로 끌려가고 있는 것"이라고 일러주었다는 이야기를 떠올릴 필요가 있다.

적극적인 대책 없이 예결위장 점거농성으로 시간을 보내다가 일이 잘못되고 나서야 같은 당 국회의원인 환경노동위원장을 윤리위에 회부한 민주당이나, 개인적인 성과에 급급하여 결과적으로 한나라당의 손을 들어준 추미애 의원이나, 날치기 통과 후 무력하게 눈물 흘리는 민주노동당이나, 효과적인 반대투쟁과 대안을 조직하는 데 실패한 민주노총을 비롯한 노동계, 이 모두 주체들은 이번 일의 책임으로부터 결코 자유로울 수 없을 것이다.

우리는 이제 노동조합의 역할과 기능, 방향과 목표를 재정립할 필요성을 고민해야 한다. 특히, 개별 사업장 단위의 임금인상과 복지확충에 머무는 노동운동에 대해서는 엄중한 반성이 요구된다. 노동운동의 범위를 산별수준으로, 그리고 국가수준으로 넓혀 나가야 한다. 보편주의 제도적 복지를 중심으로 하는 "사회적 임금 인상"으로 투쟁의 방향을 전환할 필요가 있는 바, 그것이 바로 복지국가 운동이다.

적극적 노동시장 정책의 도입과 보육과 교육, 의료와 주거, 노후 소득보장 등 역동적 복지국가 건설을 위한 사회경제정책의 전 분야로 노동조합의 관심 영역을 확장하고 활동 범위를 넓혀 나가야 한다. 이렇게 될 때 국민들이 노동조합의 사회적 역할과 기능을 인정하게 될 것이다. 노동조합이 사회적 이슈에 관심을 가지고 참여하기 시작할 때 정치권에서도 전국구 의석 하나 정도 던져주면 될, 가벼운 포섭대상이 아니라 국가 운영의 중요한 주체로 인정을 받게 될 것이다. 또 이렇게 할 때만 실질적인 근로조건의 개선을 이루어 낼 수 있다. 노동조합과 노동운동의 정치화, 그 한 가운데에 보편주의 복지국가의 담론과 정책이 놓여 있음을 이해할 필요가 있다.

불평등 해소를 위한 국가행동계획(NAP)을 세우자

문진영 | 복지국가소사이어티 정책위원장, 서강대학교 교수)

2009년 말 한국개발연구원(KDI)의 김희삼 박사는 한 사회의 불평등 구조를 가장 잘 설명할 수 있는 '세대 간 경제적 이동성'에 관한 연구결과를 발표하였는데, 그 결과는 일반인이 가지고 있는 우려가 기우가 아니었음을 입증하고 있다. 즉, 한국사회의 세대 간 경제적 이동성은 국제적 기준으로 보았을 때 아직까지는 비교적 양호한 편으로 볼 수 있겠으나, 앞으로는 세대 간 경제적 이동성이 악화될 가능성이 매우 높다는 것이다.

특히, 지금까지는 한국사회에서 교육을 통해서 '부의 대물림'이 상쇄되어 사회 전반의 불평등 구조를 완화해 왔지만, 이제는 오히려 교육으로 인해 '부의 대물림'이 더욱 심화될 것이라는 진단이다. 이 연구결과에 대해서 2009년 12월 30일자 《중앙일보》는 "개천서 용 날 희망 있다"고 제목을 뽑은 반면에, 같은 날 《경향신문》은 "'개천의 용' 키우던 교육 '부의 대물림' 수단으로"라는 제목의 기사를 실었는데, 같은 사실을 놓고 완전히 상반된 입장을 보이고 있는 것이다.

한국의 불평등 수준이 아직까지는 국제적 기준으로도 양호한 편이라는 것은 다행이나, 문제는 앞으로 예상되는 불평등 추세이다. 김희삼 박사의 분석대로 부모의 소득에 따른 사교육비 지출 능력의 차이가 자녀의 학력 격차로 이어지면서 종국에는 소득 격차의 요인으로 작용하는 구조가 정착된다면, 한국사회는 특유의 활력을 잃고 피폐화되어, 각종 사회문제로 극심한 혼란을 겪게 될 것이다.

이러한 우려는 작년에 발표된 윌킨슨과 피켓(R. Wilkinson and K. Pickett, 2009)의 저서 『The Spirit Level: Why more equal societies almost always do better』에서 잘 드러난다. 학자로서 그리고 행동하는 시민운동가로서 평생을 불평등과 싸워온 저자들은 소득불평등이 그 사회의 전반적인 사회문제를 결정한다고 주장하고 있다. 아래의 〈그림 1〉에서 알 수 있듯이, 소득불평등(Income inequality) 지표(5분위 소득배율)와 보건·사회문제 지수(Index of health and social problems)는 완벽한 정의 상관관계를 보이고 있다. 특히, 스웨덴과 노르웨이 등 북유럽 복지국가들과는 정반대로, 잘못된 신자유주의 정책으로 인하여 불평등 구조가 고착화된 영국이나 미국과 같은 사회에서 심각한 사회문제를 경험하고 있다는 것을 알 수 있다.

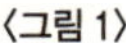

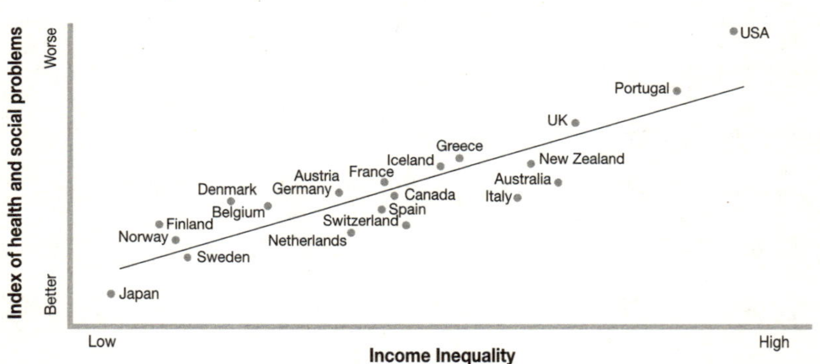

자료: Wilkinson and Pickett(2009: 20).

여기에서 보건·사회문제 지수는 사회의 신뢰도, 정신건강, 기대수명과 영아사망률, 비만, 아동 교육성취도, 십대 임신, 살인, 수감률, 사회이동성 등의 지표로 구성되었는데(Wilkinson and Pickett, 2009: 19), 이들 각각의 사회문제 지표들도 소득불평등 정도와 정확하게 일치하고 있다. 즉, 불평등한 사회일수록 사회 전체의 신뢰도가 낮고, 정신적인 문제를 가진 사람이 많으며, 교육성취도가 떨어지고, 건강하지 못하며, 각종 범죄에 더 많이 노출되어 있다는 것을 알 수 있다.

특히, 사회적 이동성(Social mobility)은 소득불평등과 관련하여 매우 중요한 개념이다. 다음의 그림 2에서 보는 바와 같이, 한 국가의 사회적 이동성이 높을수록 사회 전반의 소득불평등이 낮다는 것이다. 비교적 평등한 사회구조를 가지고 있는 북유럽의 사회민주주의 국가들인 노르웨이, 스웨덴, 덴마크, 핀란드의 사회이동성이 신자유주의 국가인 영국과 미국의 사회적 이동성보다 훨씬 높다는 것을 알 수 있다.

〈그림 2〉

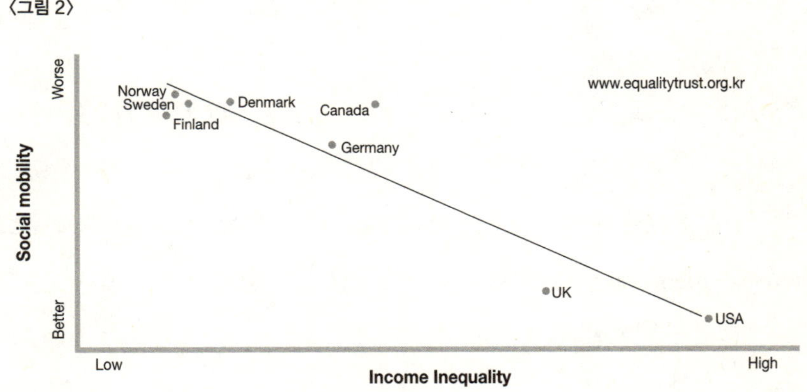

이러한 사실은 우리에게 한 나라의 불평등 수준이 수많은 다른 사회적 문제들의 원인이 된다는 것을 잘 보여준다. 즉, 소득불평등 정도가 일정 수준의 임계점을 넘으면, 신자유주의의 주도국인 미국과 영국 사회가 경험하고 있는 각종 사회문제가 폭발적으로 증가할 가능성이 높다. 따라서 소득 관련 사회적 배제, 특히 소득불평등이 다른 사회적 배제를 생성하고 재생산하는 구조의 핵심인자라고 할 수 있기 때문에, 이를 낮은 수준에서 유지할 수 있도록 사회제도를 정비하는 국가행동계획(National Action Plan)이 시급하다는 점을 강조하고자 한다.

대학 졸업식장에서 바라보는 청년실업 대책

홍보위원회

2월은 졸업의 계절이다. 어린이집과 유치원에서부터 초·중·고등학교와 대학들의 졸업식이 연일 이어지고 있다. 그중에서도 대학 졸업식은 사회로 나간다는 의미를 지니기에 지금까지의 다른 졸업식과 사뭇 다르다. 또한 이 졸업은 학부모에게도 학비 부담으로 부터의 해방을 의미하기 때문에 그 감회가 남다를 것이다. 그러나 실제로 대학 졸업식장에 들어선 졸업생과 학부모의 마음은 대부분 가볍지가 않다. 가장 큰 이유는 취업 문제로 졸업 이후의 진로가 불분명하기 때문이다.

OECD의 실업률 보고서에 따르면, 2009년 11월 OECD의 실업률 평균은 8.8%이며, 일본은 5.2%, 독일은 7.6%, 캐나다는 8.5%, 영국은 7.9% 수준이었으며, 미국과 유럽의 평균은 모두 10.0% 수준이었다(2010년 1월, OECD, Unemployment rates). 2007년 OECD의 평균 실업률이 5.8%, 2008년은 평균 6.1%였던 것에 비하면 2009년의 8.8%는 매우 높은 수치이다.

그러나 같은 시기에 한국의 실업률은 3.2% 수준으로 이들 국가들에 비하면 아주 낮은 것으로 집계되었다(2009년 11월, OECD). 당시 통계청에서 발표한 우리나라의 공식 실업자 수도 1년 전인 2008년 11월보다 6만9,000명 정도만 늘어난 81만9,000명에 불과하였다.

그러나 여기에는 우리나라 실업 통계의 맹점이 존재하고 있다. 즉, 한국의 실업 통계에는 경제활동인구로 분류되지 않는 취업준비자(56만1,000명)와 구직단념자(15만6,000명), 취업할 생각이나 계획이 없이 그냥 '쉬었음'이라고 응답하는 인구(145만4,000명), 그리고 현재 일은 하고 있지만 제대로 된 직장을 갖지 못한 불완전 취업자(주당 18시간 미만 취업자, 92만 명) 등이 제외되어 있는 것이다. 이들을 모두 포함할 경우 그 수는 391만 명으로, 국민 10명 가운데 1명은 '사실상 실업자'인 것으로 나타났다(통계청, 연간 고용동향, 2010). 즉, 우리나라의 실업률이 체감 실업률과 다른 것은 통계 기준의 차이 때문이다.

실업률 대신, 고용상황을 정확히 보여주는 지표인 고용률을 보면 이러한 사실은 명확해진다. 즉, 지난해 4/4분기의 경우 우리나라의 청년(15~24세) 고용률은 23.8%로 네덜란드(69.2%)의 1/3 수준이며, 경제협력개발기구(OECD) 주요국 가운데 최하위권이었다(LG경제연구원, 2010). 통계상의 실업률이 우리보다 높은 미국도 청년 고용률은 51.2%였고, 일본의 청년 고용률은 41.4%로 우리나라보다 훨씬 높은 수준이었다.

지난해 경기불황에 따른 취업난 속에 현재까지 대졸자 3명 중 1명 정도가 취업에 성공했다는 조사결과가 나와 있다. 최근 지난해 졸업자 993명을 대상으로 취업 현황을 조사한 자료에 따르면, 청년들의 35.2%가 취업에 성공한 것으로 나타나, 지난해 같은 조사의 취업률 46.2%보다 11% 포인트나 낮아졌음을 보여주었다(취업포털 커리어, 2010. 2). 또 취업에 성공한 사람들에 대한 조사에서는 입사지원서를 제출한 횟수가 평균 34회이었고, 50회 이상 지원한 경우도 20.2%나 되었다.

상황이 이렇게 심각하므로 일자리 창출 500만개를 외치고 출범한 이명박 정부도 "일자리가 최고의 복지다"라는 구호를 외치며, 연일 청년 일자리 대책을 발표하고 있다. 정부는 지난해 연말 조기예산심의를 촉구하면서, 올해 3조5,843억 원의 예산을 상반기에 집중 투자하여 공공부문에서만 57만8,000개의 일자리를 만든다고 발표하였다. 물론 이러한 대책은 올해에 특별히 발표된 대책이 아니다. 지난해에도 비슷한 시기에 이와 유사한 의지를 표명하면서 청년인턴사업 실시 등 여러 가지 대책을 발표하였지만, 그 실질적 효과는 피부로 느낄 수 없었다. 이 때문에 지금까지 현 정부가 발표한 일자리 숫자만 합쳐도 우리나라 전체 근로자의 숫자보다 더 많다는 우스갯소리가 있을 지경이다.

올해 2월부터는 대통령이 직접 주재하는 '국가고용전략회의'를 개최하여 정부의 역량을 일자리 창출에 집중하겠다고 발표하였다. 여기에는 기획재정부와 교육과학기술부, 법무부, 행정안전부, 지식경제부, 보건복지가족부, 노동부, 여성부 등 각 부(部) 장관들과 금융위원장, 공정거래위원장, 국무총리실장, 중소기업청장 등이 참석하고, 여당인 한나라당의 정책위의장과 한국은행 총재, 대통령 자문기구인 국민경제자문회의와 청와대 정책실장, 대통령 경제특보, 미래기획위원장, 국정기획수석, 사회수석, 교육과학문화수석 등이 망라되어 있다.

'국가고용전략회의' 이후 윤증현 장관은 경제 5단체장들을 찾아가 현 정부 출범 이후 기업투자 환경 개선을 위해 추진한 출자총액제한제도 폐지, 포이즌 필(poison pill) 도입, 법인세 인하와 각종 기업 관련 규제완화 등 현 정부의 친기업적인 정책들에 대해 설명하고 일자리 창출을 위한 기업의 적극적 역할을 당부하였으나, 이에 대한 기업들의 표정은 냉소적이다. 실제로 국가고용전략회의의 실질적인 지원체계를 담은 조직도를 살펴보면, 이 회의에서 추진할 주요 정책 방향들이 효과가 있을 것 같아 보이지도 않는다.

우선, 고용 및 사회안전망 T/F에서는 노동시장의 유연안전성 제고 및 구조개선을 통해 유연근로제라는 파트타임 일자리를 많이 만들고 해고를 용이하게 하는 것을 주요 과제로 발표하였다. 두 번째, 실물경제 T/F에서는 의료민영화를 포함한 서비스산업 선진화를 통해 고용을 창출하고 영리법인 병원 등에 민간기업의 투자를 활성화하는 것을 주요 정책으로 추진한다고 되어 있다. 세 번째, 교육 및 인력 양성 T/F에서는 7,000여 개의 민간 고용중개기관에서 중계한 근로자가 6개월 이상 취업할 경우 이 기관에 15만원의 인센티브와 자문비 5만원을 지급하도록 하여 일자리를 알선할 수 있도록 유인하는 것을 주요 내용으로 하고 있다.

그런데 이러한 정책들은 이미 정책 방향이 실효성을 담보하기 어려울 것으로 보인다. 우선 예산의 규모 차원에서 40조원의 예산이 투입되는 4대강 개발 등과 비교하면 형편없는 수준이다. 국가의 실질적인 의지는 대통령의 입에서 드러나는 것이 아니다. 국가의 진심은 예산으로 나타난다. 이런 차원에서 생각해 볼 때, 배정된 예산이 작다는 것은 그 사업에 대한 국가의 진정한 해결 의지가 낮다는 것을 의미한다. 또 하나는 회의 체계의 문제이다. 사실 국가고용전략회의는 수십 개의 정부부처가 테스크포스 형태로 특정한 과제를 해결하기 위해 모이는 임시조직이다. 이런 성격 때문에 가동되기 전부터 수행하는 업무의 방향이 일자리 창출에 기여하기는 어렵고, 이를 통해 끌어낼 수 있는 성과에도 한계가 있을 것으로 보는 관측이 일반적이다.

따라서 여기에 참석하는 공무원들도 처음부터 실질적인 실업자 400만 명은 외면하고, 2010년의 고용 목표를 예측치인 20만 명 내외에서 25+α로 약 5만 명을 증가시키는 것으로 설정하고 있다. 고용률도 현재의 58.5%에서 58.7%로 0.2% 상향 조정하며, 실업률은 3.6%에서 3%대 초반으로 설정하여 목표 달성이 용이하도록 평가 기준을 낮추는 등 정책 실패를 하지 않기 위한 다양한 사전

포석을 깔고 있다.

우리 복지국가소사이어티는 그동안 적극적 고용시장 정책의 도입과 실업부조 제도의 도입, 비정규직에 대한 4대 보험의 적용이 필요하다는 것을 이미 여러 차례 주장하였다. 그리고 건강보험 급여 확대를 통해 보건의료 부분에서 40만 명 수준의 신규 일자리를 창출하고, OECD 수준에 근접한 사회서비스 제공으로 보육과 교육 부분에서 또 다른 40만 명 규모의 일자리를 창출하는 등 사회서비스 일자리 창출로 고용과 복지의 두 마리 토끼를 동시에 잡아야 한다는 것을 이미 논평과 성명을 통해 여러 차례 주장한 바 있다. 젊은이들이 졸업식장에서 환하게 웃을 수 있는 날은 복지국가를 통해서만 이루어질 수 있을 것이다. 학부모들에게도 즐거운 졸업식이 될 수 있는 날을 기대해 본다.

'사회적 일자리'가 가난한 사람들에게 희망이 되려면?

이용재 | 복지국가소사이어티 정책위원, 호서대 사회복지학 교수

사회적 일자리 사업은 일자리 지원과 사회서비스 확충의 두 가지 목적을 가지고 있다. '고용 없는 성장'에 대한 우려가 높아진 상황에서 참여정부는 일자리 창출을 주요한 화두로 내걸고 재정에 의한 일자리 지원 사업을 추진하였고, 우리 경제에서 고용창출이 유력한 산업으로서 사회서비스를 주목하였다. 사회서비스 산업은 정부의 개입이 필요한 영역이며, 우리사회에 사회서비스가 과소공급되고 있다는 점에 대해 공감대가 마련되었다. 최근의 경제상황은 실업 급증을 초래할 가능성이 크지만, 이를 해결할 고용창출 정책이 마땅치 않고, 이들에게 제공할 사회서비스도 충분치 못한 상황이다. 그래서 사회적 일자리 사업을 통한 사회적 기업 활성화가 실효성 있는 정책으로 대두되고 있다.

사회적 일자리는 "사회적으로 유용하지만, 수익성이 낮아 민간 기업이 참여하기 어렵고, 시장에서 충분하게 공급되지 않아 정부가 재정지원을 부담하고, 비영리민간단체가 주도하여 취약계층에게 제공되는 사회적 서비스 분야의 일자리"라고 정의할 수 있다. 2005년에 사회적 일자리 사업이 사회서비스와 연계되면서, 시행 부처가 보건복지부, 노동부뿐만 아니라 교육인적자원부, 여성부 등으로 확대되었다. 예산도 2005년에는 1,460억 원, 2006년에는 전년의 4배인 6,782억 원, 2007년에는 전년의 2배인 1조2,975억 원, 2008년에는 3,000억 원이 늘어난 1조5,749억 원으로 확대되었다. 인원수도 2004년 1만5천 명 수준에서 2008년 22만 명이 넘는 숫자가 이 사업에 참여하였다. 이명박 정부 출범 이후에도 노동부, 보건복지부, 행정안전부, 환경부, 문화부, 교육인적자원부 등 6개 부처와 산림청, 문화재청 등 2개청이 사회적 일자리 사업을 진행하고 있다. 2009년 예산은 1조2,366억 원으로, 12만6천여 명을 지원할 계획을 수립하였다.

수많은 기대에도 불구하고 현재의 사회적 일자리 사업은 여러 문제들을 가지고 있다. 첫째, 사회적 일자리 사업이 여러 부처로 나뉘어져 있고, 일자리의 질 및 내용과 관련된 법 규정도 없이 수행되고 있다. 우선, 사회적 일자리를 총괄하는 법의 부재이다. 개별법에 명시되어 있는 사회서비스 분야가 사회적 일자리의 근거가 되고 있다. 사회적 일자리의 질을 보장하기 위한 법이 부재한 것도 문제이다. 일자리의 질을 높일 수 있는 근로자에 대한 임금과 사회보험 적용, 각종 복지제공 등에 대한 규정이 없어 근로자의 권익보호 등이 매우 미흡할 수밖에 없다. 사회적 일자리의 전략이 없는 것도 문제이다. 사회적 일자리는 법률 체계를 가지고 장기적인 전략이 있는 가운데 추진되고 있지 못하며, 경제상황에 따라 실업자 및 근로빈곤층, 복지수혜자에게 일시적인 일자리와 보수를 제공하는 역할을 수행하고 있을 뿐이고, 이들에게 적절한 기술교육을 통한 안정된 일자리의 제공이라는 장기적인 정책추진이 이루어지지 못하고 있다. 이러한 법률 부재의 문제는 사업의 중복을 초래하고 있다.

둘째, 사회적 일자리가 임시·일용직 일자리를 양산하고 저임금의 악순환을 벗어나지 못하는 근로빈곤층을 양산하고 있다. 취업 취약계층과 근로빈곤층의 일자리 창출과 소득증대보다는 빈곤의 일상화를 가져옴으로써 양질의 일자리로 전환시키는 기능을 하는 데는 실패한 것이다. 사회적 일자리 초기에는 사회서비스 수요의 발굴이라는 설득력을 확보하면서 많은 중앙부처가 개입하는 외형상의 성장을 이루었으나, 근로빈곤층의 현실에 바탕을 둔 빈곤 탈출의 조직적 전략이 부재한 탓에 단기적 인건비 지원을 통한 임시적 일거리 만들기에 그친 것이다. 사회적 일자리 사업의 범주에 들어오기 위해서는 일자리 사업이라는 외형을 가지는 것이 중요하다. 이에 따라 1인당 인건비 지원이라는 형태로 사업을 추진하였지만, 일자리 사업 형태는 정책목표의 달성에 장애요인이 되었다. 일자리의 양 목표는 예산투입량에 의해 결정되므로 쉽게 달성되었지만 일자리의 질 목표 달성은 어려워진 것이다. 단기적으로 좋은 일자리도 만들고 일자리 수도 많이 만드는 것은 양립하기 어려운 목표였으며, 결과적으로 일자리의 질이 아니라 양을 선택했고, 그로 인해 일자리의 질 측면에서 끊임없이 비판에 노출되고 있는 것이다. 실제로 사회적 일자리는 저임금일 뿐만 아니라 고용의 지속성과 안정성 측면에서도 매우 불안정한 상황이다. 근로시간이 주 40시간을 채우지 못해 실질소득이 월 기준 최저임금 이하로 떨어지는 경우가 속출하고 있다.

셋째, 사회적 일자리 사업을 통해 제공되는 사회서비스 품질 개선이 이루어지지 않고 있다. 사회서비스 영역 중에서 취약계층 투입이 용이한 사업들은 대부분 전문적인 숙련이 없어도 간단한 훈련을 거치면 진입 가능한 사회적 돌봄 영역이다. 사회적 일자리 사업의 목표가 미숙련 인력의 일자리 창출도 포함하고 있어서, 시행과정에서 이들의 진입을 허용 또는 촉진하였다. 결과적으로 숙련되지 않거나 숙련될 가능성이 낮은 사람들이 서비스를 전달함에 따라 양질의 서비스를 기대하기 어려워졌다. 낮은 임금수준도 서비스 품질의 개선을 어렵게 한다. 낮은 임금이 제시됨에 따라 이들 영역은 늘 필요한 전문 인력의 부족에 시달리고 있다. 전문 인력은 더 높은 임금을 제시해야 들어올 터인데, 이러한 전문 인력에게 높은 임금을 주지 못하도록 인건비 관리가 이루어지는 게 일반적이다. 서비스 품질에 대한 사업추진 부처의 체계적인 평가가 이루어지지 않는 것도 문제이다. 개별 부처에서 전달되는 서비스의 품질에 대한 모니터링을 체계화하고 강화하지 않는 이유 중의 하나는 사업목표가 서비스와 일자리로 분산되었고, 전체적인 기조에서 일자리 창출이라는 목표가 강조되었기 때문이다.

이러한 문제에도 불구하고 사회적 일자리 사업은 취약계층에게 일자리를 제공하고, 부족한 사회서비스의 확충을 가져올 수 있는 가장 확실한 대안의 하나임에 분명하다. 미약하지만 이미 그 역할을 어느 정도 수행하고 있는 것도 사실이다. 이는 우리 경제에 긍정적 영향을 일부 미치고 있다. 향후 다음과 같이, 제기된 현재의 문제점들을 적절히 극복해 나간다면 서민들에게 삶의 기반을 제공하고, 시민사회의 역량을 강화함으로써 우리사회의 성장을 위한 초석이 될 것이다.

첫째, 사회적 일자리 사업의 무리한 두 미리 토끼 쫓기는 제고되어야 한다. 취약계층의 노동통합과 사회서비스의 제공이라는 별개의 사회적 목적을 한꺼번에 추구하는 과도한 목표에 대한 비판은 이미 사업 초기부터 있어 왔다. 예컨대, 차상위계층 등 취약한 근로빈곤층을 대상으로 하는 자활사업의 최종목표는 시장진입을 통한 자활공동체 창업으로 집중되었는데, 지난 수년 간 이러한 목표가 무리한 설정이라는 비판이 끊임없이 제기되었다. 대다수의 조건부 수급권자는 최저생계비 이하 계층 가운데서도 취업할 여건을 갖추지 못한 가장 열악한 계층이라는 점에서, 사회서비스의 시장 진입보다는 노동의욕 유지를 위한 보호된 시장에서의 노동이 바람직하다는 것이다. 한편, 노동통합과 사회서비스 제공의 두 가지 목적을 동시에 달성할 수 있는 사업도 충분히 있을 수는 있다. 이런 사업의 경우에는 보다 시장경쟁력을 확보할 수 있도록 지원해야 하지만,

이것이 구조적으로 어려운 경우에는 보다 장기적인 안목으로 지원해야 한다. 특히, 노동활동에 참여하는 것 자체에 의의가 있는 취약계층의 경우 지원을 중단해서는 안 될 것이다.

둘째, 사회적 일자리 사업을 일관되게 체계적으로 추진할 수 있는 법적, 행정적 기반 마련이 필요하다. 사회적 일자리를 통합 관리할 수 있는 법과 행정체계를 구축함으로서 여러 부처로 분산되어 추진되고 있는 일자리 사업이 중복 없이 추진될 수 있도록 해야 한다. 법 규정을 통해 참여 근로자에 대한 임금과 사회보험 적용, 각종 복지제공 등에 대한 규정을 제안함으로써 일자리의 질이 확보될 수 있도록 해야 한다. 사회적 일자리 참여 근로자에 대한 처우개선은 전문인력의 참여를 촉진하게 됨으로써 사회서비스 개선을 통한 시장경쟁력 확보를 가져올 수 있을 것이다.

셋째, 사회서비스의 품질을 개선해야 한다. 사회서비스의 품질을 높이지 않고서는 더 이상 사회서비스의 확대를 도모할 수 없기 때문이다. 서비스 품질을 제고하기 위해서는 기존의 일자리 사업 방식으로는 한계가 있을 수밖에 없다. 취약계층을 고용해야 하고, 이들을 위한 일자리를 창출해야 한다는 정책목표는 서비스의 품질을 높이는 데는 장애물로 작용한다. 서비스 품질을 제고하기 위해서는 서비스를 잘 공급할 수 있는 사람을 채용해야 한다. 전문 인력의 채용을 위해서는 인건비 지원방식의 개선이 필요하다. 품질을 보증하려면 필요한 숙련인력에 걸 맞는 임금을 지불할 수 있어야 한다. 그런데 사회적 일자리 사업의 인건비 책정은 저소득층의 일자리 사업 성격에 따라 낮게 책정되는 경향이 있다. 또한, 1인당 얼마의 형태로 엄격하게 집행되어서 개인당 숙련도나 성과를 반영하기 어려운 구조였다. 따라서 소비자 평가의 환류라는 전제 하에 인건비의 유연한 적용이 허용될 필요가 있다.

현재 노동부의 사회적 일자리 사업 및 복지부의 자활근로사업을 포함하여 사회서비스 일자리 사업은 적극적 노동시장정책의 일부로서의 순수 일자리 창출 사업과는 무관하게 운영되고 있다. 사실상 우리나라에서는 본래적 의미의 일자리 창출사업이 추진된 바 없다. 이제라도 시작할 필요가 있다. 재정에 의한 일자리 창출사업은 구직자, 특히 저소득 취약계층 구직자를 위한 '통합적인 고용지원서비스'라는 폭넓은 맥락 속에 이루어져야 한다.

취업이 어려운 저소득 구직자에게 지금처럼 목표와 수단이 뒤섞인 '사회적' 더하기 '일자리 사업'이 아니라, '통합적인 고용지원서비스'가 필요하다. 그리고 직접적인 일자리 창출은 통합적 고용지원서비스 내의 하나의 수단이다. 고용지원서비스를 받고자 하는 취약계층은 고용지원센터를 통해 자신에게 필요한 고용서비스를 제공받을 수 있어야 하며, 그것은 연중 어느 때나 가능해야 한다.

이러한 통합적 고용지원서비스의 제공은 지역사회와 긴밀히 연계하여 진행하여야 한다. 그 근거는 우선 지역 차원의 다양한 서비스 산업을 통한 일자리 창출의 잠재력이다. 사회서비스 고용지원에서 지역사회가 중요한 이유는 다음과 같다. 첫째, 일반 재화와 달리 서비스의 경우, 생산과 소비가 동시에 이루어지는 특징을 갖기 때문에 지역 내에서 생산과 소비가 이루어질 수밖에 없다. 둘째, 인력에 대한 교육 및 훈련이 이루어지는 곳이 지역이기 때문이다. 셋째, 가장 취약한 집단에게 서비스가 제공되는 곳이 지역이기 때문이다. 이처럼 사회적 일자리 창출과 지역 차원의 고용정책은 매우 긴밀히 연계되어 있다.

사회서비스 강화가 정치사회적으로 긴요한 때다

진보신당의 사회서비스 정책 제안에 주목하며

홍보위원회

지난 3월 31일 국회에서는 진보신당 주관으로 사회서비스에 대한 대안 토론회가 열렸다. 여기서 진보신당은 최근 급속하게 늘어나고 있는 민간 사회서비스의 문제점을 지적하면서 사회적으로 제공되는 총 사회서비스의 50% 이상을 공공이 책임져야 한다는 목표를 제시하였다. 지역별로 '고용 복지센터'를 설립해 공공책임 50%의 목적을 달성할 수 있다는 것이다. 또한 조승수 의원실에서는 이를 뒷받침하기 위해 사회서비스 사업법 개정 및 사회서비스 종사자 처우에 관한 특별법 제정 등을 추진할 것을 발표하였다.

보건복지가족부 자료에 따르면 산모신생아 도우미, 지역사회서비스 투자사업, 활동보조인사업, 장애아 재활치료 사업 등 정부에 의해 시행되는 주요 4개 사업의 사회서비스 일자리 수준은 매우 열악한 것으로 나타났다. 종사자들의 월평균 임금이 49만~78만원에 불과하고, 사회보험 가입률도 장애아동 재활치료는 37.5%, 지역사회서비스 투자사업은 5.5%에 지나지 않는다. 즉, 대부분의 사회서비스 사업들이 기간제 근로자나 시간제로 고용된 일용직과 비정규직들에 의해 이뤄지고 있다는 것이다. 또한, 사회서비스 제공기관 중 30% 이상이 영리기관이며, 국공립기관에 의해 직접 제공되는 사회서비스는 전혀 없는 실정이다.

최근 노인요양보호, 장애인 활동 보조, 산모신생아 도우미 등 사회서비스 영역이 급속하게 증가하는 것은 대부분 참여정부 시기에 입법되었거나 도입된 정책들이 서서히 확대되기 시작했기 때문이다. 그런데 이 정책들은 기획 당시부터 민간부분에서 제공하는 것을 기본으로 설계되었고, 그 태생적 한계가 이제 가시화되기 시작한 것이다. 엎친 데 덮친 격으로 현 정부가 이러한 문제를 해결하기는커녕 오히려 이 상황을 질 낮은 일자리 창출의 방책으로 활용하면서 이 사업들은 "정부에 의한 여성 비정규직 일자리 양성사업"으로 전락해 버렸다.

진보신당은 이러한 문제점의 해결 방안으로 현재 전무한 공공부문에 의한 사회서비스 공급을 50%로 확대할 것을 제안하였다. 그리고 이를 실현하기 위해 우선 "지역 고용복지센터"를 신설하여 이 기관이 시·군·구의 사회서비스 종합계획을 수립·시행하는 방안을 제시하였다. "지역 고용복지센터"는 공공과 민간에서 제공되는 사회서비스를 효과적으로 관리감독하고 지역사회의 상황에 맞게 배분하는 역할을 맡게 될 것이라고 진보신당은 설명하고 있다.

진보신당은 동시에 사회서비스 종사자들을 위한 사회복지사업법 개정과 사회서비스 기본법 제정 등을 추진할 것이라고 밝혔다. 이를 위해 현재와 같은 불합리한 비정규직 일자리가 아니라 정규직 일자리가 확대되어야 하며, 제공자들의 노동조건 보장과 이용자에 대한 교육도 필요하다고 제안하였다.

우리 복지국가소사이어티는 진보신당이 제안한 사회서비스 정책의 개혁 방향과 원칙에 적극 공감한다. 우리 국민의 생활이 어려운 중요한 원인 중의 하나가 국가로부터 제공받아야 할 기본적인 사회서비스가 대부분 개인이나 가족의 부담과 책임으로 전가되어 있기 때문이다. 하루속히 이러한 현실을 극복하는 것이 우리사회가 보다 진보하는 길이다. 사실, 지방정부의 가장 중요한 역할 중 하나가 주민들의 생활에 필요한 사회서비스의 제공인데, 이것이 잘 안 되고 있는 것이다.

우리나라 보건의료·사회복지서비스 종사자의 비중은 3.6%에 불과해 미국(12.5%), 영국(12.4%), 독일(11.7%), 일본(9.4%) 등에 비해 1/3 수준(기획재정부, 2010)에 머물러 있는 등 종사자 숫자도 경제 규모 및 경제 수준에 비하여 터무니없이 낮은 상태이다. 선진국의 지방공무원들은 대다수 인원들이 책상에 앉아 펜대를 굴리기보다는 현장을 다니며 사회서비스를 제공하는 인력들이다.

미약한 수준에 머물고 있는 우리나라의 사회서비스 부문이 제대로 자리를 잡는다면, 이는 서비스 이용자들과 가족들에게 도움을 주는 것뿐만 아니라 고용창출과 내수의 진작, 자영업자 구조조정 등을 통해 우리나라 경제와 산업의 문제를 해결하는 데 상당히 기여하게 될 것이다. 복지국가소사이어티는 사회서비스에 대한 진보신당의 문제제기를 계기로 앞으로 사회서비스 분야에 대한 국민적 관심이 확대되기를 바란다. 국민적 관심과 참여 없는 복지국가는 불가능하기 때문이다.

무상급식, 장애인연금, 그리고 보편주의

유동철 | 복지국가소사이어티 정책위원, 동의대 사회복지학 교수

다가오는 6.2지방선거에서 진보와 보수를 구분 짓는 명확한 정책적 전선이 형성되었다. 바로 무상급식이다. 무상급식이 우리사회의 핵심적 논쟁거리로 부상하는 것을 지켜보는 사회복지학도의 마음은 기쁘기 그지없다. 반면, 무상급식 논쟁을 사회복지의 보편성 논쟁으로 제대로 키워내지 못하는 우리의 준비부족이 안타깝기도 하다. 보편주의와 선별주의 논쟁은 사회복지학에서는 매우 오래되고 친숙한 내용이다. 보편주의가 시민권에 기반을 둔 입장이라면 선별주의는 시장 중심의 시혜적 조치를 옹호하는 입장이다. 학자들마다 편차가 있긴 하지만 보편주의 입장이 사회복지학도들의 기본적 시각이라고 말할 수 있다.

이번 6.2지방선거에서 보편적 복지에 대한 논쟁은 주로 무상급식을 둘러싸고 진행되고 있지만, 큰 관심이 주어지지 않는 또 다른 작은 공간에서 보편주의 논쟁이 진행되고 있다. 바로 장애인연금이다. 기초장애연금을 둘러싼 논의의 출발을 거슬러 올라가면 고 최옥란 열사의 죽음에 가 닿는다. 국민기초생활보장 수급자였던 최옥란 열사는 급여액이 장애인 가구의 특성을 반영하지 못해 결국 최저생계를 보장해주지 못한다고 주장하며, 명동성당에서 농성을 벌이는 한편, 이렇게 설계된 제도가 헌법상의 행복추구권과 평등권을 침해한다며 헌법재판소에 위헌확인 소송을 제기했다. 이 운동의 과정에서 최옥란 열사는 2002년 3월 자살을 기도했으며, 끝내 심장마비로 사망하기에 이른다.

이 사건은 2002년 9월 '장애인 연금법 제정 공동대책위원회' 출범의 계기가 되었으며, 대책위원회는 같은 해 대선 당시 노무현 후보와 이회창 후보로부터 무기여 장애연금을 도입하겠다는 공약을 얻어내는 성과를 거두었다. 그러나 대통령에 당선된 고 노무현 전 대통령은 장애수당을 대폭 확대하는 방식으로 공

약을 대신하였다. 17대 총선에서도 각 정당들이 앞 다투어 장애인연금의 도입을 공약했지만 무위에 거치고 말았다. 이명박 대통령도 마찬가지로 장애인연금의 도입을 약속했고 이어진 18대 총선에서도 통합민주당, 한나라당, 자유선진당, 민주노동당, 친박연대 등 5개 정당이 총선공약으로 장애인연금의 도입을 약속했다.

통상적으로 장애인을 위한 소득보장제도는 하나의 제도보다는 다층의 안전망으로 운영되는 경우가 많다. 1차적으로는 사회보험제도, 즉 기여에 근거한 제도(국민연금 내 장애연금), 2차적으로는 국민연금 가입 이전에 장애가 발생하거나 장애연금 수급요건이 되지 않는 경우를 포괄하는 무기여 방식의 기초장애연금 혹은 장애부조, 마지막으로 일반 공공부조제도가 그것이다. 기초장애연금은 이 중에서 장애인을 위한 2차 소득보장 안전망에 해당된다. 이는 근로능력이 없거나 장애로 인해 소득이 상실된 장애인에 대해 소득보전 급여를 제공하는 것을 주요 목적으로 한다.

현재, 국민연금을 비롯한 공적연금제도에 가입되어 있는 장애인은 추정 장애인의 37.5%에 불과하며, 국민연금제도의 장애연금을 수급하고 있는 장애인은 약 7만2천명으로 18세 이상 등록장애인의 3.3%에 불과하다. 이와 같이 공적연금의 사각지대에 머물고 있는 장애인들에게 기초장애연금을 도입함으로써 적절한 소득을 제공할 수 있는 토대가 마련되었다는 점에서 장애인연금의 의의가 있다. 그런데 다가오는 7월부터 시행될 장애인연금은 기초장애연금의 이러한 의미를 매우 심각하게 훼손하고 있다.

먼저, 급여대상자 측면에서 살펴보자. 장애계의 요구에 의해 마련된 박은수

의원의 법률안은 장애인연금의 수급대상자로 소득인정액이 하위 70% 이하에 있는 18세 이상의 장애인으로 규정했다. 그러나 향후 실시될 장애인연금은 수급대상자를 18세 이상의 1급, 2급, 3급 중복장애인으로 제한하고 있으며 소득과 재산이 일정 금액(단독가구 50만원, 부부가구 80만원 예정) 이하인 자로 규정하고 있다. 장애계의 안에 의하면, 장애인연금의 급여대상은 소득인정액 하위 70%인 18세 이상의 장애인이면 누구나 해당된다. 그 급여대상자의 수는 136만 명이며, 전체 장애인의 약 60%가 장애인연금을 받게 된다. 그러나 정부안은 중증장애인으로 한정하고 있어 급여대상자의 수는 32만5,556명으로 전체 장애인의 약 14%만이 장애인연금의 급여대상인 것이다.

정부안에 따르면, 등록장애인을 224만 명(2008년 기준)이라고 할 때, 무려 192만 명(86%)의 장애인이, 즉 장애인 10명 중 8명 이상이 장애인연금 대상에서 제외되는 결과를 초래한다. 여기에 소득과 재산 기준을 적용하고 신규대상자는 장애등급 재심사를 받아야 한다는 조항까지 있으므로 실제 급여대상자는 더 줄어들 것으로 전망된다. 이는 노인 10명 중 7명이 기초노령연금을 받고 있는 것과 비교하면, 노인보다 소득수준이 더 열악하며 노동시장에 접근조차 하기 어려운 대다수 장애인을 외면하는 것이라 하지 않을 수 없다. 장애인연금은 국민연금의 사각지대에 있는 장애인을 대상으로 소득보장의 틀을 넓혀 나간다는 데 가장 큰 의의가 있다. 그런데 급여대상자가 너무 제한적이 됨으로써 그 의의를 제대로 살려나가지 못하게 되었다. 보편적 복지의 기본적 원칙을 훼손하고 있는 것이다.

다음으로 급여수준의 문제를 살펴보자. 장애계의 요구에 의해 발의되었던 박은수 의원의 법률안에 따르면, 장애인연금의 급여수준은 최저임금 월 환산액의 1/4 이상에 해당하는 금액으로 지급한다고 정했다. 법안에 첨부된 비용추계서에 따르면, 중증장애인 1인당 월 25만원 수준에서 연금이 지급될 것으로 예상되었다. 그런데 앞으로 시행될 장애인연금은 기초급여(소득보전의 성격)와 부가급여(추가지출비용 보전의 성격)로 나누고, 기초급여로 월평균소득의 5%인 9만1천원을 지급하고, 부가급여로 수급자에게는 6만원을, 차상위계층에게는 5만원을 지급한다. 기존의 장애수당과 급여의 수준에서 거의 차이가 없다. 급여수준에서 본다면, 장애수당에 장애인연금이라는 색만 덧칠한 꼴이 되어 버렸다.

2008년 장애인 실태조사 결과, 중증장애인의 추가비용이 20만8천원으로 나타났다. 따라서 장애인연금의 부가급여가 추가비용에 대한 보전의 성격을 띠는 것이라면 부가급여액은 20만8천원이 되어야 한다. 그런데 부가급여액이 터무니없이 낮게 책정됨으로써 장애인연금의 성격도 모호하게 만들고, 장애인들의 전면적인 반발을 불러일으키게 되었다. 또 하나의 문제는 기초급여의 수준이다.

기초노령연금이 도입된 배경에는 국민연금의 급여율 인하를 보전하는 의미가 있었다. 2028년까지 국민연금 법정급여율을 60%에서 40%로 낮추는 대신 기초노령연금을 5%에서 10%까지 올리자는 것이었다. 가입자 입장에서는 국민연금을 내주고 기초노령연금을 받은 셈이다. 이때 국민연금 급여율의 인하 방식은 법에 구체적으로 명시되었으나, 기초노령연금 급여율의 인상 방식은 2008년 1월부터 국회에 설치될 연금개선위원회에서 정하기로 했다. 그런데 아직까지 연금개선위원회는 설치조차 되지 않았다. 그래서 국민연금 급여율은 매년 인하되고 있는 데 반해, 기초노령연금 급여율은 인상되지 못한 채 아직도 여전히 5%이다. 애초의 취지대로 기초노령연금이 연 0.25% 포인트씩 올랐다면 2010년의 급여율은 5%가 아니라 5.75%여야 한다. 금액으로 월 9만원이 아니라 10만3천원이다. 따라서 기초급여 수준의 향상을 뒷받침할 수 있는 토대를 하루 속히 마련할 필요가 있다.

장애인연금이 기초노령연금과 함께 기초연금의 현실적 토대를 만들었다는 점에서 그 의의는 매우 크다. 그러나 장애계의 반발을 고려하면, 앞으로의 항로는 매우 험난해 보인다. 그런데 사실상 그 험난함을 해쳐나갈 해답은 의외로 간단하다. 장애인연금의 도입 취지에 맞게 국민연금의 사각지대에 존재하는 많은 수의 장애인을 급여대상으로 설정하고, 소득보전의 역할을 할 수 있을 정도의 급여수준을 책정하면 될 것이다. 그러나 정부의 입장은 매우 견고해 보인다. 재원부족 때문임은 누구나 알 수 있다. 또한, 재원부족의 이유를 4대강 사업 때문으로 지목하지 않을 수 없다. 이에 대한 답은 결국 정부의 몫이다. 결자해지의 입장에서 적극적으로 풀지 않으면 장애인연금은 앞으로도 좌충우돌할 수밖에 없을 것인 바, 이 문제에서 가장 중요한 해법의 원칙은 '보편주의'임을 명심할 필요가 있다.

‘노동문제’와 역동적 복지국가론(上)

‘자본주의적 노동소외 극복’을 위한 역동적 복지국가의 비전

최병천 | 복지국가소사이어티 정책위원

자본주의가 출현하고 다당제 민주주의를 도입한 이후 정치의 발생적 본질은 ‘갈등의 사회화’라고 할 수 있다. 계급적 갈등, 성적, 인종적, 지역적 갈등을 사회·정치적으로 드러내는 것이 정치의 출발점이다. 그렇다면, 정치의 사명적 본질은 무엇일까? 그것은 바로 ‘한 차원 높은 사회통합’이다. 누군가를 억압하는 권위적 방식이 아닌, 갈등을 수렴하는 민주적 과정을 통해 그 사회는 ‘실질적’ 통합으로 나아갈 수 있다.

다시, ‘노동문제’의 정치적 중요성

1990년대 중반 이후 제기된 탈(脫)산업사회론과 지식기반사회론 등에 크게 동의하는 바가 있지만, 그럼에도 불구하고 한국사회의 ‘핵심 갈등’을 꼽으라면, 그것은 여전히 ‘노동문제’임이 명백하다. 이러한 노동문제는 비정규직의 확산, 심각한 임금격차, 구조적 고용불안, 소득불안 등의 형태로 서민들 다수의 삶을 옥죄는 핵심적인 의제가 되고 있다.

다만 노동문제에 있어 과거와 현재의 차이가 있다면, 1980년대 이후에는 그것이 파업, 민주노조 건설 등으로 ‘조직화된’ 양상을 보였다면, 지금은 노동조합운동의 구조적 어려움으로 인해 자살율의 증대, 빈곤층의 확산 등 ‘비조직적’ 양상으로 표출되고 있다는 점만 다를 뿐이다. 그렇기 때문에 ‘노동문제’에 대한 진지한 분석과 해법은 여전히 정치집단과 사회운동 집단이 고민하고 대답해야 할 핵심적인 화두임에 분명하다.

역동적 복지국가론은 '노동문제'의 대안일 수 있는가?

2010년 6.2지방선거는 한국정치 및 선거의 역사에서 매우 중요한 작은 사건이었다. 그것은 무상급식이라는 정책을 매개로 사상 최초로 '선별적(=잔여적) 복지'와 '보편적 복지'에 대한 논쟁이 대중적으로 전개되었기 때문이다. 이후 '복지국가론'에 대한 대중적 관심이 고조되고 있음은 물론이다.

복지국가소사이어티는 2007년 7월 『복지국가혁명』 출간과 함께 창립된 이후 꾸준히 한국사회의 비전으로 '역동적 복지국가론'을 주창해온 바 있다. 그러나 역동적 복지국가론에 대한 대중적 이해는 아직 그리 높은 수준이라고 할 수 없다.

특히나 보편적 복지국가를 구현하고 있는 스웨덴 등의 북유럽 국가에서는 노동운동이 자신들의 정치적 과제로 이를 제기하고 구현했지만, 한국의 노동운동 세력은 '복지국가'를 건설하기 위한 적극적인 실천이 매우 부족할 뿐만 아니라 심지어 이에 관한 이해와 공감의 수준 역시도 상대적으로 낮아 보인다.

이에 우리는 자본주의 사회에서 노동소외의 구조적 본질이 무엇인지 살펴보고, 이러한 고찰에 기반을 두어 역동적 복지국가는 한국사회의 노동문제에 대해 어떻게 대안이 될 수 있는지 검토해 볼 필요가 있다.

자본주의 사회에서 '노동소외'의 구조적 본질
– 마르크스의 강제노동론

자본주의 사회가 출현한 이후, '노동문제'를 가장 심도 있게 분석한 사람은 단연 마르크스라고 할 수 있다. 마르크스는 평생에 걸친 방대한 문헌을 통해 노동문제를 핵심적인 화두로 탐구했다.

토지에 평생 속박되어 있던 봉건제적 농노는 자본주의가 진행되면서 거주 이전의 자유, 신체의 자유 등을 포함한 신분해방과 법률적 해방을 맞이하게 된다. 이제 노동자는 특정한 작업장에 평생 속박되지 않아도 되는 '그만둘 자유'(=작업장 단위 강제노동의 금지)를 얻게 되었다.

그럼에도 불구하고, 마르크스는 자본주의적 노동은 본질적으로 '강제노동'이라고 단언한다. 왜냐하면, 자본주의적 임금노동은 본질적으로 '자신의 의지로 이뤄지는 노동'이 아니라 '타인을 위한 노동'이기 때문이다. 여기서 타인은 물론 '자본가'다. 마르크스 자신의 표현에 의하면, 노동자는 일할 때 고통 받고, 일하지 않을 때 오히려 행복해한다. 이것은 자본주의적 노동이 '타인을 위한 노동'(=소외된 노동)이라는 명백한 사회학적 증거인 셈이다.

즉, 자본주의적 노동은 '타인(=자본가)의 명령에 복종하는' 노동이 이뤄진다는 점에서 본질적으로 강제노동이며, 봉건제적 농노가 평생 '토지'에 속박되어 있었다면 자본제적 노동자는 평생 '임금'에 속박되어 있다는 점에서 마르크스는 노동자를 '임금노예'라고 표현한 것이다.

실제로 마르크스의 주저 『자본』의 서술구조는 상품 → 화폐 → 자본의 순서로 전개되는데, 상품 및 화폐와 구분되는 '자본' 개념의 핵심 특징은 바로 작업장 공간에서 '노동력의 구매'가 이뤄지는 시점이다.[6]

정리하면, 마르크스에게 강제노동론 = 임금노예론 = 노동소외론 = 자본관계론은 같은 말의 다른 표현이었던 셈이다.

6 마르크스는 이를 상품관계, 화폐관계와 구분되는 '자본관계'라는 개념으로 표현한다.

노동소외 극복을 위한 마르크스의 '재발견'
– '생존수단'의 박탈

그렇다면, 자본주의적 노동소외의 구조적 본질을 극복할 수 있는 방법이란 무엇인가? 이것은 동시에 오늘날 노동운동의 입장에서 '노동문제의 해결'을 위한 이념적·전략적 비전이 무엇인지에 관한 문제와도 직결되는 질문이다.

이에 대한 전통적인 마르크스주의자들의 대답은 국유화 등으로 특징되는 '생산수단의 사회화'였다. 그러나 알다시피 국유화와 중앙집중계획경제를 실시하던 소련식 사회주의는 몰락했고, 당장 우리의 대안이 될 수 없음이 명백하게 드러났다.

이에 우리는 북유럽 복지국가 모델이 추구했던 것처럼, 민주주의적 방법과 다수 대중의 정치적 합의에 기반을 둬서 자본주의적 노동소외의 구조적 본질을 극복할 수 있는 방법을 찾아야 한다. 그리고 우리는 그 해법의 실마리를 '생존수단의 박탈'이라는 마르크스의 또 다른 핵심개념을 주목하는 것을 통해 찾을 수 있다.

요컨대, 봉건제적 농노가 자본제적 노동자로 전환된 '구조적 원인'을 우리가 제대로 분석할 수 있다면, 그 본질적 구조를 해체 및 이완시키는 사회정치적 운동은 그 자체로 속성상 노동소외의 극복과정일 수밖에 없게 된다.

이에 대해 결론부터 말하면, 마르크스에게 있어 봉건제적 농노가 자본제적 노동자로 전환되기 위해서는 필요조건 + 충분조건이 동시에 필요했다. 도식화의 위험을 무릅쓰고 정리해보면, 그것은 '생산수단의 박탈'과 '생존수단의 박탈'이었다. 이에 대한 마르크스 자신의 표현을 살펴보자.[7]

"화폐와 상품은 '생산수단'과 '생활수단'이 그러하듯이 결코 처음부터 자본인 것은 아니다. 이것들은 '자본으로의 전환'을 필요로 한다. 그러나 이 전환 자체는 일정한 사정 하에서만 가능한데 (중략). 한편에서는 자기가 소유하고 있는 가치액을 증가시키기 위하여 타인의 노동력을 구매하려고 갈망하는 화폐와 '생산수단'과 '생활수단'의 소유자와, 다른 한편에서는 자기 자신의 노동력의 판매자인 자유로운 노동자가 서로 대립하고 접촉하지 않으면 안 된다는 사정이 바로 그것이다"(『자본 1』, p.898 ~p.899).

"그리하여 생산자를 임금노동자로 전환시키는 역사적 과정은 한편으로는 농노적 예속과 길드의 강제로부터 그들이 해방되는 것으로 나타나는데, 우리의 부르주아 역사가들은 이 측면만을 중요하게 생각한다. 그러나 다른 한편으로, 이 새로 해방된 사람들은 그들의 모든 '생산수단을 박탈당하고' 또 종래의 봉건제도가 제공하던 일체의 '생존수단을 박탈당한 후에야' 비로소 그들 자신을 판매할 수 있게 되는데, 이 수탈의 역사는 피와 불의 문자로써 인류의 연대기에 기록될 것이다"(『자본 1』, p.899~p.900).

위에 인용된 마르크스의 주장은 몇 가지 이론적 함의를 갖고 있는데 첫째, 화폐와 상품은 '아직' 자본이 아니라는 의미를 갖고 있다(화폐 및 상품≠자본). 둘째, 임금노동자가 탄생하는 근본적 구조는 노동자가 '생산수단의 박탈'과 함께 '생존수단의 박탈'을 당했기 때문이라는 것이다. 셋째, 만일 어떤 사회가 생존수단 또는 생존수단 둘 중의 하나를 '사회화'하고 있다면, 그 사회는 자본주의적

7 이하 인용한 『자본』은 김수행 역, 비봉출판사 1998년판이다. 강조는 모두 '인용자'가 했으며, '생존수단'이라는 표현은 때때로 '생활수단'이라는 표현과 혼용되는데, 번역 그대로 표기한다.

노동소외가 '절반 정도'는 해체된 사회라고 할 수 있다는 점이다.

경제학의 한 파트인 노동경제학에서는 자본이 노동을 길들이는 핵심 규율장치를 '실업규율'로 규정하고 있다. 이러한 노동경제학의 결론은 사실 위에서 인용한 마르크스의 문제의식과 매우 유사하다. 노동경제학에서 주장하는 '실업규율'이 노동자에게 규율로 작동하는 까닭을 생각해보면, 그것은 결국 노동자 자신과 가족에 대한 '생명에 대한 위협' 때문이다.

복잡하게 이론적으로 생각할 필요도 없이 자본주의 사회에서 노동자가 강제노동을 수용하는 핵심 이유는 '먹고살기 위해서'(=혹은 죽지 않기 위해서)이다. 노동자는 속된 표현으로 '더럽고 아니 꼬아도' 노동자는 '자발적으로' 회사의 명령에 '복종'할 수밖에 없는 것이다.

그러나 민주주의와 시장경제를 기본적으로 수용하면서도, '보편적 복지국가'를 통해 돈이 있는 사람이건, 없는 사람이건 인간으로 살면서 꼭 필요한 '필수적 생존수단'(=필수재화)에 해당하는 것들, 예컨대 보육, 의료, 교육, 주택, 노후보장, 실업급여 등에 대한 높은 수준의 복지서비스가 제공된다면, 그 사회는 노동자의 삶에 질곡으로 작용하는 자본주의적 강제구조가 '절반 이상은' 해소된 사회라고 할 수 있다.

역동적 복지국가론이 '노동소외 극복'을 위한 대안인 이유

지구상에서 현존하는 나라 중에서 가장 높은 수준의 복지국가를 만들어낸 스웨덴 사민당의 경우, 일찍이 '노동소외의 근본적 해결'을 위한 민주주의적 전략을 3단계로 정식화한 바 있다. 정치적 민주주의 → 사회적 민주주의 → 경제적 민주주의가 바로 그것이다.

여기서 정치적 민주주의란 보통선거권 등을 핵심으로 하는 노동자와 서민의 정치권 권리를 제도화하는 것이며, 사회적 민주주의란 보편적 복지국가를 통해 노동자들 및 서민들의 '삶의 안정'을 추구하는 것을 의미하며, 경제적 민주주의란 작업장 단위에서 '의사결정의 민주화'를 의미한다.[8]

물론, 실제로 유럽 및 스웨덴의 역사에서 이러한 과정은 50년~100년 정도 걸리는 대단히 장기적인 과정이었다. 그러면서도 '단계별 전략'을 분명히 하고 있다.

그러나 심지어 '압축사회'로 특징되는 한국의 경우조차도 '정치적 민주주의' 만 놓고 보아도 5.16 군사쿠데타가 있었던 1961년부터 김대중-노무현의 집권과 2004년 총선을 통해 최초로 민주파가 행정부와 입법부를 장악한 것을 기준점으로 본다면, 약 40년의 세월이 걸린 것이다.

유럽의 노동운동은 왜 '생존수단의 사회화'(=복지국가)를 먼저 이룩했을까?

우리는 위의 논의에서 마르크스 이론의 재발견을 통해 자본주의적 노동소외의 구조적 본질을 '생산수단의 박탈'과 '생존수단의 박탈'이라는 개념을 통해 살펴봤다. 그리고 그것을 필요조건과 충분조건의 관계로 정리한 바 있다.

그러나 여기서 한 가지 의문이 생긴다. 왜 유럽의 사민주의 운동과 유럽의 노동운동은 '생산수단의 사회화'(=기업 내 의사결정의 민주화)를 먼저 이룩하지 않고, '생존수단의 사회화'(=사회적 민주주의)를 먼저 실현했을까?

8 법인자본주의 단계인 현대사회에서 생산수단(=주식)은 이미 수십, 수백만 명이 참여하는 형태로 '사회화'되어 있다. 그렇다면, 생산수단의 사회화는 현대적 의미에서 '의사결정의 민주화', 즉 사회적으로 '정의로운' 기업지배구조를 만드는 문제와 같은 맥락을 갖게 된다.

그것은 생각해보면 자명하다. 노동계층의 압도적 다수와 서민대중의 압도적 다수에게 생산수단의 사회화(=기업 내 의사결정 민주화)라는 과제보다 '생존수단의 사회화'(=복지국가)가 훨씬 더 긴급할 뿐만 아니라 절박했던 문제이기 때문이다.

좌편향으로 경도된 자칭 마르크스주의자들이 생산수단의 사회화, 혹은 국유화를 주장해봤자 노동대중과 서민대중에게 그것은 공감도가 낮았다. 반면, 보육, 교육, 의료, 주거, 노후, 실업문제 등에 대한 구조적 불안에 대해 노동자와 서민대중은 훨씬 더 긴급하고 절박했던 문제로 인식했던 것이다. 다시 말해, 마치 촛불시위 과정에서 대중의 집단지성이 소위 운동권을 제압했던 것처럼, 유럽의 노동계층과 서민대중의 '집단지성'은 자신들의 절박한 문제를 복지국가 건설이라는 형태로 대중적 정치행위(=선거)를 통해 요구하고 표현했던 것이다.

그렇다면, 이러한 유럽의 사례가 한국의 노동운동과 진보정당에 주는 교훈은 명백하다. 한국의 노동운동과 진보정당은 '역동적 복지국가 건설'을 최소한 약 10년~30년 정도의 시야를 갖고 자신들의 정치적·이념적 비전으로 채택해야 한다.

그리고 '보편적 복지국가'의 가치에 동의하는 모든 정치세력과 사회운동세력을 광범위하게 묶어내면서, 복지동맹을 실천할 수 있는 정치적 결사체를 새롭게 만들어야 한다(=역동적 복지국가를 위한 진보대통합 정치세력).

그것은 유럽 민주주의 100년의 역사가 오늘날 한국사회에 주는 실천적 교훈임과 동시에 양극화와 각종 사회적 불안으로 고통 받고 있는 노동대중과 서민대중에게 진보적 정치집단 및 사회운동 집단이 취해야 할 역사적 책무이기 때문이다.

‘노동문제’와 역동적 복지국가론(下)

‘노동운동 위기 극복’과 ‘연대’를 위한 역동적 복지국가의 비전

최병천 | 복지국가소사이어티 정책위원

노동문제 해결의 일차적 주체는 노동운동 자신일 수밖에 없다. 실제로 한국의 노동운동은 87년 학생과 재야가 주도한 6월 항쟁 이후, 소위 87년 7,8,9월 노동자 대투쟁이라는 과정을 통해 ‘작업장’ 수준에서 생활수준의 민주화에 큰 기여를 했다.

민주노조 건설과 임금인상을 주요 요구사항으로 내걸었던 당시의 노동운동은 노동자 전체의 임금인상을 ‘견인’하며, 다수 노동자들의 광범위한 지지를 받았다. 그러나 대기업-중소기업의 격차 확대, 비정규직의 확대 등이 이루어지는 전반적인 사회경제적 양극화 상황에 효과적으로 대처하지 못하면서 한국의 노동운동은 좀처럼 헤어 나오지 못하는 위기에 봉착해 있다.

한국 노동운동 위기의 본질 - 3차원적 ‘고립’

오늘날 한국 노동운동 위기의 원인은 무엇인가? 이에 대한 진단과 해법은 다양한 차원에서 가능할 수 있다. 그러나 노동운동 위기의 본질을 한마디로 정의한다면, 필자는 그것은 바로 ‘고립’이라고 생각한다. 특히나 한국의 노동운동은 현재 3차원적으로 고립되어 있다.

첫째, 정치적으로 고립되어 있다. 진보정당들이 존재함에도 불구하고 정치적 영향력은 매우 협소한 수준이다. 이러한 정치적 고립을 타개할 수 있는 획기적 방안을 강구해야 한다.

둘째, 국민적으로 고립되어 있다. 한국의 경우 ‘노동시장’에 편입되어 있지 않은 전업주부, 자영업자, 어르신의 규모가 약 1,600만 명을 넘는다. 임금노동자 1,500만 명보다 많을 정도이다. 한국의 노동운동은 이들 ‘비(非)노동 계층’으로부터 고립되어 있다.

셋째, 노동계급 내부에서 고립되어 있다. 한국의 노동조합 운동에서 '조직된' 조합원들은 대체로 대기업+남성+정규직이다. 이러한 이유로 인해 노동운동은 중소기업, 여성, 비정규직 노동자로부터도 고립되어 있다.

한국 노동운동의 위기 극복을 위한 전략적 방향 - '연대'

그렇다면 이러한 고립을 탈피할 수 있는 방법은 무엇인가? 그것을 한마디로 정리하면, 고립의 반대 개념인 '연대' 이다. 위에서 지적한 3차원적 고립을 극복하는 방법은 한국의 노동운동이 △정치적 연대 △국민과의 연대, 즉 비(非)노동계층과의 연대 △노동계급 내부의 연대, 즉 중소기업, 여성, 비정규직 노동자와의 연대를 할 수 있는지에 관한 질문으로 환원된다.

물론 한국의 노동운동은 연대를 중시하는 전통을 갖고 있다. 그동안 한국 노동운동의 전통적인 연대 방식은 '투쟁을 통한 연대'였다. 소위 말하는 '연대투쟁'이 바로 그것이다. 특정 사업장에서 투쟁이 벌어지는 경우, 높은 수준의 결의에 입각하여 집회 참여와 연대파업 동참 등의 방법으로 이러한 연대투쟁이 이루어졌다. 그러나 이러한 '투쟁을 통한 연대'는 근본적 한계를 내포하고 있다.

첫째, 연대대상에 있어 투쟁이 벌어진 경우에 결합하는 '매우 제한적'인 연대일 수밖에 없으며, 둘째, 투쟁이 터진 이후에 결합한다는 측면에서 '수동적' 행위일 수밖에 없으며, 셋째, 참여 범위에 있어 높은 수준의 결의를 요구한다는 바로 그 이유 때문에 광범위한 대중적 참여를 이끌어 낼 수 없다. 선각자 노선일 수는 있어도, 대중노선은 될 수 없다.

노동운동의 '연대 전략' - 역동적 복지국가론이 왜 대안인가?

정치적 연대–비(非)노동계층을 포괄하는 국민적 연대-노동계급 내부의 연대를 실현할 수 있는 방법은 사실 정당정치에 기반을 둔 전국적 단위의 정치행위를 통해서만 가능하다. 이미 노동조합 운동을 뛰어넘는 과제일 수밖에 없다. 바로 그렇기 때문에 다시 중요한 것은 노동운동의 이념적 좌표와 혹은 정치–전략적 비전을 무엇으로 삼을지에 관한 문제이다.

'역동적 복지국가론'이라는 국가모델은 이러한 노동운동의 전략적 좌표임과 동시에 한발 더 나아가서 자본주의 사회에서 현존하는 노동운동이 성취한 가장 높은 수준의 '연대전략'이라고 할 수 있다. 그리고 왜 역동적 복지국가론이 노동운동의 비전이 될 수 있는지, 우리는 '복지국가 모델'의 유형별 비교를 통해 보다 선명하게 이해할 수 있다.

이를 위해 본 글에서는 '연대'라는 키워드를 중심으로, △미국식 복지국가 모델(=자유주의적 복지국가) △독일식 복지국가 모델(=조합주의적 복지국가) △영국 노동당식 복지국가 모델(=사회투자국가론=제3의 길) △스웨덴식 북유럽 사민주의 복지국가 모델(=역동적 복지국가론)을 상호 비교해 보기로 한다.

미국식(=잔여주의적) 복지국가론의 핵심 특징
- '부자에게 세금을, 서민에게 복지를'

첫째, 미국식 복지국가 모델이다. 흔히 자유주의 모델이라고 불린다. 이번 2010년 지방선거에서 선별적 복지(=시혜적=잔여적 복지)라고 불린 복지모델의 기본 원형이라고 할 수 있다.

미국식 복지국가 모델의 특징을 잘 설명한 구호는 아이러니하게도 한때 민주노동당의 내걸었던 구호인 '부자에게 세금을, 서민에게 복지를'이라는 구호이다.

편의상 유권자 계층을 부유층-중산층-서민층으로 구분한다면, 미국식 복지국가 모델의 큰 특징은 조세부담은 부유층과 중산층이 부담하고 복지 혜택은 잔여적 대상인 서민층에 집중시키는 것이다. 중산층의 입장에서 돈은 자신들이 내고, 복지혜택은 유색인종을 중심으로 하는 서민층이 받게 되는 구조이다.

복지국가 건설을 위한 정치적 주체형성의 관점에서 볼 때, 이러한 잔여적 복지구조는 필연적으로 중산층과 서민층의 '계급분열'을 조장하게 된다. 중산층은 복지동맹에 결합할 유인(誘引)이 없을 뿐만 아니라 심지어 부유층과 함께 '반(反)복지 정치동맹'에 결합할 유인을 갖게 된다. 미국의 의료보험 개혁이 100년 가까운 세월을 소모하고도 오바마 정부에서 아주 불철저하게 진행되었던 이유 역시 이러한 구조에서 기인한다.

독일식 복지국가론(=조합주의 복지국가론)의 핵심 약점
-노동과 비(非)노동의 분열

둘째, 독일식 복지국가 모델이다. 독일식 모델은 학계에서 조합주의 모델 또는 보수주의 모델로 불린다. 여기서 보수주의 모델이라고 불리는 이유는 사회적 시장경제를 모토로 하는 독일 기민당이 주도했으며, '가장(家長)인 남성 노동자'를 복지제도 설계의 기본 축으로 가정하고 있기 때문이다.

독일식 복지국가 모델은 고용과 연계된 이전지출(=현금급여) 방식으로 이뤄진다. 현재 한국의 복지구조 역시도 대기업 고용 여부가 중요한 관건인데, 독일식 모델 역시도 고용과의 연계가 중요하다는 점에서 한국과 유사한 논리구조와 한계를 갖게 된다.

그렇기 때문에 고용과의 연계성이 강한 독일의 복지구조는 사업장 단위별로 복지 수준의 차별이 존재할 뿐만 아니라 비(非)노동계층에 해당하는 사람들인 주부, 이주노동자, 장애인, 퇴직노동자들의 경우 상대적으로 복지 혜택에서 소외되는 문제가 발생한다. 즉, 노동 내부뿐만 아니라 노동과 비(非)노동의 분열과 갈등이 발생하게 된다.

물론 경제적인 현상으로는 고용 중심 복지로 인해 노동자들이 고용안정에 대한 애착이 강해지기 때문에 단위사업장 차원에서 '고용 경직성'에 높아지는 경제적 비효율도 초래하게 된다. 이러한 사회경제적 딜레마가 현재 독일식 복지국가 모델이 갖고 있는 핵심 약점이자 동시에 독일 진보파가 극복해야 할 핵심 과제임은 물론이다.

영국 노동당식 복지국가론(=사회투자국가론)의 핵심 약점
–'잔여적' 복지동맹

셋째, 영국 노동당식 복지국가론이다. 사회투자국가론(=제3의 길)은 김대중-노무현 정부 10년 동안 가장 유행했던 담론이었기에 이 모델을 살펴보는 것은 특히나 한국의 담론지형에서 실천적 중요성을 갖는다. 지면관계상 본 글에서는 사회투자국가론의 핵심적인 논리 구조와 실천적 귀결을 논하는 것에 한정하고자 한다.

사회투자국가론의 가장 큰 특징은 '사회투자적' 측면을 가장 중요하게 강조한다는 것이다. 이 지점은 사회투자국가론의 장점이자 동시에 근본적 한계이다. 이들에게는 복지정책도 사회투자 정책의 '하위 수단'일 뿐이다. 이러한 복지와 투자를 논리적으로 매개하는 고리가 바로 인적자본(=교육투자)의 중요성에 대한 강조이다. 그렇기에 인적자본과 긴밀한 연계가 있는 보육, 교육, 적극적 노동시장 정책에 대해서는 매우 적극적이다.

또한, 사회투자적 요인의 강조 차원에서 복지(welfare)개념의 해체를 시도하는 근로연계복지(work-fare) 개념의 등장, 개인책임의 강조, 노동시장 유연성의 수용, 기업 감세 정책 등을 병행하게 된다.

복지정책의 '생산적-투자적' 성격을 강조하는 것 자체가 나쁜 것은 아니다. 문제는 그것이 과도하다는 점이다. 북유럽 복지국가들에서 잘 제도화된 '보편적 사회서비스'가 취약한 상태에서 사회투자적 요인에 대한 편향적 강조는 몇 가지의 문제점을 필연적으로 수반하게 된다.

우리의 관심사인 '연대'의 관점에서 볼 때 첫째, 노동과 비(非)노동계층의 연대를 취약하게 만든다. 둘째, 구조조정 과정에 직면하게 되는 노동자는 복지혜택에서 소외될 가능성이 많다. 그 이유는 이러한 복지구조는 필연적으로 경쟁열위자(競爭劣位者)에게는 불리하고 경쟁우위자(競爭優位者)에게는 유리한 구조를 갖게 되기 때문이다. 계층적으로 본다면, 중산층에 유리한 복지구조를 갖게 되는 셈이다. 결국 중산층과 서민층의 복지동맹은 실패하게 된다.

이것은 사회투자국가론이 인적자본 중심 복지철학과 '실업규율'을 강조하는 자유주의적 노동철학의 악(惡)조합으로 생겨나는 필연적 귀결이기도 하다. 종합적으로 볼 때, 사회투자국가론은 미국식 복지모델과 독일식 복지 모델이 드러내는 문제점을 부분적으로 해결함과 동시에 부분적으로 동시에 표출하게 된다. 한마디로 '잔여적' 복지동맹이라고 규정할 수 있다.

역동적 복지국가론

– '보편적 복지'를 매개로 계급동맹과 '가장 높은 수준의' 연대 실현

넷째, 스웨덴식 복지국가 모델을 살펴볼 차례이다. 흔히 사민주의적 복지국가 모델이라고 불리기도 하고 역동적 복지국가론의 원형이다. 1990년대 후반 이후 스웨덴 모델의 특징은 한마디로 '유연-안정성 체제'로 요약할 수 있다. 즉, 노동자의 입장에서 볼 때 국민국가 차원에서는 매우 안정적이지만 기업단위 차원에서는 매우 유연한 체계이다.

또한, 이를 가능하게 하는 제도적 3대 축은 △조세에 기반을 둔 사회서비스 중심의 보편적 복지 △기업단위 노동시장 유연성 △적극적 노동시장 정책으로 요약할 수 있다. 이 3가지 제도 축은 상호 보완적 역할을 한다.

경제적 측면에서 본다면, 사회서비스 중심의 보편적 복지 제도가 튼튼하고, 적극적 노동시장 정책이 강력하게 작동하기 때문에 노동자의 입장에서 구조조정을 반대할 이유가 없게 된다. 그리고 지속가능한 역동적 패자부활전이 가능하기에 경제적 역동성이 증대된다.

또한 복지국가 건설을 위한 정치적 주체형성의 관점, 즉 연대의 관점에서 살펴본다면 첫째, 중산층과 서민층의 복지동맹이 이뤄진다. 복지 수혜 대상이 모든 계층을 포괄하기 때문이다. 둘째, 노동계층과 비(非)노동계층의 복지동맹이 실현된다. 독일처럼 고용여부와 연계된 이전지출(=현금급여) 방식이 아니라 고용과 무관한 '복지서비스'(=현물급여) 제공 방식이기 때문이다. 셋째, 대기업과 중소기업을 뛰어넘는 복지동맹이 실현된다.

정리해보면, 스웨덴의 사민주의적 복지국가 모델 혹은 역동적 복지국가 모델은 △중산층과 서민층의 복지동맹 △노동과 비(非)노동의 복지동맹 △대기업과 중소기업의 복지동맹이 이뤄진다는 점에서 복지동맹에 대한 '매우 두터운' 사회·정치적 지지기반을 갖게 된다. 바로 이렇기 때문에 설령 우파가 집권하더라도 스웨덴 모델의 복지가 부분적 합리화는 진행될지언정, 구조적 후퇴를 겪지 않게 되는 것이다.

민주주의 사회에서 가장 높은 수준의 '사회적 연대'를 실현하는 방법
– 선거와 조세

'민주화 이후 민주주의' 담론을 본격적으로 제기한 최장집 교수는 직접 민주주의에 대해 비판적 입장을 견지하고 있다. 최장집 교수에 따르면 '집회와 시위'로 상징되는 직접 민주주의는 참여 비용이 많기 때문에 필연적으로 서민대중의 참여를 어렵게 한다는 것이다. 그래서 직접민주주의에 대한 과도한 강조는 '중산층' 중심의 민주주의로 귀결된다고 갈파한 바 있다.

그렇기 때문에 정당정치를 중심으로 하는 대의제 체제에서 '선거'를 통한 방법이 더 많은 서민대중이 정치의 주인으로 참여하는 방법이라고 주장한다. 마치 '투쟁을 통한 연대' 방식이 선각자 노선일수는 있어도 대중노선이 될 수 없는 것과 같은 이치이다.

그런데 이러한 원리는 '연대'에 있어서도 동일하게 적용된다. 한 사회의 연대 수준을 측정할 수 있는 가장 확실한 지표를 꼽으라면, 그것은 '복지율'과 그에 연동된 '조세율' 수준이라고 단언할 수 있다. '투표행위'가 가장 문턱이 낮기 때문에 가장 많은 서민대중이 참여할 수 있는 정치행위인 것처럼, '세금'은 가장 문턱이 낮기 때문에 가장 많은 서민대중이 참여할 수 있는 연대적 사회행위이다.

그렇기 때문에 그 사회의 조세율(租稅率)은 그 사회의 연대율(連帶率)이라고 단언할 수 있다. 스웨덴을 포함한 북유럽 국가들이 대체로 50%가 넘는 세금을 부담하고 있다는 것은 그 사회의 '연대 수준'이 지구상에서 최고 수준을 성취하고 있음을 보여주는 명백한 징표인 셈이다. 또한 이러한 연대는 구호를 통해 국가에게 요구만 하는 연대가 아니라, 국민 각자가 연대에 동의하고 참여하는 과정을 내포하게 된다. 분명하게 '실천하는' 연대인 셈이다.

'자유인들의 연합체'를 위한 노동운동의 전략적 비전

– 역동적 복지국가론

"각 개인의 자유로운 발전이 만인의 자유로운 발전의 조건이 되는 사회" 개인의 자유가 충분히 보장되면서도 연대의 원리가 높은 수준에서 실현되는 사회를 꿈꾸는 것은 개인과 사회(=공동체)를 함께 고민하는 모든 사회혁명가와 이상주의자들의 오랜 꿈이었다. 그리고 동시에 그것은 자본주의적 강제노동으로부터 고통 받는 당사자 집단인 노동운동의 오랜 꿈이기도 하다.

그러나 그 과정에서 반(半)봉건적 '집단주의' 철학을 그대로 간직한 채, 소련과 북한 같은 곳에서는 사회주의가 실험되기도 하였다. 그러나 그러한 사회가 우리의 대안일 수 없음은 너무나 명백하다. 우리는 민주주의 원리를 전면적으로 수용하고 시장경제가 가진 장점은 살리고 단점은 견제하면서도, 우리들의 오랜 꿈이었던 개인의 자유와 사회적 평등, 그리고 그것을 실현하기 위한 매개 고리로서의 사회연대를 높은 수준에서 성취해야 한다.

그리고 그것이 충분히 실현 가능하다는 것을 스웨덴을 비롯한 북유럽의 복지국가 모델이 잘 보여주고 있다. 이러한 북유럽 복지국가를 실현하는 데 매우 중요한 행위주체가 바로 유럽의 '노동운동' 집단과 스웨덴 사민당이었음은 또한 명백하다.

한국의 적지 않은 학자들은 스웨덴 모델을 '권력자원'으로 환원하는 이론적 편향을 드러내고 있다. 그러나 이러한 주장은 스웨덴 모델이 본격적으로 실천되던 초창기에 스웨덴은 유럽에서 가장 낙후된 산업발전 단계에 있었으며, 노조 조직률도 영국보다 훨씬 낮았던 것을 감안한다면 역사적 '팩트'와 완전히 무관하다.

다시, 중요한 것은 '전략과 이념', 그리고 '정치적 마인드'이다. 민주주의에 대한 높은 수준의 철학적 이해와 시장경제의 장점과 단점에 대한 높은 수준의 이해, 그리고 사회연대를 달성하고자 하는 높은 수준의 전략적 마인드를 갖고 있을 때, 한국의 진보정당과 노동운동은 자신들을 둘러싸고 있는 모든 '객관적 제약조건'을 충분히 감안한 상태에서 뚜벅뚜벅 '자본주의의 제 문제를 극복하는 사회'로 전진할 수 있다.

북유럽의 복지국가 모델은 자본주의적 노동소외를 극복함과 동시에 인류에게 가장 위대한 성취를 선사하고 있다. 개인의 자유, 사회적 평등, 사회적 연대, 그리고 경제성장이 동시에 성취 가능한 목표라는 것을. 아니, 오직 그럴 때만

성취 가능하다는 것을.

우리는 이러한 북유럽 복지국가 모델로부터 더 많은 영감과 교훈을 얻어 우리나라의 실정에 맞는 '토종'형의 역동적 복지국가를 건설해야 한다. 지금 한국 정치가 이것을 요구받고 있다. 이 역사적 정치과정에서 우리나라 노동문제의 해결과 함께 노동운동의 주도적 역할을 기대해본다.

효도의 사회화가 필요하다

복지국가 노인들과 한국 노인들의 서로 다른 휴가

홍보위원회

유난히도 무더운 올해 여름, 동해안과 해운대 등 피서지는 휴가철 피서객들로 넘쳐나고 있다. 그러나 많은 한국의 노인들에게는 여름휴가가 없다. 충분한 소득이 없으니 별도의 휴가라는 것을 생각하기 힘든 실정이다. 한국의 노인들은 휴가 대신 탑골공원에서 시간을 때우거나 며느리 눈치 보이는 집안을 벗어나 소일거리 등산을 떠나는 중이다.

그러나 복지국가의 풍경은 다르다. 유럽 복지국가의 노인들은 휴가철이 되면 동남아를 비롯하여 유럽 각지를 여행하는 경우가 많다. 우리는 스페인, 남부 프랑스, 로마 같은 유명 휴양지의 거리를 채우는 관광객 중에 은퇴한 복지국가의 노인들을 쉽게 만나볼 수 있다.

한국의 노인들은 세계 최고의 고된 노동을 하였던 세대이다. 젊은 시절 주 70시간 이상의 노동으로 이른바 한강의 기적을 이루어낸 분들이다. 힘들게 번 돈으로 자녀들 교육을 시켰고, 집을 마련하였으며, 세계 10위권의 경제대국을 이룬 세대들이다.

그러나 바로 그 세대가 주축이 된 오늘 한국 노인들의 상황은 참혹하다. 우리나라의 65세 이상 노인 인구는 540만 명으로, 이미 전체 인구의 11%에 이른다. 이와 동시에 노인빈곤율도 높아지고 있다. 한국의 노인빈곤율은 45.1%나 되어 OECD 평균의 3.4배 수준이고, 만 60세 이상 노인 가구 중 25% 가량이 '절대빈곤' 상태에 놓여 있다(보건복지부, 전국노인생활실태조사).

노인들의 소득구조도 문제다. 전체 노인소득 중에 근로소득이 차지하는 비율이 40.9%나 되고, 자녀들이 드리는 용돈(29.3%)을 포함한 사적 이전소득이 45%를 차지한다. 반면, 연금이나 국가에서 지급되는 '공적 이전소득'은 9.2%

에 불과하다. 유럽 복지국가의 공적 이전소득 비율은 스웨덴 46.0%, 독일 50.5%, 스페인 60.0% 등으로 나타나는 데 비해 한국 노인들의 소득구조는 자신의 노동과 가족들의 지원에 의존하는 비율이 너무 높은 것이다(장지연, 2008).

선진 복지국가와 대한민국 노인들의 차이는 기본소득을 보장하는 '보편적 국민연금'을 가지고 있는가 여부에 있다. 현재 한국의 노인들은 제대로 된 국민연금이 없기 때문에 자녀들의 눈치를 보며 어렵게 살 수밖에 없다.

이런 상황에서 대안으로 등장한 것이 '기초노령연금'이다. '기초노령연금'은 전체 국민연금 가입자 1,834만 명 중 납부예외자와 지역미납자가 각각 503만 명, 248만 명이고, 국민연금 및 특수연금 미가입자도 1,166만 명이나 되는 등 광범위하게 존재하는 연금 사각지대를 해결하기 위해 지난 참여정부부터 실시되었다.

현행 기초노령연금법은 65세 이상 노인 중 소득수준이 전체 평균의 60% 이하인 노인에게 국민연금 가입자 월평균 소득의 5%인 매달 9만원까지 지급하도록 규정하고 있다. 그러나 월 9만원 수준의 기초노령연금으로 노후 소득보장을 책임질 수는 없다. 월 9만원도 모두가 받는 것이 아니라, 소득 수준에 따라 차등 지급하므로 실제 수령액이 2~3만원인 경우가 많아, 말 그대로 '용돈 수준'에 불과하다.

그런데 최근 기초노령연금의 수급 대상자를 대폭 축소하겠다는 보건복지부의 계획이 공개되었다. 현재 65세 이상 노인의 70% 수준인 기초노령연금의 수급 대상자를 40% 수준으로 줄여 나가겠다는 것이다.

이러한 연금복지 정책의 후퇴는 '복지'보다는 '토목'공사를 앞세우는 현 정부의 기본 경제노선과 관련이 깊다. 이미 우리 정부는 4대강 개발이라는 대규모 토목공사 때문에 국가의 재정 여력을 상당부분 소진한 상태이다. 여기에 엎친 데 덮친 격으로 향후 부자감세의 효과가 구체화되어 앞으로 심각한 수준의 세수위축이 진행될 것이 확정적인 상황이다.

이런 상황에서 정부당국은 힘도 없고 조직도 없는 노인들의 연금복지 혜택을 줄여서라도 재정 손실을 만회하려는 것으로 보인다. 즉 부자감세로 인해 발생하는 재정파탄의 책임을 힘없는 어르신들에게 전가하려는 것이다.

우리 복지국가소사이어티는 소득 수준에 관계없이 해당 연령에 도달한 모든 노인들에게 지급하는 '보편적 지급방식'으로 65세 이상 전 국민에게 국민 평균소득의 35% 수준에서 최저생계비를 보장하고, 여기에 더해 소득비례 연금을 통해 추가로 자신이 기여한 만큼 더 가져가는 방안을 오래 전부터 제안하고 있다.

국민연금 등의 지급을 통한 노인들의 소득보장은 평생을 자녀 교육과 조국의 근대화에 헌신한 노인들에 대한 국가의 보답이기도 하지만, 다음과 같은 사회경제적 효과를 가져 올 수 있다.

첫째, 노인들의 가처분소득의 증가를 통해 직접적으로 내수 진작에 기여할 수 있다. 더 이상 돈을 저축해야 할 이유가 없는 노인들에 대한 기초소득 지원이 부자감세에 비해 훨씬 더 내수 활성화에 기여할 수 있다는 점은 자명하다. 노인들의 소득은 손자·손녀에게 흘러 들어가고 동네 구멍가게와 재래시장의 소비를 활성화시킬 것이다.

둘째, 노인들에 대한 소득보장은 개별 가구의 부모 부양부담을 완화시켜 주고, "효도의 사회화"를 이루어 줄 것이다. 우리나라 일반 중산층 가구의 경우, 한 달에 가구당 평균 20~50만 원 정도의 노인 생활비와 용돈을 부담하고 있는데 이는 적지 않은 가계 부담으로 작용한다. 이 상황에서 국가가 노인 생활비를 부담해 준다면 가장의 월급이 추가로 오르지 않아도 간접적으로 개별 가계의 가처분소득이 늘어나는 효과가 발생한다.

사실, 노인들의 은퇴 후 생활비를 국가가 책임지지 않고 개별 가구에서 효자·효녀들의 책임으로 넘기는 것은 무책임한 것이다. 이러한 개별 가계의 경제적 부담이 부부싸움의 근거가 되고, 현대판 고려장의 원인이 되기도 한다. 그나마 자녀로부터 생활비와 용돈을 받지 못하는 노인들은 상대적 소외감에 시달려야 한다.

셋째, 노인 소득보장은 출산 장려에도 간접적으로 기여할 것이다. 과도한 육아, 보육 관련 비용, 사교육비 부담 등으로 출산을 기피하는 젊은 부부들에게 힘들여 집을 사거나 저축을 하지 않아도 자신들의 노후소득이 보장된다는 확신을 주게 되면, 출산 기피 문제가 상당부분 해소될 수 있을 것이다.

대한민국 경제성장의 주역이었던 우리의 부모님들은 자녀들을 공부시킨다는 기쁨에 밤늦도록 일하면서도 즐거워하던 세대다. 젊은 시절 그 분들의 노력이 헛되지 않았다는 것을 보여주는 방법은 적정 수준의 보편적 기초노령연금을 지급하는 것이고, 이들이 마지막 생애를 국가의 경제발전에 기여하게 하는 방안도 기초노령연금 수급을 통한 경기 활성화에 참여하도록 하는 것이다.

이제는 우리나라의 어르신들도 여름휴가를 즐길 수 있도록 해야 한다. 여름휴가뿐 아니라 평소에도 적정 수준의 소득을 통해 당당하게 생활하실 수 있도록 해야 한다. 우리 복지국가소사이어티는 효도를 더 이상 개인의 책임으로만 돌리지 말고 사회적·제도적으로 보장해야 함을 다시 한 번 강조하고자 한다.

병원 노동자의 근로환경, 정말 열악하다

정백근 | 복지국가소사이어티 정책위원, 경상대학교 교수

병원은 질병을 진단하고 치료하는 곳으로, 여기서 제공되는 의료서비스는 매우 노동집약적이다. 그러므로 병원에서 근무하는 인력은 육체적으로 힘든 경우가 많다. 더군다나 병원에는 밤낮 없이 환자들이 찾아오기 때문에 많은 인력들이 야간에도 근무하고 있으며, 이들의 육체적 부담은 더욱 가중될 수밖에 없다.

뿐만 아니라 병원에 근무하는 인력은 일부를 제외하고는 국가로부터 면허를 받은 전문가들이고 각 직종 간 전문가적 자율성을 지키려는 경향이 강하기 때문에 직종 간의 갈등 수준이 다른 조직들보다 높다. 또한 긴급한 상황들이 언제 발생할지 모르기 때문에 업무 수행 중의 긴장도도 매우 높다.

이러한 병원의 특성은 병원에 근무하는 사람들의 신체적, 정신적 안녕을 끊임없이 위협한다. 이 모두가 병원 노동자들에게 스트레스로 작용하게 되고, 이는 비단 우리나라만의 특수한 상황이라고는 이야기할 수 없다. 그러나 우리나라의 병원 노동자들은 외국의 병원 노동자들보다 여러 가지 이유로 근무환경이 더 열악할 가능성들이 높다. 그 이유를 하나하나 살펴보자.

우선, 병원 노동자들의 수가 너무 적다. 우리나라의 경우 인구 천 명당 병원에 근무하고 있는 사람들의 숫자는 5.2명으로 여타 선진국들보다 심한 경우 1/5, 차이가 작게 나는 경우에도 절반에 불과하다. 특히, 환자를 직접적으로 대하고 가장 많은 시간을 환자와 보내는 간호 인력을 살펴보면, 2008년 현재 인구 천 명당 활동 간호사 수는 우리나라의 경우 4.4명에 불과하다.

경제협력개발기구(OECD) 회원국들 중 우리나라보다 인구 천 명당 간호사 수가 적은 나라는 멕시코와 그리스뿐이다. 이는 스위스의 14.9명에 비하면 1/3이 안 되고, 독일 10.7명, 영국 9.5명, 일본 9.5명의 절반 정도에도 못 미친다. 병

원 근무 인력의 절대적 부족은 이들의 육체적, 정신적 부담을 증가시킬 수밖에 없다.

둘째, 우리나라는 병원과 병상이 지속적으로 증가하고 있다. 그 중 급성기 병상의 지속적 증가는 세계적으로 유래 없는 현상이다. 우리나라의 인구 대비 급성기 병상 수는 2008년 현재 인구 천 명당 5.3개로 다른 외국과 비교해 볼 때 매우 높은 수준이다. 2008년 현재 OECD 회원국들 중 우리나라보다 인구 천 명당 급성기 병상 수가 많은 국가는 오스트리아 독일, 일본 세 나라뿐이다.

하지만 급성기 병상 수의 증가는 의료비 증가와 밀접한 연관성을 가지기 때문에 대부분의 선진국들은 병상증가 억제를 위해 다양한 노력을 기울이고 있다. OECD 자료에 의하면, 1990년부터 2008년까지 OECD 선진국들 중 인구 대비 급성기 병상 수가 지속적으로 증가하고 있는 나라는 우리나라 밖에 없다.

급성기 병상 수의 이러한 증가와 함께 우리나라 병원 노동자들의 숫자도 지속적으로 증가하여 왔다. 그러나 급성기 병상 당 근무 인력의 수는 지속적으로 감소하고 있다. 병원 노동자의 수보다 병상의 수가 더 빨리 증가하였기 때문이다. 이는 병원 노동자의 노동 강도 증가로 이어지며, 병상의 증가와 함께 더 심화될 수밖에 없다.

셋째, 병원 간의 경쟁 격화와 신경영제도의 확산은 병원 노동자들의 근무환경을 더욱 열악하게 만들고 있다. 우리나라의 의료서비스 공급은 주로 민간부문에 의해 이루어지고, 우리나라의 민간의료부문은 이윤을 극대화하려는 경향을 가지고 있다. 특히 1990년대 이후 병원산업에 진출한 재벌들에 의해 이러한 경쟁은 '군비경쟁'이라 일컬어질 정도로 더욱 격화되고 있다.

이 과정에서 신경영 기법의 도입은 공공병원과 민간병원을 가리지 않고 급속히 확산되고 있으며, 이는 무한경쟁의 보건의료체계 하에서 개별 의료기관들이 반드시 수행해야 하는 생존전략으로 자리잡아가고 있다. 신(新)경영 기법 중 대표적인 것의 하나가 성과 및 능력 중심의 신(新)인사제도인데, 이 과정에서 의사들에 대한 성과급 제공은 현행 행위별수가제 하에서 과잉진료를 더욱 심화시키고 국민의료비 증가와 함께 환자 및 환자 보호자들에게 악영향을 준다.

이런 신경영 기법은 협력적으로 진행되어야 할 병원 내부의 업무연계를 경쟁적 관계로 변화시킴으로써 병원 노동자들의 노동조건을 더욱 열악하게 만드는 문제가 있다. 또한, 필수 부서들을 외주용역화 하게 되는데, 이 과정에서 기존 직원들이 해고되고 전반적인 고용의 불안정성이 증가하게 된다. 결국, 우리나라 병원 노동자들은 신경영 기법으로 인한 추가적인 스트레스까지 받게 되는 것이다.

이러한 스트레스들은 병원 노동자의 건강상태를 악화시키고 있다. 2006년 우리나라에서 처음으로 시작된 전국 취업자 근로환경 조사에서는 다양한 영역에 대한 정보를 파악하여 발표하였는데, 이 중에는 업무와 관련된 16가지 건강증상에 대한 호소율을 제시하고 있다. 이 자료에 의하면, 우리나라 취업자들이 가장 많이 호소하고 있는 증상은 근육통으로 전체 취업자의 18.1%가 여기에 해당하였다.

그런데 최근 이루어진 한 연구에 의하면, 우리나라 병원 노동자들 중 근육통 호소율은 간호사 62.1%, 간호사 이외의 병원 노동자는 55.9%에 달하였다. 또한, 병원 노동자들의 절반 이상은 요통, 스트레스, 전신피로를 호소하였는데 비해, 우리나라 전체 취업자들의 해당 증상 호소율은 평균 20%를 넘지 못하였다. 이 외에도 병원 노동자들의 불면증, 불안, 우울과 같은 정신적 증상에 대한 호소율도 전국 취업자 평균에 비하여 적게는 5배, 많게는 10배가 넘는 것으로 밝혀졌다.

특히, 교대근무를 하는 간호사들의 문제는 더욱 심각한데, 의학적으로 위장관 질환, 우울증, 불안증, 수면장애를 가진 사람들에 대해서는 교대근무를 반드시 제한해야 함에도 불구하고 교대제 근무자들의 절반 이상은 위장관 질환 증상을 호소하고 있고 절반 정도는 불안, 수면장애를 호소하였으며, 불안증 호소율도 30%를 넘었다.

치료에 필요한 시설, 장비, 인력, 기술이 집합된 병원이라는 곳에 근무하는 사람들의 건강상태가 이러하다는 것은 분명 문제가 있다. 병원 노동자들의 열악한 근무환경은 이들의 건강상태를 악화시키는 중요한 요인으로 작용할 뿐만 아니라 이들을 소진시킴으로써 안전사고의 발생률을 높이며, 서비스 제공 과정의 오류를 증가시키게 된다. 이는 고스란히 의료서비스의 질 악화로 이어지게 된다.

최근 보건의료산업 노동조합에서는 병원 인력 확충을 매우 중요한 과제로 설정하고 이를 내년부터는 강력하게 관철할 계획을 세우고 있다. 병원 인력의 확충은 병원 노동자들의 근무환경을 개선하는 매우 핵심적인 대책 중의 하나이다. 그러나 밑 빠진 독에 물을 부을 수는 없다. 열악한 근무환경을 이기지 못하고 병원을 떠나가는 노동자들이 지금도 많고, 그 중 간호사의 이직이 사회문제로 된 지는 오래되었다.

결국, 근무환경을 개선하지 않는다면 실질적인 인력 확충은 불가능할 것이다. 병원 노동자들이 만족스럽게 자신의 전문가적 자율성을 발휘하고 환자에게 정성을 다해 병원서비스를 제공할 수 있는 근무환경을 만들어 나가는 것은 병원 인력 확충에서 중요한 과제로 설정되어야 한다. 이런 환경을 만들어가는 것은 환자에게 제공되는 병원서비스의 질을 높임으로써 국민건강 수준을 향상시키는 과정이기도 하다.

국민에게 등급을 주는 나라

유동철 | 복지국가소사이어티 정책위원, 동의대 사회복지학 교수

최근 보건복지부가 운영비를 지원하는 결혼정보 사이트에서 본인의 학력과 소득, 부모의 직업 등에 따라 회원들을 몇 개의 등급으로 나눠 관리해 왔다고 해서 사회적 물의를 빚고 있다. 이 사이트의 등급 기준을 보면, 회원의 부모가 고위 공무원, 대학교수, 의사, 대기업 또는 은행의 임원이면 최고 등급인 에이(A)를 주는 반면, 농업·임업·축산업과 생산직 종사자이면 최하 등급인 지(G)로 평가했다. 부모의 재산도 남성의 경우 20억 원 이상이면 A등급, 5,000만~2억 원은 최하위 등급이다. 결혼 대상자 본인의 학력과 소득에도 등급을 부여했다.

사실 보건복지부가 사람의 몸에 전국적으로 등급을 매기기 시작한 것은 1988년부터다. 소위 장애인등록사업을 본격화하면서 장애인의 몸에 등급을 부여하기 시작한 것이다. 장애인을 15개의 장애유형별로 분류하고 장애유형에 따라 장애가 가장 심한 사람에게는 1급, 그리고 장애가 가장 약한 사람에게는 6급을 부여한다.

그리고 모든 복지 혜택은 장애인으로 등록했는가, 장애등급 몇 급을 부여 받았는가에 의해 결정된다. 활동보조서비스를 받으려면 장애등급 1급이 되어야 하고, 장애연금은 1~3급이 아니면 받을 수가 없다. 장애인 등록을 하지 않으면 이 모든 혜택으로부터 아예 배제된다.

그래서 장애인들은 '나는 1급짜리, 너는 2급짜리' 국민이라고 말한다. 보건복지부는 여기서 한 걸음 더 나아가 장애등급을 전면적으로 재판정하겠다고 한다. 보건복지부는 2007년 4월부터 중증장애수당 신규신청자를 대상으로 장애등급 위탁심사를 진행하였고, 2009년 10월부터는 활동보조서비스를 신규로 신청하는 1급 장애인에 대해 장애등급 위탁심사를 진행하였다. 2010년 1월부터는

신규로 1~3급 장애등록을 신청하는 경우에도 장애등급심사를 받도록 하였고, 지난 4월에는 「장애인복지법」 및 시행규칙 등의 일부개정을 통해 장애등급심사를 국민연금공단이 위탁 운영하도록 법적 근거도 정비하였다.

현재 신규로 장애등록을 하는 경우와 신규로 장애수당, 장애연금, 그리고 활동보조 등의 사회서비스를 신청하는 경우에는 장애등급심사를 반드시 받아야 한다. 활동보조서비스의 경우에는 2년 이상 서비스를 이용한 장애인도 장애등급심사를 받도록 지침이 개정되었으나, 비용과 절차 등의 문제로 아직 실행되고 있지는 않은 상태다. 보건복지부는 내년부터 1~6급 전체 장애인을 대상으로 등급심사를 확대할 계획이라고 밝히고 있다.

사실 장애인들의 몸에 등급을 주는 나라는 우리나라를 제외하고 나면 일본이 유일하다. 그렇지만 일본도 우리나라처럼 이렇게까지 세세하게 등급을 매겨 주진 않는다. 또한 우리나라와 일본을 제외하면, 장애등급에 따라 일률적으로 사회서비스의 수급 자격이 결정되는 나라는 어디에도 없다.

생각해 보라. 활동보조서비스의 수급 기준은 해당 장애인이 혼자 활동할 수 있는 정도를 가지고 판단해야 하며, 장애인연금은 소득 관련 활동을 얼마만큼 할 수 있느냐에 따라 결정되어야 하고, 교육비를 지원하는 것은 교육에 들어가는 비용을 장애인 스스로가 어느 정도 충당할 수 있느냐에 따라 결정되어야 한다. 그런데 이 모든 것들이 의료적, 해부학적 기준에 의한 장애등급으로 결정된다.

그래서 장애인들은 말한다. "우리를 더 이상 1등급, 2등급, 3등급 등으로 나누지 말라. 우리는 이 땅 대한민국의 모든 사람들 사이에서 똑같이 불리고 있는 이름 석 자로 또는 그 사람의 직함으로 불리고 싶습니다"라고 말이다(류흥주-한국뇌병변장애인인권협회 회장).

대부분의 외국에서는 이렇게 한다. 장애인을 등록시키지 않는다. 사회서비스가 필요한 장애인은 해당 서비스를 받기 위해 필요한 조건을 충족시키고 있다는 사실을 원할 때만 입증하면 된다. 그러면 해당 서비스가 제공된다. 이것이 장애인의 주체적 삶을 지원하는 사회의 올바른 모습일 것이다.

예를 들어보자. 미국 켈리포니아주의 지역센터(Regional Center), 호주의 센터링크(Centerlink) 등의 통합적 전달체계모델은 장애인 개인의 욕구와 환경에 기초하여 필요한 서비스를 평가(assessment)하고, 필요한 각종 서비스를 해당 장애인에게 연결하는 개인별 지원 프로그램들이다.

그런데 우리나라는 장애등급이라고 하는 '획일적 의료 기준'과 가구소득 기준으로 장애인에게 필요한 각종 서비스의 수급을 제한하고 있는 것이다. 장애인들을 반강제적으로 등록시키는 것, 그것도 모자라서 사람의 몸에 등급의 낙인을 찍는 것, 이것을 두고 어찌 우리가 장애인에게 사람의 권리(인권)를 제대로 보장하고 있다고 말할 수 있겠는가!

앞으로는 이렇게 해보자. 장애 판정을 행정적 관점이 아니라 인권의 관점에서 접근하도록 하는 것이다. 보행 장애가 있는 장애인의 경우에는 이동권 확보의 관점에서, 일상생활 동작 수행의 제한이 있는 장애인의 경우에는 자립생활의 확보라는 관점에서, 학습과 인지기능의 제한이 있는 장애인의 경우에는 교육권의 확보와 사회적 후견이라는 관점에서 각각 해당 장애를 평가하고 판정해야 한다.

아니, 판정이라기보다 오히려 개별 장애인에게 어떤 서비스가 필요하냐를 중심으로 욕구 판단(평가)을 하자는 것이다. 그래서 결국 장애등급의 획일적 적용보다는 장애인 당사자의 기본권 확보 차원에서 그들이 필요로 하는 각종 사회서비스를 제공받을 수 있도록 하는 새로운 체계로의 전환이 필요하다. 이것이 '장애인 복지와 인권'의 관점에서 우리나라가 복지국가로 가는 올바른 길이다.

역동적 복지국가의

아동 돌봄과 교육

'취업 후 학자금 상환제도'의 왜곡으로 드러난 이명박 정부 교육정책의 한계

홍보위원회

임시국회를 개최하면서까지 관련법을 급히 통과시킨 덕분에 2010년 1학기 신입생부터 '취업 후 학자금 상환제도'가 적용될 수 있게 되었다. 이 과정에서 정부 여당은 그동안 야당이 제시해온 등록금 상한제를 등록금 인상율 상한제의 형태로 수용하는 등 적극적인 양보를 하면서까지 이의 도입을 위해 노력했다.

그러나 대학생 당사자들은 한나라당의 안에 반대하여 국회에서 반대 시위를 하고 있다. 시민사회단체와 진보정당, 그리고 학부모들 역시 자신들이 주장하던 등록금 후불제가 전격적으로 시행되었음에도 불구하고 부정적인 입장을 취하고 있다. 왜 그럴까? 그 이유는 다음과 같다.

첫째, 이 제도가 그 적용대상을 소득 7분위 이하의 저소득층으로 제한하고 있기 때문이다. 이 때문에 대학생 등록금으로 허리가 휘는 다수의 가구가 신청 대상에서 원천적으로 배제되었다. 둘째, 이자가 너무 높다. 5.8%의 금리에 복리이자가 붙는 등 학자금 융자의 금리가 너무 높은 것이다. 셋째, B학점 이상으로 수혜 대상자를 축소하여 초기에 수혜 대상으로 예정되었던 14만 명이 제외되었다. 넷째, 병역 의무를 이행하는 중에도 이자를 계속 내야 하는 불합리가 존재한다. 다섯째, 실제로 80만 명의 대학생이 융자를 받을 경우 이 제도를 통해 정부는 향후 25년 동안 52조원의 이자 수익을 올리게 되는 등 제도의 목적 자체가 왜곡되고 있다.

이러한 맥락에서 우리 복지국가소사이어티는 이번 '취업 후 학자금 상환제도'가 이미 제도의 본래 취지를 크게 상실하였다고 생각한다. 2007년 대통령 선거 과정에서, 이명박 대통령은 우리나라 교육제도의 한계를 극복하는 방안으로 '자율과 경쟁'을 통한 학교 교육의 다양화와 수월성 확보를 정책대안으로 제시하였다. 그 핵심 내용은 다음과 같다.

첫째, 경쟁 촉진과 효율화를 위한 구체적인 방법으로 ①학교장 평가제를 시행하고, 학력 미달 학급의 교사에 대해서는 강제 연수를 시킬 수 있는 책임을 학교장에게 부여하며, ②교장의 문호를 비(非)교원에게도 개방하여 교장 공모제를 도입하고, ③교사평가제도를 전면적으로 시행하며, ④초·중학교에 대한 일제고사를 도입하여 학력 신장을 도모하는 등 평준화 정책의 완화 및 수월성 강화 교육을 추진한다.

둘째, 자율화와 정보 공개를 통한 교육에서의 소비자 선택권 강화라는 철학에 근거하여 ①주요 대학의 신입생 "골라 뽑기"(cream skimming)를 제도화하고, ②입학사정관제도를 도입하는 등 대학입시의 3단계 자율화 정책을 추진하고 ③중앙정부의 보통교육에 대한 재정책임을 지방정부에 전가하며 ④고교다양화 300프로젝트에 따라 마이스터교와 기숙형사립고를 설립한다는 것 등이다. 이와 같은 이명박 정부의 교육정책과 노선은 현재 상당 부분 실시 중이거나 추진 중이다.

한나라당과 이명박 정부가 전통적 지지 세력인 외고 교장협의회 등의 반발에도 불구하고, 자신들의 교육정책을 과감하게 추진하는 이유는 그것이 가장 효율적인 제도라는 나름의 확신이 있기 때문으로 보인다. 즉, 학생들의 경쟁을 촉진하고, 국가의 발전을 보장하기 위해서는 고교서열화를 통해 전 국민을 1등급 특목고 출신, 2등급 자사고 출신, 3등급 일반고 출신, 4등급 실업계 전문고교 출신으로 구분하는 4등급짜리의 새로운 카스트제도를 수립해야 한다고 보는 것이다.

이러한 이명박 정부의 교육정책을 제대로 이해하고 대응하기 위해서는 박세일 한반도선진화재단 이사장에 뿌리를 두고 있으며 이주호 교과부 차관, 곽승준 국무총리실 차관, 정두언 의원 등이 조직적으로 추진하고 있는 한나라당 교육정책의 철학적 근거에 대한 근본적인 문제 제기와 차별화가 필요할 것이다. 교육정책에 대한 이들의 철학은 지난 10년 동안의 평등교육으로 하향평준화가 달성되었고, 이 문제를 해결하기 위해서는 교육의 수월성 확보가 추진되어야 하며, 학생들의 능력에 따른 차이는 인정하되 기회의 균등은 보장되어야 한다는 정도로 요약될 수 있다.

그러나 우리 복지국가소사이어티는 교육에 대한 이와 같은 이명박 정부의 철학과 논리만으로는 진정한 교육 대안을 만들 수 없으며, 궁극적으로 그들이 중요하게 생각하는 경쟁력 문제에 대해서조차 올바른 해결책을 줄 수 없다고 생각한다. 승자독식의 경쟁만능 체계로는 학생들의 창조성과 다양성을 키워 줄 수 없기 때문이다. 이는 결국 한 단계 더 높은 경쟁력을 확보하는 데 결정적 장애물로 작용할 것이다.

이명박 정부 출범 전 대통령직 인수위원회에서 자문위원을 맡았던 서정화 홍익대 교수의 논문 「이명박 정부의 교육개혁 진단 및 시사점」을 보면, 이러한 이명박 교육정책에 대한 여론의 평가를 엿볼 수 있다. '교육행정학 연구'에 실린 이 논문에 따르면, 전국의 초·중·고교 교사, 대학 교수, 연구원, 학부모 등 4,320여명을 대상으로 실시한 설문조사 결과, 현 정부의 교육개혁에 대해 교육주체들이 평가한 점수는 5점 만점에 평균 3점에도 못 미치는 것으로 조사됐다. 다수의 국민들은 현 정부의 교육정책 전반에 대해 '평균 이하'의 점수를 주고 있는 것으로 나타난 것이다.

만약 복지국가의 관점에 따라서 등록금 후불제를 시행한다면, 구체적인 시행 방안은 다음과 같이 달라질 것이다.

첫째, 학자금융자제도는 소득 7분위 이하의 중하위 소득계층만을 대상으로 하는 선별적 복지가 아니라, 모든 대학생들과 학부모들이 수혜대상이 될 수 있는 보편적인 복지제도로 시행되어야 한다. 이를 통해 취약계층뿐만 아니라 과도한 등록금을 부담스러워 하는 다수의 중산층도 수혜를 받게 되면, 가계의 실질적인 가처분소득 증가가 실현되어, 결국 내수 진작 효과를 노릴 수 있게 된다.

둘째, 등록금 후불제는 국민들의 교육 욕구를 담보로 하는 국가의 돈놀이 수단이 아니라, 국가가 미래의 성장 동력인 고급 인재 육성을 위한 투자를 목적으로 해야 한다. 즉, 단리 2%대의 국고채 금리 수준으로 이자를 낮추어 대학생들의 원리금 상환 부담을 덜어 주어야 한다.

셋째, B학점 이상으로 수혜 대상자를 조정하는 방침은 대학의 학점제도 정비 등과 연동하여 단계적으로 도입되어야 한다.

넷째, 융자의 금액도 대학교 등록금에 한정하지 말고, 제대로 공부에 전념할 수 있도록 생활비와 교재비용까지도 지원하는 수준으로 확대되어야 한다.

다섯째, 국민의 의무를 다하기 위해 병역의 의무를 이행하는 중에는 이자 납입을 면제해 주는 등으로 제도 시행에 따른 행정적인 불합리는 개선되어야 한다.

여섯째, 학생 1인당 교수 숫자와 실험실습 장비 등 대학의 교육 여건에 대한 평가 인증을 강화하여, 등록금 후불제가 무분별한 사학의 돈벌이 수단으로 전용되는 것을 방지하여야 한다.

자율과 경쟁을 통한 학교 교육의 다양화와 수월성 확보는 글로벌 경제가 보편화된 지식기반 사회에서는 더 이상 합리적인 정책대안이 아니라고 할 수 있다. 누구나 누릴 수 있는 보편적 복지, 재교육과 평생교육을 중시하고 교육에 대해 과감히 투자하는 적극적 복지를 통해 인적자본을 확충하고 평생 교육시스템을 구축하는 것이야말로 지식기반 사회에서의 진정한 교육 대안이다.

아이들과 엄마가 행복한 나라

이상이 | 복지국가소사이어티 공동대표, 제주대학교 교수

세계적으로 '삶의 질'이 화두다. 행복하게 사는 것이 최고라는 이야기다. 이는 누구나 다 아는 바지만, 쉽지 않은 이야기다. 한 국가의 구성원으로 살아가는 한, 개개인의 힘이나 노력만으로는 행복해지기가 쉽지 않다. 종교에 몰입하거나 세상과 담 쌓을 특별한 재능이 있으면 모를까, 개인적 차원에서 행복해지기란 어쩌면 불가능하다. 그래서 스티글리츠 교수는 국가 수준에서 '행복(well-being) GDP'의 도입이 필요하다고 했다. 그는 보건, 교육, 정치 환경, 사회적 관계, 환경, 사회경제적 안정 등을 모두 포괄하는 제대로 된 GDP를 역설하고 있는 것이다.

애초부터 산업화된 국가와 사회를 경험해보지 못해서 행복의 기준과 기대가 아예 다른 미개발 지역의 원주민을 제외한다면, 종교 등의 특이한 문화적 영향으로 행복에 대한 기대의 종류가 다른 경우를 제외한다면, 대부분의 산업화된 국가들 중에서는 북유럽 국가의 사회구성원들이 가장 행복하다고 한다. 흔히들 하는 이야기고, 누구나 짐작할만한 이야기다. 아마 미국 국민들이 주요 선진국들 중에서는 가장 덜 행복할 것이다. 누구나 공감하듯이, 미국 같은 경쟁만능의 시장주의 국가에서 사회구성원들이 행복하다면 오히려 이상할 것이다. 승자독식의 정글자본주의에서 스트레스를 받지 않고, 행복을 느낄 사람은 거의 없을 것이기 때문이다.

2009년 10월 23일 한국보건사회연구원은 'OECD 국가 행복지수 산정결과로 본 우리나라의 행복수준'이라는 연구 성과를 발표하였다. 그동안 행복 또는 삶의 질 수준은 국민소득(GDP)을 비롯한 경제적인 요인들로 측정하는 경향이 강하였으나, 당해 연구진들이 경제적 요인, 자립, 형평성, 건강, 사회적 연대, 환

경, 주관적 생활만족도 등의 7개 부문을 종합하여 나름의 행복지수를 산출하였는데, OECD 30개 회원국 중에서 우리나라는 행복지수 25위를 차지하였다는 것이다. 우리의 짐작대로, 북유럽의 노르웨이와 스웨덴이 각각 3위와 4위를 기록하였고, 미국은 경제 분야의 순위가 2위였음에도 불구하고 20위에 그쳤다.

결국, 행복해지려면 경쟁만능의 신자유주의 세상을 바꾸는 것 이외에는 달리 방법이 없는 것이다. 사회연대와 정의의 정도가 높을수록 그 사회가 느끼는 전체적인 행복의 깊이도 더 할 것이다. 이제 그런 사회를 만들자. 그게 바로 복지국가다. 사회 구성원 모두가 행복해야 진정으로 행복한 사회다. 어른은 행복한데, 아이들이 불행하다면 어떨까? 남자는 행복한데, 여자들, 특히 아이들의 엄마가 불행하다면 어떨까? 그런 사회는 확실히 행복지수가 낮은 사회일 뿐만 아니라, 행복한 미래를 결코 기약할 수 없는 희망 없는 사회다. 아이들이 사회의 미래이고, 그 아이와 함께 행복한 미래를 열어나갈 당당한 주역이 여성이자 아이들의 엄마이기 때문이다.

스웨덴을 비롯한 북유럽과 유럽 대륙의 강소국들은 행복한 나라, 삶의 질이 높은 나라들이다. 우리는 이 나라들을 통칭하여 복지국가라 불러도 좋을 것이다. 그러면, 우리나라는 어떤가? 한마디로, 아이들과 엄마가 불행한 나라다. 지금까지 불행과 불안 속에서 그렇게 버텨왔고, 경제성장을 중심으로 모든 것을 희생해 왔다. 이제 더는 안 된다. 그런 식으로는 미래가 없기 때문이다. 사실, 우리 모두가 이 사실을 잘 알고 있다. 너무나 잘 알기에, 우리는 지금 '출산파업'을 일으키고 있는 것이다. 자살률 세계 1위, 저출산 세계 1위의 나라다. '불행하고 불안'한 아이들과 엄마를 이대로 방치하고, 토건사업에나 몰입하는 이 신자유주의 양극화의 나라를 뒤집고 새롭게 디자인해야 한다. 아이들과 엄마가 행복한 보편적 복지국가로 말이다.

우리나라의 합계출산율은 2008년 현재 1.19명으로 세계 최저인데 비해, 스웨덴은 1.88로 높은 편에 속한다. 독일과 이탈리아 등 유럽대륙 국가들은 1.3%대에 머물고 있다. 국가 간의 이러한 합계출산율 차이의 이유를 밝히는 것이 매우 중요한데, 이건 장차 엄마가 될 여성들의 마음에 달린 것이다. 여성들은 남성과 동등하게 인간으로서의 자기실현을 원하고, 그래서 경제사회적 관계망 속에서 행복해지고 싶어 한다. 답이 나왔다. 엄마가 되더라도 이전과 같이, 차별 없이 자기실현과 경제사회적 행복을 추구할 수 있도록 제도적으로 보장해주면 될 일이다. 스웨덴의 아동 및 여성 복지는 보편주의 원칙을 견지하는 세계 최고의 수준 높은 시스템으로 정평이 나 있다. 그래서 여성의 경제활동참여율도 세계에서 최고로 높다.

일반적으로 여성의 경제활동참가율(우리나라 58%, 스웨덴 73%)과 출산율은 비례하므로 출산율을 높이려면, 엄마가 편안하게 일을 할 수 있도록 배려해주면 된다. 스웨덴의 경우, 이러한 배려가 보편적으로 제도화되어 있으므로 여성의 경제활동참가율과 출산율이 비례하는 데 비해, 우리나라는 일본처럼 여성의 경제활동참가율이 높아질수록 출산율이 낮아진다. 결국, 출산율을 높이는 데는 일-가정 양립정책의 제도적 보장이 결정적으로 중요한 것이다. 우리나라에서 산전후휴가는 90일을 보장(60일은 사업주가, 나머지 30일은 고용보험이 부담, 단 중소기업에 대해서는 90일 모두 고용보험이 부담)하고는 있으나, 여성노동자의 절반은 고용보험에 가입되어 있지 않고, 설사 어렵게 고용보험 산전후휴가의 요건을 갖추었다 하더라도 많은 사업장에서 고용주의 눈치를 살펴야 하는 등의 불리한 조건들이 많다. 세상과 주변의 눈치를 보면서까지 서둘러 아이를 낳고 싶지는 않은 것이다.

우리나라도 육아휴직 시에는, 2007년부터 고용보험에서 1년 동안 월 50만 원씩을 지급하고 있으나, 이 금액은 남녀노동자 월 평균임금의 22.9%에 불과하므로 실제로 육아휴직을 하는 경우는 아주 적다. 2006년, 취업 여성 중 23만 명이 출산을 하였으나 육아휴직자는 9,303명으로 고작 3.9%에 불과(스웨덴은 90% 이상)하였다. 스웨덴의 경우는 임신부터 출산과 육아에 이르기까지 복지의 제도화가 우리나라와는 전혀 다르다. 임신 시에 태아에 위험이 있을 만한 일자리를 떠나 있을 수 있는데, 이때는 임신현금급여로 최대 50일까지 월 평균소득의 80%를 수령할 수 있다. 또, 출산 시에는 480일 간의 휴가가 주어지는데, 마찬가지로 매월 월평균소득의 80%를 수령한다. 아이가 아플 경우에는 연간 60일 간의 아동간병휴가(월 급여의 80%를 수령)를 받게 되며, 16세 미만의 모든 아동들은 아동수당으로 월 16만 원 정도(2007년 현재 월 아동수당은 1,050 크로나)를 받고 있다.

이쯤 되면, 아이 낳는 것 때문에 여성이 경제사회적으로 손해 볼 일은 전혀 없다. 더불어, 아이들에게도 크게 유리하다. 우리나라 보육시설의 공공성은 시설(국공립보육시설) 수 기준으로 5.5%, 아동 수 기준으로는 10.9%에 불과한데 비해, 스웨덴은 시설 수 기준으로 75%, 아동 수 기준으로 83%다. 보육재정의 공공성도 우리나라는 보육료의 정부부담 비율이 기껏해야 40%에도 미달하나, 스웨덴은 90%에 이른다. 게다가, 스웨덴의 보육교사는 대부분이 지방공무원이고 사립시설의 교사도 이에 준하는 대우를 받으므로 좋은 사회서비스 일자리와 양질의 전문적 보육이 가능해지므로 아이를 믿고 맡겨도 된다. 스웨덴에서 촘촘하게 잘 짜여진 보편주의 복지는 거의 빈틈이 없고, 모든 아이들과 엄마가 행복한 나라가 되어 있다. 교육도 마찬가지다. 승자독식, 시장만능주의의 경쟁교육이 아니라 협력하고 함께하는 교육이다. 양질의 보편주의 교육체계 하에서 사교육을 통한 차별이나 양극화는 아예 존재하지 않는다. 이것이 아이들과 엄마가 행복한 보편주의 복지국가다. 우리 국민들도 이제는 이 지긋지긋한 신자유주의 세상의 불안과 불행에서 벗어나고 싶어 한다.

누군가 길을 제시하고, 이를 공유해야 한다. 누가 이 일을 선도할 것인가? 그런데, 걸림돌이 있다. 정치가 문제다. 그럼에도 불구하고, 결국은 정치가 답이다. 보편주의 복지국가를 주도해갈 정치세력, 지금 우리 국민들이 가장 필요로 하는 것이 바로 이것이다. 정치가 '삶의 질'이 높은 세상, 행복한 세상을 가져다 준다는 확고한 믿음을 보인다면, 우리사회의 여론과 정치가 보편주의 복지국가를 향해 요동칠 것이다. 그리고 아이들과 엄마가 행복한 나라를 향해 세상이 요동치며 바뀔 것이다. 이미 우리사회에서 세상이 요동칠 '작지만 큰' 파장이 하나씩 생겨나기 시작하였다. 진보신당 노회찬 대표의 서울시장 출마선언문이 그것이다. 노 대표는 출마선언문에서 "아이와 엄마가 행복한 서울"을 메인 공약으로 제시하였다. 이는 기존의 정치에서는 결코 볼 수 없었던 것으로, 신자유주의와 잔여주의 복지체제의 '오래된' 대한민국에 정치적 파열을 시도하는 혁명적 사건이 아닐 수 없다.

노 대표는 출범선언문에서 "이제 서울에는 완전히 다른 것이 필요합니다. 시민들의 삶에서 걱정과 근심을 걷어내는 것입니다. 시민들에게 보편적 복지와 더 좋은 일자리를 만들어 드리는 것입니다. 아이에게 복지를, 엄마에게 일자리를! 아이와 엄마들로부터 시작해 모두가 행복한 도시 서울, 이것이 제가 만들고자 하는 변화된 서울입니다. 아이와 엄마가 행복한 서울! 콘크리트 대신 사람에게 투자하면 됩니다"라며 자신의 서울 비전을 제시하였다. 그러면서, 노 대표는 구체적으로 '아동수당'의 지급과 3세부터 5세까지 모든 어린이에게 '무상보육' 실시를 제시하였다. 이에 더해, 동네마다 국공립 어린이집 확충, 초등학교부터 중학교까지 친환경 '무상급식' 실현, 엄마와 여성들이 참여할 수 있는 복지일자리, 녹색일자리 창출, 엄마와 여성들을 우대하는 기업에 대한 지원 등을 약속하고 있다.

얼마 전에 민주당도 당 대표가 직접 나서 새로운 민주당 플랜의 일환으로 보육과 교육을 국가가 책임지는 당의 정책방향을 제시하였다. 좋은 일이다. 그리고 이것이 일순간의 정치적 구호가 아니라 진정성 있는 정책노선의 변화이길 바란다. 그렇다면, 지난 민주정부 10년 동안의 잔여주의 복지를 벗어나서 보편주의 복지를 추구하겠다는 확고한 정치적 의사표시가 있어야 한다. 장차, 반(反)신자유주의와 보편주의 복지국가를 중심으로 하는 새로운 정치가 '양극화와 불안의 나라' 대한민국을 '아이들과 엄마가 행복한 나라'로 바꾸어 놓을 것이다. 여기에 진보정치가 앞장서 주도해야 한다. 그 힘이 위력적이라면 민주당도 협력할 것이다. 이것이 진정한 정치연합이다. 그러기 위해서는 진보정치의 현재 모습을 혁신하고, 진보대통합의 큰 흐름을 만들어 나가야 한다. 이 과정에서 가혹한 수술도 마다하지 않아야 한다. 그래야 새살이 돋고, 더 튼실해지며, 결국

'아이들과 엄마가 행복한 나라', 스웨덴의 보편주의 복지국가를 배우되, 그것을 넘어서는 '토종' 형의 보편주의 복지국가 대한민국을 열어 나갈 수 있을 것이기 문이다.

왜, 무상급식만 이야기하는가?

보편적 복지를 공약하는 후보 지지가 곧 복지국가로 가는 길이다

홍보위원회

이번 6.2지방선거를 코앞에 둔 시점에서 '무상급식' 문제가 최대의 선거 이슈로 등장하고 있다. 이 문제는 지난해 김상곤 경기도 교육감이 초등학교 일부 학년에 대한 보편적인 무상급식 예산을 신청하자, 한나라당이 장악한 경기도 의회가 관련 예산을 전액 삭감하면서 불거졌다. 이 일이 있는 후, 보수색이 짙은 일부 언론에서는 사설을 통해 무상급식을 하면 나라살림이 거덜 날 것처럼 호들갑을 떨기도 했다. 심지어 한나라당의 모 의원은 "무조건 무상급식을 실시하는 데 예산을 투입하는 것은 사회주의적 발상"이라고까지 언급한 바 있었다. 그러나 이것이 국민들의 적극적인 동의와 호응을 받자, 대부분의 지방자치단체장 후보들은 무상급식을 공약으로 내세우는 상황에 이르렀다. 심지어는 한나라당의 후보까지 보편적인 무상급식을 주장하고 나설 정도로 중요한 공약이 되어, 교과부의 공무원이 무상급식 공약에 대한 대응 방안을 보고하는 문건을 만들어내는 웃지 못할 사태까지 벌어지고 있다.

그러나 우리 복지국가소사이어티는 '무상급식'만으로는 부족하다고 생각한다. 무상급식은 교육복지의 영역 중에서도 가장 기초적인 수준의 조치일 뿐이다. 진정한 무상교육은 학교급식뿐 아니라 교복, 연필, 노트, 각종 부교재와 교구재 등 학습에 필요한 준비물을 모두 국가가 지급하는 것이다. 심지어는 학습부진아에 대한 추가 교육과 각종 특기적성 교육 및 다양한 '방과 후 교실'까지를 모두 학교에서 담당하는 것이 무상교육의 본래 취지에 맞는 일이다.

의무교육은 교육을 위해 필요한 의식주를 모두 학교에서 지급하는 것이다. 교육이란 기본적으로 먹고 사는 문제가 해결된 위에서 진행되는 것이다. 밤을 새워 24시간 편의점의 아르바이트를 하면서 학자금 융자를 갚아 나가야 하는 대학생들이 공부까지 잘 하도록 우리사회가 요구하는 것은 너무나 가혹한 일이다. 학자금 융자의 이자를 갚기 위해, 취직을 위한 스펙에 필요한 학원에 등록하고 어학연수까지 다녀오기 위해 돈을 벌어야 하는 가난한 학생들에게 제대로 된 교육을 받아 한국의 미래를 맡아 달라고 기대할 수는 없다. 즉, 무상교육이란 수업에만 제한된 원리가 아니다. 그렇다면 그것은 무상교육이 아니라 무상수업일 뿐이다. 무상교육이란 교육을 받는 동안의 총체적인 삶을 국가가 부담하는 것이다.

무상급식을 반대하는 사람들은 무상교육과 무상수업을 혼동하는 바람에 '의무교육은 무상으로 하여야' 한다고 명시하고 있는 대한민국 헌법 제31조의 기본정신을 명백히 벗어나고 있음을 자각해야 한다. 그리고 실제로 우리나라는 교과서 비용과 예전에 월사금이라고 불리던 학비 외에는 대부분을 학부모가 부담하므로 말로만 의무교육이지 '무상수업'조차도 아니라고 하는 것이 옳다. 법으로는 중학교까지 의무교육이지만 수업료만 면제될 뿐, 급식비와 현장 활동비 등의 명목으로 초등학교와 중학교 학부모가 매년 약 2.4조 원을 부담하고 있다. 그러다 보니 활동비에 부담이 있는 저소득층 학생들은 특기적성 활동 등에서 소외되고 있다. 고등학교의 경우 수업료로 연간 약 1.8조 원, 급식비 등 수익자 부담경비로 약 1조원을 학부모가 부담하고 있다.

무상급식 논쟁에서 빠지지 않고 등장하는 예산 타령도 복지에 대한 저급한 인식과 철학의 빈곤에서 비롯된 핑계에 지나지 않는다. 굳이 40조원 규모의 4대강 개발 예산을 언급하지 않더라도, 지금 이 순간에도 줄줄 새고 있는 중앙과 지방 정부의 삽질예산이면 무상급식을 위한 재원조달 능력은 충분하다. 예를 들어, 이미 120% 과잉 공급되어 있는 도로, 공항 등의 순수 SOC 예산으로 투입되는 25.4조 원 중의 일부만 중지하여도 초등학교에서 고등학교까지의 수익자 부담 비용 3.7조 원을 국민들의 추가 부담 없이 매년 조달할 수 있다(국회예산정책처, 2009). 전체 176.6조원을 집행하는 지방재정(사회공공연구소, 2009)의 약 30%를 차지하고 있는 토목 및 건설 관련 예산의 일부를 늦게 집행하는 것만으로도 고등학교까지 의무교육을 확대할 수 있다.

유명 관광지로 낭만이 깃든 아름다운 도시의 대명사인 파리에는 비싼 보도블록 대신 교체할 필요가 없는 시멘트로 포장된 곳이 많다. 심지어는 중심가의 도로조차 보도블록이 깨어져 움푹 파인 곳도 있다. 하지만 프랑스는 해마다 연말에 멀쩡한 보도블록의 수선과 교체에 예산을 쓰기보다는, 과감하게 확대된 의무교육을 무상으로 실시하는 데 주안점을 두고 있기에 문화강국인 것이다. 문화와 예술, 그리고 낭만의 도시 파리는 흠잡을 데 없는 깔끔한 도로 포장에서 비롯된 것이 아니라, 교육만큼은 보편적 복지의 일환으로 완벽한 무상의 원칙 속에서 이루어지고, 교육과 복지에 대한 투철한 철학 위에서 건설된다는 사실을 알아야 한다.

이제 본격적인 입학철이 되었다. 어린이집과 유치원부터 시작하여 초등학교와 대학교에 이르기까지 새로운 마음, 새로운 각오로 시작하는 시기이다. 그러나 올 해부터는 상급 학년으로 올라가는 학생들이나, 상급 학교로 진급하는 자녀를 둔 학부모들은 '국가가 나에게 해준 것이 무엇이냐?'는 질문을 던지는 일들이 많아질 것이다. 프랑스에서는 신학기가 시작되면 학용품 값을 부모들에게 보내준다. 이것은 작은 돈이지만, 국가가 교육의 의무를 실시한다는 것을 상징적으로 느끼게 하는 배려이다. 국가의 역할이 무엇인가? 헌법에 보장된 무상교육의 권리가 어떤 것인가를 피부로 느끼게 하는 좋은 사례가 된다. 그리고 국민들이 세금을 내야 할 이유를 알게 해 주는 것이다.

프랑스 대학의 시설이 미국에 비하여 좋은 편은 아니다. 그러나 소정의 자격시험을 통과하면 본인의 경제수준에 관계없이 누구나 대학에 입학할 수 있다. 그리고 주어진 과정을 이수할 수 있는 수학능력만 인정되면, 등록금 부담 없이 공부하고 생활하며 졸업할 수 있도록 해주는 일련의 과정을 통해 대학생들은 높은 담세율을 당연하게 받아들이는 것을 동시에 배우게 된다. 무상급식이라는 기초적 수준의 교육복지마저 도입하지 못하고 있는 우리의 현실과는 크게 비교되는 일이 아닐 수 없다.

이미 무상급식은 시대의 대세가 되었다. 이번 선거는 이미 무상급식 공약에 대한 태도로 그 후보의 정치노선이 구분될 정도가 되었다. 김상곤 교육감으로부터 시작된 무상급식 논쟁이 우리사회에 보편적 복지는 무엇인가? 라는 질문을 던졌고, 국민들은 그에 대해 또렷하게 응답을 한 것이다. 그런데, 우리 국민들은 이 정도의 수준에서 만족해서는 안 된다.

이번 6.2지방선거에서는 국민들의 실질적인 생활비 지출 부담을 덜어주려는 후보를 뽑도록 하자. 무상으로 공책과 연필을 지급하겠다는 후보, 가난한 이들이 소외감을 느끼지 않도록, 그리고 불필요한 가격 거품으로 학부모들의 부담이 가중되지 않도록 학생들의 교복까지도 지자체 예산에서 지급하겠다는 '보편적 복지'를 공약으로 내세우는 후보를 뽑도록 하자. 이러한 시민참여형 정치과정을 통해 역동적 복지국가는 우리의 현실로 다가올 것이다.

교육비리만 줄여도 무상급식 가능하다

터진 비리와 터질 비리

홍보위원회

참된 지방자치의 필수적 요소인 교육자치에 빨간불이 들어왔다. 교육감 선거를 통해 당선된 바 있는 전임 서울시 교육감이 교원 인사비리에 직접 관여한 혐의로 검찰 조사를 받는가 하면 장학사 인사 비리에 관련된 점잖으신 교장선생님들이 검찰에 불려가는 일이 다반사로 일어나고 있다. 법무부에서는 지금까지 교육비리 관련자 49명을 단속해 22명을 구속했다고 말하고 있지만, 이는 단순히 드러난 사실일 뿐 실제 전체적인 비리 규모는 이보다 훨씬 더 방대할 것으로 짐작된다. 오죽하면 교육비리 신고자에게 1억 원의 신고포상금을 지급하는 방안까지 논의되고 있을 정도이겠는가!

문제는 이러한 교육계 비리가 매우 구조적인 맥락에서 이루어지고 있다는 점이다. 현재 시·도 교육감에게 인사권을 비롯한 막강한 권한이 집중되어 있어 교육 비리가 언제든 쉽게 파고들 수 있는 구조적인 환경이 조성되어 있는 상태이다. 그런데 여기서 우리가 주목하고 있는 또 하나의 원인이 있다. 그것은 전교조의 약화이다. 한때 잦아든 듯이 보였던 교육비리가 최근 연이어 터져 나오는 이유의 하나로, 우리는 이명박 정부 집권 이후 전교조의 활동이 급격히 위축되었다는 점을 지적할 수 있겠다.

전교조에 대해서는 비판도 많이 있었지만, 전교조가 그동안 우리 교육현장에서 선량한 감시자의 역할을 해온 것만큼은 부정할 수 없다. 그런데 최근 정부·여당의 집중적인 탄압으로 전교조의 목소리가 상대적으로 작아지면서 10년 전에 사라졌던 교육계 비리가 다시 발호하기 시작한 것이다. 즉 감시기능이 사라진 MB시대의 교육계가 구시대로 돌아가고 있는 중이다.

따라서 우리는 현재까지 드러난 교육 비리에 비해 훨씬 더 거대한 문제가 앞으로 터져 나올 가능성이 높다고 생각한다. 사실 지금까지 밝혀진 각종 교육 비리는 대개 인사 청탁을 비롯한 교무 관련 비리라고 할 수 있다. 이보다 더 심각한 비리는 학교건물 신축과 창호교체, 건물개보수 등과 관련해 뇌물을 주고받는 이른바 서무 관련 비리이다. 이 부분이 세상에 터져 나오기 시작한다면 교육계 비리의 충격은 지금 우리 국민들이 느끼고 있는 수준을 훨씬 상회할 것이다. 아마도 학교에서 진실을 배우고 정의감을 키워야 할 우리 아이들에게 심각한 무력감을 줄 수 있을지도 모른다.

여기서 우리는 한 가지 질문을 떠올려 보고자 한다. 왜? 이 시대의 부패한 교육자들은 무상급식 같은 기본적인 교육복지는 반대하면서 학교 관련 건설 예산 확대에는 그렇게 관대한 것인가?

우리는 이것이 최근 도입된 교육감 선거 시스템과 상당한 관련이 있다고 생각한다. 선거법이 강화되어 거대자본 소유자들이 유력 후보에게 선거 자금을 직접 대주는 통로가 막히자 건축업자들이 자발적으로 선거운동에 소요되는 자금 지출을 대행해주고 대신 선거 이후 각종 건축 관련 이권을 받아 챙기는 우회전술이 새로운 수법으로 각광받고 있는 중이다. 즉 건설족들의 비공식 지원을 받아 당선된 교육계 인사들이 당선 이후 학교 관련 건설 공사를 대거 발주하고, 이를 건설족들이 수주할 수 있도록 편의를 봐 주는 일종의 사후 보답 시스템이 가동 중인 것이다. 바로 이런 이유에서 많은 교육 책임자들이 아이들의 교육복지보다는 멀쩡한 학교 창문 교체에 더 많은 관심을 보이고 있는 것으로 판단된다.

사태가 이와 같음에도 불구하고 비리를 단죄해야 할 검찰은 아직 정신을 차리지 못하고 있다. 오히려 검찰은 민주·진보진영의 후보로 교육감에 당선되어 줄기차게 보편적 무상급식을 추진하고 있는 김상곤 경기도 교육감 때리기에만 여념이 없다. 검찰은 지금이라도 대오각성하여 교육계의 낡은 비리를 발본색원하는 데 적극 나서야 할 것이다.

오늘날 우리 교육계에 몰아치고 있는 부정추문은 교장 개방제 등의 간접적인 해법으로 해결할 수 있는 수준을 이미 넘어섰다. 교장 선출 보직제와 공개된 학교 운영위원회제도, 그리고 투명 회계감사제도가 도입되어야 하고, 사학재단 이사회에 공직 이사를 파견하는 등의 구조적인 개혁이 필요하다. 이밖에도 교육자치는 물론 지방자치의 성공을 위해 다양한 제도적 개선책을 모색할 필요가 있다. 특히 교육자치와 지방자치를 연계해 관내 중등교육기관들을 지방의회의 감사 대상기관으로 편입시키는 방안을 모색할 필요가 있다.

그러나 무엇보다 중요한 것은 더 이상 비리인사들을 교육감이나 교육위원으로 선출해서는 안 된다는 것이다. 우리는 이번 지방선거를 통해 10년 전 부정과 비리를 다시 부활시키는 MB식 교육자치를 단죄하고 응징해야 한다. 그것이 우리의 아이들에게 더 좋은 학교와 더 많은 교육복지를 가져다주는 일이 될 것이다. 우리는 이제 '교육감 비리만 줄여도 무상급식이 가능하다'는 주장을 곰곰이 되새겨 봐야 한다.

아동수당도 없는 나라

보편적 아동수당제도의 도입을 요구한다

홍보위원회

18대 국회에서 4가지의 아동수당 관련법이 국회에 제출된 바 있으나 제대로 논의가 되지 않고 있다. 양승조 의원(2008.9.4)과 곽정숙 의원(2010.4.26)이 제출한 아동복지법 일부 개정 법률안 등은 아동수당 조항을 추가하는 것이며, 아동수당에 관한 법률안 (이낙연. 2009.11.25)과 아동수당 법안(김우남, 2009.12.9)은 별도의 아동수당 지급을 규정한 제정 법률안이다. 그러나 막대한 세수 감소를 초래하는 부자감세 법안과 4대강 개발에는 적극적이었던 정부여당이 아동수당과 관련된 법안에 대해서만큼은 대규모의 예산 대책을 수반해야 한다면서 논의 자체를 미루고 있다.

그러나 아동수당제도는 주요 선진국들이 이미 1940~1950년대에 본격적으로 도입한 오래된 제도이다. 대부분의 선진국에서는 모든 아동에 대하여, 의무교육인 고등학교 졸업 연령까지 아동수당을 지급하고 있다. 현재 유럽 44개 국가 중에서 안도라 공국과 산마리노와 같은 소규모 도시국가 외에는 거의 대부분이 아동수당제도를 도입하고 있으며, 아시아 및 오세아니아 50개 국가 중 홍콩, 태국, 스리랑카, 이란, 이라크 등을 포함한 13개국이 이 제도를 도입하고 있다. 이들 나라에서는 부모가 있든 없든, 부모가 부자든 가난하든 상관없이 모든 아동을 지원한다는 취지로 이 제도를 일찍부터 시행하고 있다. OECD 30개 국가 중 한국, 미국, 멕시코 등만이 아직 아동수당 제도를 시행하지 않고 있을 뿐이다.

우리 정부는 아동수당제도를 도입하는 대신 2009년 7월부터 보육시설과 유치원을 이용하지 않는 0~1세 아동 11만 명을 대상으로 월 10만 원의 '양육수당'을 현금으로 지급하고 있다. 양육수당은 시설을 이용하는 아동들의 보육료·

교육비 지원과의 형평성 제고를 위해 ①보육시설 및 유치원을 이용하지 않는 아동들 중에서, ②차상위계층 이하의 소득을 가진 가정의 아동들을 대상으로, ③0~1세 아동에게만(11만 명) 지원하는 제도이다. 즉 수혜 대상이 크게 제한되어 있는 것이다.

양육수당은 아동수당과 유사한 이름의 정책이지만 그 내용과 목적이 아동수당 정책과는 차이가 있다. 현재의 '양육수당'은 '아동수당'과는 달리 아동 양육을 빌미로 부모의 도덕적 해이를 조장하고, 육아 지원 시설의 활용을 기피하게 하는 부작용이 있는 것으로 알려져 있다. 이 때문에 대부분의 선진국들은 가능하면 가정 보육서비스 등 현물 서비스로 제공하는 방법들을 채택하고 있다.

아동수당은 '아동이 있는 가구'가 그렇지 않은 가구에 비해 소비지출이 많기 때문에 사회적 지원을 하자는 취지를 갖고 있다. 아동수당은 자녀 양육과 관련된 부모의 경제적, 심리적 부담을 덜어주어 출산율의 제고에도 긍정적인 효과를 가져다준다. 또, 아동수당제도는 이전 지출을 통해 자녀를 양육하는 가정의 복지수준을 높이는 데에도 긴요한 정책이다. 아동수당은 소득수준에 관계없이, 아동을 매개로 이전(移轉) 지출을 발생시키고, 결국 가계의 가처분소득을 증대시키기 위한 목적으로 시행되고 있다. 전체적으로 내수가 약한 우리의 여건에서는 아동수당과 같은 보편적 이전 지출 정책은 내수경제의 정상화를 위해서라도 꼭 필요한 제도라고 할 수 있다.

미국 아동투자 사업에 대한 분석보고서(2003, National Institute for Early Education Research, U.S.A.)는 "아동에 대한 조기투자는 $1당 $3.78의 사회 환원 효과가 있다"는 결과를 제출한 바 있다. 이것이 사실이라면 아동에 대한 투자는 비용 대비 산출에 있어서도 매우 뛰어난 효율성이 있다고 봐야 한다. 우리나라의 아동 1인당 복지지출(아동수당 + 출산· 육아수당+빈곤가정현금지급+기타)은 연간 40 달러 정도에 불과하다. 이는 OECD 평균의 1/5 수준이다. 우리보다 무려 100배 이상 아동을 위한 사회적 지출을 하고 있는 스웨덴은 연간 3,961 달러, 프랑스 2,162 달러, 독일 1,707 달러, 영국 913 달러, 심지어는 아동수당이 없는 미국도 297 달러에 달한다. 이들과 비교해 볼 때 우리의 아동복지지출은 터무니없이 낮은 수준이다(2009. OECD).

물론, 아동수당은 많은 재정의 투입을 필요로 한다. OECD 국가들의 경우, 연간 근로자들의 소득(APW, average production work)을 기준으로 5~13% 수준을 아동수당으로 지급하고 있다. 국가마다 정부의 재정 상황이나 국민들의 요구에 따라 아동수당의 규모가 다르게 설계될 수 있다. 그러나 우리는 소득계층별 차등지원 방식으로 아동수당을 도입하자는 견해에 대해서는 반대한다. 아동수당을 사회적 시민권(인권이자 아동의 권리)으로 보고 있는 우리 복지국가소사이어티는 보편적 아동수당의 도입을 요구한다. 아동수당은 비록 수당의 액수가 줄어드는 한이 있더라도 소득계층별 차등 지원이 아니라 아동 '누구나'에게 지급하는 보편적 수당으로 추진되어야 하는 것이다.

일본의 경우, 민주당 하토야마의 집권을 가능하게 하였던 중요한 정책공약 중의 하나가 보편적 아동수당제도의 도입이었다. 실제로 일본 민주당은 집권 후에 토목과 건설 예산의 18%를 삭감하여 중학교 졸업 전까지 1명당 연간 31만2,000엔을 자녀수당이라는 이름으로 '아동이 있는 가구'에 지원하는 아동수당제도를 도입했다.

다행히 이번 지방선거에 후보로 나선 분들이 아동수당제도를 시행하겠다는 공약을 처음으로 내걸기 시작하면서, 이 제도가 우리나라 역사상 최초로 공론화될 조짐을 보이고 있다. 무상급식의 경우와 마찬가지로 한나라당은 기존의 양육수당을 올리거나 지급대상을 늘리고, 장애아동수당이나 한부모 가정 자녀 양육수당, 입양자녀 양육수당, 입양장애아동 양육보조수당, 농업인 영유아 양육비 지원사업 등의 이름으로 지급액을 늘릴 수는 있어도 자녀를 가진 국민 모두에게 지급되는 보편적 아동수당은 받아들일 수 없다는 것으로 입장을 정리하고 있다. 진보 후보와 보수 후보를 구분하는 뚜렷한 대립구도를 형성하고 있는 것이다.

물론, 평균 재정자립도가 54% 수준에 불과한 우리나라 지방정부의 취약한 예산 여건 속에서, 아동수당제도는 지방정부가 의지만으로 올바르게 추진할 수 있는 정책은 아니다. 지방의 재정여건을 고려하여 출생아와 1세아 등 2년 동안에 매월 3만 원 정도를 지급하겠다는 현실적인 공약을 제시한 후보도 있다. 푼돈에 그치는 아동수당은 오히려 정책에 대한 국민의 신뢰도를 손상시킬 우려를 자아내기도 한다. 그러나 적어도 건설과 토목 예산을 줄여서라도 지방정부에서 시행하는 보편적 복지로서 아동수당제도의 도입을 공론화한다는 것은 큰 의의가 있는 것이다.

이제 지방선거가 끝나고 나면, 일부 지자체에서는 적은 수준에서라도 아동수당제도의 도입을 시작할 것이다. 그리고 오래지 않아 호화청사를 짓거나, 불필요한 도로가 확장되는 것보다 아동수당제도가 훨씬 더 시민들의 삶의 질 향상에 도움이 된다는 사실을 국민들이 체감하기 시작할 것이다. 그리고 그 소문은 빠르게 인근 지자체로 퍼져나갈 것이다. 우리 국민들이 서민과 중산층을 가리지 않고 조금이라도 자기가 낸 세금의 혜택을 받아보는 경험, 보편적 복지의 경험을 할 수 있다면 복지국가를 향한 거대한 첫 걸음은 이미 시작된 것이다. 아동수당은 우리가 보편적 복지를 근간으로 하는 역동적 복지국가로 가는 데서 중요한 교두보가 될 것이다.

'0세아 돌봄' 지원사업은 시대적 요구에 부응하는가?

이상구 | 복지국가소사이어티 상근연구위원

지난 6.2지방선거 이후 보육문제에 대한 세간의 관심이 높아지면서 중앙정부가 정한 법정 의무분담에 더해 관련 예산의 확대를 추진하는 지방자치단체들이 늘어나고 있다. 참여정부에서부터 시작된 육아지원 사업은 소득계층별 차등 보육료 지원과 두 자녀 이상 보육료 지원, 만 5세아 일부 무상보육료 지원 등 총 86만 명에게 보육료가 지원되어, 현재 영·유아보육 및 유아교육 등에 연간 국비와 지방비를 합하여 3조4천억 원 정도가 매년 투입되고 있다(국회 예산정책처, 2010).

그러나 아직도 시설 미이용자 및 육아지원정책의 소외자는 대상 아동의 40%인 약 111만 명이나 된다. 특히, 0세아는 월 표준보육 단가가 1인당 38.3만원(정부 인건비 미지원시설의 경우 73.3만 원)으로 비교적 높게 책정되어 있음에도 불구하고, 이들 보육시설을 이용하는 경우가 극히 적다. 대부분 어린이집의 0세아 관련 시설은 거의가 비어 있고, 집에서 아이 엄마가 직접 0세아를 돌보거나 시부모와 친정부모가 키우는 경우가 대부분이다.

정부에서 실시하는 아이돌보미 파견사업은 전국 232개 지역에서 평균소득 100% 이하의 저소득층 8,000가구(연간 누적 이용은 3만 가구, 2009년, 보건복지부)만을 대상으로 실시되어 대상이 극히 제한적이다. 또, 긴급 돌봄이 필요한 가구에 한시적 시행되는 프로그램 자체의 문제와 연간 활용할 수 있는 시간이 한 달에 40시간으로 제한되어 있고, 소득수준에 따라 일정 액수를 본인이 부담하도록 하는 등의 한계로 인해 보편적 서비스가 되지 못하고 있다.

최근 가족업무를 이관 받은 여성부는 지금까지의 한시적 파견사업이 갖는 한계를 극복하기 위한 정책으로 맞벌이·한부모 가정 0세아 정기 돌봄 지원(3개월에서 12개월까지)사업을 준비하고 있다. 전국의 157개 건강가정지원센터를 통해 연간 400억 원의 예산으로 1일 11시간 기준에 돌보미 수당 102만원을 지급(이 중 30~36만원은 본인부담)하는 사업을 내년 예산에 반영키 위해 노력하는 중이라고 한다.

그러나 이 사업이 시행되어도 혜택을 보는 가구는 예산 규모로 볼 때 약 4,000가구에 불과할 수밖에 없으므로, 연간 신생아를 출산하는 50만 가구의 대다수는 혜택을 보기 어려울 것으로 예상된다. 또한, 정부의 이러한 정책방향에 대해 양육부담을 여성의 전유물로 만드는 전근대적인 정책이라며 여성계가 반대하는 것은 물론이고, 비정규직으로 파견되는 전담인력의 고용보장과 질 관리 문제 등으로 학계와 보육계까지 반발하고 있다.

저소득 맞벌이·한부모 가정은 물론이고, 긴급하고 일시적인 돌봄 수요가 생긴 일반 가정의 보육 고민을 한시적으로 해소하기 위해 시작된 아이돌보미 지원서비스는 저소득 맞벌이·한부모 가정뿐만 아니라, '직장생활'과 교육수강, 여가활용, 병원이용, 집안행사 등을 이유로 일반 주부들까지 전액 본인이 부담하는 유료 돌보미 서비스를 신청하는 등의 수요가 급증하고 있다.

이미 경기도에서는 0세아에 대한 가정보육모 파견사업을 시행하고 있으며, 어떤 지역은 셋째 아이의 경우에만 무상으로 시행하는 등 지자체들마다 원칙 없이 나름대로의 방식으로 아이돌보미 파견사업을 시작하고 있다. 지역주민들의 요구에 따라 확산되고 있는 아이돌보미 파견사업의 필요성을 의심하는 사람은 거의 없을 것이다. 이제 중앙정부와 지방정부가 별도로 이 사업을 추진하거나 지방정부의 재정여건이나 지방자치 단체장의 관심도에 따라 주먹구구식으로 전개할 것이 아니라, 체계적인 시스템 구축을 모색해야 한다.

첫 번째의 원칙은 0세아는 부모가 직접 돌볼 수 있도록 하자는 것이다. 돌봄을 여성의 전유물로 생각하거나, 개별 가정으로 육아에 대한 책임을 떠넘기는 것이 아니라, 사람이라면 누구나 가지는 자기 아이를 직접 양육하고자 하는 본성이 존중되어야 한다는 것이다. 짐승도 억지로 새끼를 떼어 놓으면 구슬프게 울어댄다. 직장에서 잘리지 않기 위해, 또 생계의 부담 때문에 우는 아이를 떼어놓고 나오는 어머니의 가슴 아픔을 이제는 멈춰 주어야 한다.

이를 위해서는 현재 고용보험에서 보장하는 출산휴가 3개월에 더하여, 육아휴직을 먼저 정상화해야 한다. 심리학과 소아과학의 인지발달론뿐만 아니라 아동학이나 유아교육학 등에서도 적어도 생후 8개월까지는 아기와 엄마의 관계가 1:1인 것이 바람직한 것으로 인정되고 있다. 한국의 문화전통에서는 적어도 돌이 되는 만 1년까지 직접 아이를 기르는 것이 일반적이다. 그러나 아직까지 우리나라의 부모는 직장을 포기하기 전에는 자기 손으로 아기를 직접 양육할 수 없다.

우리나라의 육아휴직 이용률은 선진국의 절반정도에 불과하다. 반면, 유럽의 육아휴직 활용률은 80～90%에 달한다. 우리나라와 직장문화가 비슷한 일본도 2007년 현재 89.7%에 달했다. 우리나라의 육아휴직 이용률이 이렇게 낮은 가장 큰 이유는 월 50만원으로 묶여 있는 낮은 급여수준 때문이다. 현재 휴직급여의 소득대체율은 프랑스 100%, 스웨덴 80%, 일본 40%에 이르는 반면, 한국은 26%에 불과하다.

적어도 1년 동안은 고용보험 등을 통해 평시 소득의 80% 수준으로 대체를 해주는 것이 필요하다. 물론, 상당한 재원이 소요되는 일이다. 또한 비정규직, 전업주부, 그리고 자영업자 등 고용보험에 가입되지 않은 산모들까지 포괄하기 위해서는 정부가 재원을 출연하는 등 별도의 예산 투입과 법 개정이 필요할 것이다. 그러나 2000년 김대중 정부 시기, 3개월의 출산휴가 제도를 도입할 때도 전경련과 경총 등 사용자 단체들은 나라 경제가 무너질 것처럼 엄청난 반발을 하였으나, 지금 이 제도는 아주 당연한 것으로 받아들여지고 있다.

국가적으로 필요성이 인정된다고 하면, 부자감세의 일부를 철회해서라도 재정을 투입하지 못할 이유가 없을 것이다. 일시에 전면적으로 시행하는 것이 어렵다면, 매년 단계적으로 확대하는 방안으로 제도를 시행할 수도 있을 것이다. 고용보험에 의한 1년의 육아휴직이 보장된다면, 사업주 입장에서도 3개월이 아니고, 적어도 1년 이상의 장기간 고용이 가능해지므로 휴직하는 인력의 급여비로 대체인력을 추가로 고용할 수 있게 된다.

또한, 이런 식으로 모든 직장이 대체인력을 고용하면 청년실업 해소에도 크게 기여할 수 있다. 북유럽 등 선진국의 경우, 출산 및 육아 휴직기간 중의 급여를 노동자가 비용을 기여하고 그 대가로 혜택을 받는 보험 수리적 고용보험 방식이 아닌 사실상의 조세방식을 통해 국가가 지급하고 있다. 대신, 기업은 육아휴가자에게 지급할 임금으로 신규 대체인력을 고용하면 된다. 즉, 회사가 평상시에 10% 이상의 잉여인력을 고용하고 있으므로 눈치 보지 않고 육아휴직을 사용할 수 있는 것이다.

두 번째 원칙은 아이돌보미 서비스는 보편주의 원칙에 따라 시행되어야 한다는 것이다. 육아휴직을 하더라도 24시간 아이를 직접 기르는 것은 쉬운 일이 아니다. 돈이 있는 집은 상당한 비용을 지불하면서 입주 돌보미를 고용하거나, 하루 8시간 아이를 돌봐주는 보육모를 고용하지만, 대다수의 여성들은 그 비용을 감당하지 못하고, 직장여성의 경우는 차라리 직장을 그만두는 것을 선택하게 된다. 또한, 전업주부든 직장여성이든 24시간 아이를 기르는 것이 쉬운 일은 아니다.

적어도 출산 후 1년간은 산모도우미나 가정보육교사 파견사업이 필요하며, 이 서비스는 직장여성이든, 전업주부든, 아기를 등에 업고 기르면서 일하는 자영업 여성이든, 모두에게 제공되어야 한다. 하루 2~3시간이라도 아이를 보아주는 사람이 있다면, 밤새워 우는 아이를 돌보아야 하는 엄마가 잠시라도 눈을 붙일 수 있을 것이다. 그렇게 되면 직장 복귀 준비를 위해 잠시 외출하는 일도 가능해질 것이다.

영국은 '네니' 제도를 통해 협회에 가입된 인력 풀에서 가정보육 도우미를 파견하고 있으며, 프랑스에서는 자기 아이를 포함한 자기 집 탁아를 지원하는 등 보육 마마 형태로 1 : 3 내지 1 : 5의 비율로 보육도우미 파견 등의 '가정 내 보육'을 지원하고 있다. '가정 내 보육'은 출산 이후 출산휴가 및 육아휴직을 하는 약 12개월의 기간 중, 전반기 6개월은 산모도우미를 파견하고, 후반기 6개월은 보육교사를 파견해주는 방식으로 진행할 수 있다.

가정으로 파견되는 산모도우미와 보육교사들은 산모를 도와주고 신생아를 돌보는 역할에 더해, 산모들에게 아이 기르는 법까지 알려줄 수 있다. 결혼 전까지 가정이나 학교에서 아기 기르는 법을 배울 기회가 없는 우리나라의 교육과정을 보완하기 위해서라도, 이들이 초산모에 대한 실질적인 육아교육과 지원을 수행하도록 하는 것이 필요하다. 보육교사 파견은 여성 재취업 및 직장 복귀를 위한 준비, 가정의 양육부담 해소 등 여러 가지 효과가 있을 것이다. 특히, 이

정책은 현재 전체 보육시설의 46.3%, 보육아동 수 대비 18.5%(약 21만 명)를 차지하고 있는 15,525개의 가정보육시설(보건복지부, 2009)에 대한 합리적인 대안의 하나로 유용할 수 있다.

한편, 파견 보육서비스 인력들에 대한 제대로 된 신분보장과 질 관리 방안의 하나로 지방자치단체가 사회서비스인력공단 등을 통해 상시적으로 고용하는 방안을 도입할 필요가 있다. 안정적 신분을 부여하면 정기적으로 정부 및 지방자치단체가 재교육을 실시하는 등의 질 관리가 가능해진다.

우리나라는 2016년부터 생산연령인구의 감소와 2018년부터 전체 절대인구의 감소가 예상되고 있다. 이미 노인인구의 비율도 11%다. 건강한 노동력의 확보는 단순히 경제성장에 필요한 수준을 넘어 우리사회의 유지를 위해서도 절박하다. 우리나라는 여성도 예외 없이 고등학교 졸업생의 최고 87%까지 대학에 진학하는 등 세계에서 가장 높은 여성 고등교육 이수 비율을 가진 나라지만, 동시에 OECD 국가 중에서 가장 낮은 53%의 여성 사회활동참여율을 보이고 있다. 돈 들여 양성한 우수한 인력이 사장되고 있는 것이다.

이제 더 이상 한국에서 태어났다는 이유만으로 여성의 자아실현이 제한되거나 경력 단절이 일상화되어서는 안 된다. 국가의 안정적 유지와 경제의 역동적 발전을 위해서라도 육아지원과 같은 사회서비스를 보편적으로 제도화하는 일을 더 이상 망설일 이유가 없다. 이번에 여성부가 시작하려는 0세아 돌봄 지원 사업이 원칙에 맞게 바람직한 방향으로 전개되길 기대해 보겠지만, 이 일은 우리가 앞으로 해야 할 복지국가의 가족정책에서는 빙산의 일각에 불과할지도 모르겠다.

신의진 교수의 '서울시 여성상' 수상을 축하하며

홍보위원회

지난 7월 7일, 연세대학교 소아정신과의 신의진 교수가 지난 10여 년간 1,000여 명의 성폭력 피해아동을 치료하고, 그 가족들을 지원한 공로를 인정받아 서울시 여성상을 수상하였다. 우리 복지국가소사이어티는 신의진 교수의 수상을 진심으로 축하하며, 신 교수가 그동안 전개해왔던 노력을 통해 아동 성폭력에 무관심하였던 우리사회의 아픈 과거를 돌이켜보고자 한다.

불과 몇 년 전까지만 해도 성폭력을 당해 피를 흘리는 어린이와 눈물로 범벅된 어머니가 성폭력 피해자의 진료를 기피하는 병원 응급실들을 이리저리 찾아다녀야만 했었다. 법원에 불려가 증언을 '할 수 있다'는 가능성 때문에 다수의 의사들이 성폭력 피해 아동에 대한 진료를 기피할 때, 신의진 교수는 먼저 나서서 이들을 진료해주었다. 이러한 소문이 나면서 피해를 당한 많은 어린이들이 부모의 손을 잡고 신 교수를 찾아오기 시작하였다.

신 교수는 평생 남을 엄청난 충격으로 외상 후 스트레스 장애를 입은 어린이들에 대한 정신적 치료뿐만 아니라, 이들의 부모에 대한 가족 치료까지 하는 성실함을 보여주었다. 또한, 전문가로서 경찰과 법원의 수사 지침과 증거 관련 규정을 변경하는 노력을 지속적으로 기울여왔다. 이것뿐만이 아니다. 신 교수는 성폭력 피해 아동을 위한 '해바라기 아동센터'의 책임자로서 오랫동안 일을 해오면서, 피해 아동뿐만 아니라 가해 아동까지도 피해자라는 관점으로 치료하기 위해 노력해왔다고 한다.

신 교수는 가정 폭력이나 한부모 가정 등 어려운 상황에서 자란 아이들이, 또 물질적으로는 풍요로지만 실제로는 부모로부터 정서적 방기를 당한 어린이들이 정상적인 정서적 성장을 하지 못하여 감정이나 성 충동 조절을 하지 못하고,

아동 성폭력에 대해 죄책감조차 느끼지 못하는 것을 보면서 사회적 문제에 눈을 뜨게 되었다고 한다. 실제로 가해자나 피해자 모두 가난한 가정이나, 조손가정, 한부모 가정에서 자라면서 제대로 된 사회복지서비스나 육아지원서비스를 받아 본 적이 없는 경우가 대다수이다. 그래서 아동 복지에 대한 투자를 확충하자는 것이 그의 주장이다.

우리 복지국가소사이어티는 이러한 주장에 전적으로 의견을 같이 한다. 어린이 성폭행 전과자들의 명단을 공개하고, 범죄자들에게 전자 발찌를 채우고, 화학적 거세까지 하지만, 이는 근본적인 예방 대책이 아니다. 이미 우리사회가 핵가족으로 바뀌었음에도 불구하고, 의무교육이나 보통교육 속에서 체계적인 성교육이 이루어지지 않고 있다. 중·고등학교를 졸업하는 청소년이 성인으로 자라 건강한 성 생활을 할 수 있도록 체계적인 교육을 하고 있는지 반성해볼 일이다.

살아가는 데 꼭 필요한 이러한 교육이 영어단어 하나 더 외우거나, 수학문제 하나 더 푸는 것보다 더 중요할 것이다. 우선, 각종 특별활동이나 재량활동 시간을 활용하여 학생들에게 꼭 필요한 성교육을 시킬 것을 의무화해야 한다. 성적순으로 줄을 세우기 위한 학과 시험은 거르는 한이 있더라도 해당 학년에서 우리 아이들이 알아야 할 이러한 지식을 습득하였는지 확인하여, 이를 이수하지 못한 학생은 진급이나 졸업이 되지 않도록 하는 통과제도(pass & fail)제도의 도입도 검토해야 한다.

이번에 신 교수가 수상자로 선정된 것은 연이은 엽기적인 어린이 성폭력 사건에 대한 국민들의 지대한 관심을 대변한 측면이 있을 것이다. 동시에 우리는 이번 수상이 일회성 이벤트로 끝나지 말고, 서울시뿐만 아니라 우리사회 전체의 지속적인 관심으로 이어지길 기대한다. 신 교수께서는 앞으로도 이 일을 계속하실 것이지만, "자신을 찾는 이가 자꾸 늘어나는 것은 우리사회가 건강하지 못하다는 증거"이므로 본인의 바람대로 자신을 찾는 환자들이 점점 적어져서 "한가한 의사"로서 지낼 수 있도록, 아동과 가족에 대한 보편적 복지가 조속히 제도화되길 기대해 본다.

어린이 성폭행의 근본적 해법, 복지국가에 있다

홍보위원회

김길태, 김철수 사건 등 우리사회를 경악케 한 아동 성폭행 사건이 계속되고 있다. 당국은 이에 대한 대응조치로 아동 성폭력 전과자의 명단 공개와 전자 팔찌 도입에 이어, 일명 화학적 거세라고 불리는 남성호르몬 치료법까지 도입하였다. 이러한 대책들은 분명 진일보한 대응일 수 있다. 2002년 당시에는 성폭행을 당한 아동이 하룻밤 새 7곳의 병원을 전전하고도 제대로 치료를 받지 못하는 일이 빚어지기도 했었다.

치료에 시간이 많이 소요되고 전문 장비가 없다는 의료계의 변명에 따라 전국의 병원에 성폭력 피해자를 위한 응급 키트가 배치되었고, 대응 매뉴얼이 만들어졌으며, 어린이 성폭행범을 검거한 경찰에게는 강도 검거에 준하는 승진 점수가 부여되는 등 각종 제도적인 조치들도 시행되었다. 학교에서는 아이들의 등·하교를 교사들이 책임지고 관리하게 되었고, 모든 학교의 교문에는 CCTV가 설치되었으며, 등하교 길에는 담당 경찰관이 배치되었다. 어린이 성폭행 피해자와 가해자를 같이 치료하는 전문치료기관인 "해바라기 센터"도 설립되었다.

그러나 이와 같은 대책만으로는 아동 성폭행 문제를 아직도 완전히 근절하지 못하고 있다. 오히려 2007년 아동 대상 성폭력 신고 건수는 2002년 기준으로 80%나 증가하는 등, 이 문제는 계속해서 우리사회를 괴롭히고 있다.

그렇다면 우리는 이 문제를 어떤 관점에서 이해할 것이며, 어떤 대책을 세워야 할 것인가? 우리는 여기서 그동안 사건이 발생할 때마다 범죄자에 대한 처벌 강화 같은 단기적인 대책들과 재발 방지 조치가 논의되어 왔음에도 불구하고, 근본적인 해결책에 대한 논의는 별로 진행된 적이 없다는 점을 반성해 볼 필요가 있다.

언론 역시 각종 선정적인 보도는 앞 다투어 내보내면서도, 미국과는 달리 북유럽의 복지국가들에서는 왜 어린이 성폭행 비율이 그렇게 낮은지? 사회적으로 분석하거나 비교하는 경우는 별로 찾아 볼 수 없었다.

예를 들어, 부산에서와 같이 저소득층 밀집 지구에 거주하는 아이들이나, 맞벌이 부모를 기다리며 빈집을 지켜야 하는 아이들에게 이러한 문제가 빈발하는 이유에 대해서는 심도 깊은 논의와 분석이 이루어지거나 근본적인 대책이 제안된 바가 없는 것이다.

많은 범죄가 그렇겠지만, 특히 어린이 성폭행 문제는 일정하게 사회적인 조건 속에서 양산되는 경우가 많기 때문에 우리는 시각을 넓혀 사회경제적인 차원에서 이 문제를 바라볼 필요가 절실하다.

실제로 아동 성폭력 사건 중 상당수가 다세대 주택지나 취약계층이 거주하는 지역에서 발생한다. 아이들이 놀 곳이 없어 이리저리 좁은 골목을 뛰어다니거나, 부모가 경제적 어려움 속에서 하루하루 살아가기에 급급할수록 우리 아이들은 보호 받기 힘들고, 더 쉽게 범죄에 노출되는 것이다.

만약 인근에 지역아동센터라도 있으면, 저렴한 비용으로 아이들을 맡길 수 있겠지만, 대상 아동 수에 비해 센터의 숫자도 적고 정부 지원액도 월 200만원에서 300만원 수준에 불과하여 다수의 아동들을 수용하거나 제대로 된 프로그램을 제공하는 것은 원천적으로 불가능한 실정이다.

특히, 목에 걸린 열쇠로 현관문을 열고, 텅 빈 집에서 혼자 밤늦도록 아버지와 어머니가 돌아오기를 기다리는 "열쇠 아동"이나, 돈 벌러 나간 부모 대신 혼자 집을 지켜야 하는 "나 홀로 아동"이 전국적으로 180만 명에 이른다는 통계에도 불구하고, 이들을 위한 범정부적인 지원 대책은 논의조차 못 되고 있다.

한국사회의 부모들은 대개 저녁 늦도록 일을 하고 돌아와 혼자 집을 지킨 아이의 숙제나 내일의 준비물을 챙겨주어야 한다. 부모의 마음속에는 항상 혼자 라면을 끓여먹거나 패스트푸드로 끼니를 때우면서 비만이 되어 가는 아이들, 부모의 보살핌보다는 TV나 게임 속으로 빠져들 수밖에 없는 우리 아이들의 고달픈 현실에 대한 미안함이 가득할 뿐이다. 이렇게 아이들을 키우기 위한 사회서비스가 부실한 나라에서 합계 출산율이 1.19로 세계 최저 수준인 것은 전혀 이상한 일이 아니다.

아동복지 지출비(아동복지비 지출 = 아동수당 + 출산·육아수당 + 빈곤가정 현금지급 + 기타) 현황을 보면, 우리나라는 아동 1인당 복지 지출비가 1년 기준으로 40달러 정도인데 비해, 영국 913 달러, 미국 297 달러, 프랑스는 2,162달러, 독일은 1,707 달러에 달한다. 그리고 스웨덴은 우리보다 무려 100배나 많은 3,961 달러 이상의 사회적 지출을 하고 있는 것으로 나타났다. 현금 지원과 각종 사회서비스 제공, 그리고 세금 감면을 포함하여 가족을 위한 지원도 GDP 상의 비중으로 국제비교를 하면, 2005년 OECD 평균이 2.3%(OECD, 2010, Social Expenditure Database)인데 비하여 우리나라는 0.2% 정도에 그치고 있고, 그나마 현 정부 출범 후에는 0.1% 수준으로 감소하는 등 너무나 열악한 상황이다.

아동수당만 보아도 멕시코를 제외하면 대부분의 OECD 국가들이 보편적인 아동수당제도를 도입하고 있으며, 그 규모도 아동 2인을 기준으로 평균 257,790

원에 달한다. 이는 총소득 대비 7.7%, 실질 구매력을 기준으로 하는 DPI 대비로는 9.3% 수준이나 된다. 우리나라는 아직까지 복지국가소사이어티 등이 주장하는 초보적인 수준의 아동수당조차 도입되지 않고 있는 것은 물론, 아예 공론화 자체가 이루어지지 않고 있는 실정이다.

이제 우리는 성폭력을 막기 위해서라도 전국적으로 보편적 아동복지서비스를 실시해야 한다. 아이 하나를 키우기 위해서는 온 마을이 필요하다는 인디언 속담도 있듯이, 우리사회가 힘을 모아 어린이 성폭력을 막아내는 가장 확실한 방법 중의 하나는 모든 아동들에게 '방과 후 교실'과 '지역 아동센터' 등 각종 사회서비스를 제공하는 것이며, 소득 수준에 관계없이 '보편적인 아동수당제도'를 도입하는 것이다.

우리의 아이들이 어떻게 자라고 있는지, 아이들의 입장에서 자세히 살펴보아야 한다. 아이들이 어른들의 보호막 밖으로 벗어나 혼자 방치되지 않게 하고, 범죄자의 눈에 들지 않도록 하는 것이 어린이들을 지키는 방법이 될 것이다. 지속적으로 재발하는 아동 성폭행 사건을 바라보며, 우리는 보편적 아동복지서비스의 절실함을 피부로 느끼지 않을 수 없다.

실효성 있는 저출산 대책을 위한 제언

홍보위원회

최근 범정부 차원의 종합대책으로 발표된 4대 분야 227개 과제 중 '제2차 저출산 고령사회 기본계획(2011~2015)'에 대해 비판 여론이 비등하고 있다. "겨우 이 정도 대책을 믿고 아이를 낳으라는 것이냐?"라는 일반 국민들의 반발에서부터, 정책의 실효성이 없을 것이라는 전문가들의 지적, 그리고 기업들에 대한 과도한 부담을 우려하는 경제 관련 단체들의 반대 의견까지, 다양한 차원에서 부정적인 견해들이 쏟아지고 있다.

가장 논란이 되는 것은 현재, 월 50만원 정액제로 시행되는 육아휴직 급여를 정률제로 바꾸어서, 소득수준에 따라 40%까지, 최대 월 100만원까지 인상하겠다는 정책이다.

우리나라는 지난해 46만6,000명의 전체 산모 중 6.2%에 불과한 29,145명만 육아휴직을 이용하였다. 이렇게 육아휴직의 활용도가 낮은 이유는 우선 지원대상의 범위가 좁고, 소득대체율이 낮아 육아휴직 제도의 이용률이 낮은 것으로 분석(국회입법조사처, 2010)된다. 이 때문에 우리나라에서의 '육아휴직'은 "육아퇴직"과 같은 말로 이해되는 분위기다.

이런 맥락에서 보면, 이번에 발표된 정책은 이전에 비해 매우 진일보한 대책이 틀림없다. 특히, 우리 복지국가소사이어티가 주장하던 0세아 산모에 대한 1년간의 육아휴직 부여 등 육아휴직제도의 정상화에 대한 제안(복지국가소사이어티 8. 22 칼럼)을 부분적으로라도 수용한 것은 의미 있는 변화로 볼 수 있다.

그러나 정책당국은 복지국가소사이어티의 제안을 제목만 보고, 내용을 안 보았거나, 내용을 보고도 부처 간의 이견으로 합의에 도달하지 못한 것 같다. 정책의 핵심이 빠져있기 때문이다.

이 대책의 문제점은 첫째, 소득대체율 40%로는 실질적으로 육아휴직을 하기 어렵다는 것이다. 서민들은 매달 들어가야 하는 주택부금과 민간보험 비용, 그리고 나날이 급등하는 각종 생활 물가들이 주는 압박 때문에 맞벌이를 하지 않고서는 현재수준의 생활을 유지할 수 없다. 따라서 부모들은 등 떠밀리듯 어린 자녀를 떼어놓고 직장으로 나갈 수밖에 없다. 틈만 나면 OECD 국가 수준과 비교하기를 좋아하는 현 정부가 다른 선진국들의 평균 육아휴직 급여율이 소득의 80%라는 사실을 왜 애써 감추려고 하는지? 궁금하다.

높은 육아휴직 급여율은 상당히 효율적인 저출산 대책이 된다. 자녀가 8세 때까지 부모에게 480일의 육아휴직이 주어지는 스웨덴은 출산율이 1.85명으로 증가하였다. 자녀가 6세까지 3년의 육아휴직을 할 수 있는 프랑스는 합계출산율이 2명 수준으로 증가하여, 이미 더 이상 저출산 국가가 아니다. 유럽의 선진국들이 엄청난 비용을 투입하면서 육아휴직제도를 운영하는 것은 돈이 남아돌아서가 아니라, 이 제도가 여러 가지 저출산 대책 중에 비용 대비 효과가 가장 높기 때문이다.

우리나라처럼 소득대체율이 낮은 경우에는 육아휴직을 하더라도 편하게 1년을 채우지 못하고 짧게 쉬고 나오게 된다. 맞선 시장에서 학교 교사가 가장 선호하는 직종이 된 이유 중의 하나는 연간 3개월의 방학이 있다는 것에 더하여, 직장 상사나 주위의 눈치를 보지 않고 마음 놓고 출산과 육아를 할 수 있도록 기간제 교사로 대체 인력을 충원해준다는 것이다.

기업의 입장에서도 높은 소득대체율이 기업의 부담을 줄여주는 조치가 된다. 만약 소득대체율을 80%로 높여주면, 기업들이 추가부담을 지지 않고도 충분히 대체인력을 안정적으로 채용할 수 있게 된다. 정부가 지급하는 육아휴직 급여율을 높이면, 기업들은 상시적으로 전체 여성 근로자들의 10% 정도를 추가로 고용할 수 있는 여력을 가질 수 있고, 이는 청년실업 해소에도 기여할 수 있을 것이다.

만약 정부가 이러한 현금 유인정책을 포기하고, 대신 육아휴직을 법적으로 의무화 하는 강제 압박정책을 동원한다면, 이는 오히려 기업들로 하여금 여성들의 고용을 기피하게 만들고, 여성들로 하여금 출산을 기피하게 하는 등 현실적 부작용만을 낳게 될 것이다.

두 번째, 그나마도 육아휴직 급여를 받을 수 있는 사람은 정규직 직장 여성들뿐이라는 것이다. 전체 근로자들의 반 이상이나 되는 비정규직인 여성 근로자들은 고용보험 미가입 상태이므로 육아휴직의 대상 자체가 되지 않는다. 또한, 남성 우선의 취업구조 때문에 일자리가 없어서 취업을 하지 못하는 여성들도 아예 대상에서 제외되어 있다.

산후 몸조리도 끝나지 않은 채, 우는 아이를 등에 업고 힘들게 일해야 하는 자영업자들에게도 육아휴직은 남의 나라 이야기일 뿐이다. 현재의 육아휴직제도에서는 너무나 많은 산모들이 배제되어 있어, 이 제도가 출산장려정책으로 기능을 하는 것 자체가 불가능할 정도이다. 우리나라 출산휴가자 중 육아휴직자의 비율은 42.5%로 독일 85%(2005년), 일본 89.7%(2007년) 등에 비해 현저히 낮은 수준이다.

따라서 이 제도가 실효성을 가지기 위해서는 전국민고용보험제도 실시 등의 획기적인 대책이 동시에 추진되어야 한다. 우선 단계적으로 비정규직과 자영업자만이라도 고용보험에 가입할 수 있도록 해야 한다. 이들에 대해서는 국민건강보험 지역가입자와 같이 기업부담에 해당되는 부분을 국가가 담당하도록 해야 한다. 그렇지 않다면 '제2차 저출산·고령사회 기본계획'은 현 정부가 추진하고자 하는 "공정한" 정책이 될 수 없을 것이다.

세 번째, 비록 적은 액수이지만, 이 정책은 소득이 높은 사람이 혜택을 더 많이 받고, 소득이 낮은 사람이 상대적으로 적게 받는 구조로 되어 있다. 이것은 소득수준에 따른 차등지원을 하는 잔여주의 복지 정책에서 나타나는 구조적인 문제이다. 아무리 제도를 정교하게 만들어도 정책의 근본철학이 바뀌지 않는 한 이러한 문제는 극복되지 못할 것이다.

월급이 적은 것도 서러운데, 그것 때문에 육아휴직의 급여도 적게 받아야 하는 산모의 마음은 육아휴직을 하면서도 편하지 않을 것이다. 보편적 복지의 원리 하에서 차별 없이, 아이를 키우는 모든 부모에게 육아휴직 수당이 지급되도록 접근하지 않으면 역차별의 문제는 해결되지 않을 것이다.

무엇보다 큰 문제는 이번에 발표된 대책에는 재원조달 계획이 전혀 없다는 것이다. 이미 고용보험 기금은 매년 1.5조원의 적자를 내고 있다. 참여정부와 국민의 정부에서 쌓아 두었던 적립금도 6조6,188억 원으로 감소(민주노동당 홍희덕 의원, 2010. 8)하였다. 4대강 개발로 국민의 복지에 투자할 수 있는 재정여력을 소진해 버리고, 부자감세로 약 80조원의 세수도 줄어들 것이 예정되어 있는 상황임을 고려해 볼 때, 자칫 잘못하면 이 정책에 따른 국민들이 급여신청에 대해 정부의 지급불능 사태가 올 위험도 있다.

우리는 정부가 재원조달계획도 없이 범정부적 종합대책을 발표하지는 않았을 것이라고 믿고 싶다. 주무 부서인 보건복지부와 고용노동부, 그리고 예산을 담당하는 기획재정부 간의 합의가 되지 않아 재정대책이 공개되지 않았을 수 있다고 생각한다.

그러나 한 가지 분명한 것은 우리는 지금 안이한 예산 타령을 하고 있을 시간이 없다는 것이다. 우리나라는 2016년부터 실질적인 생산가능인구가 줄어들 것으로 예상되고 있다. 2018년부터는 한국의 절대 인구 숫자가 감소할 것이라는 전망도 있다. 대책을 한 해 늦출수록 국민들이 지고가야 하는 부담은 점점 커진다.

정책이 제대로 효과를 발휘하려면, 필요한 시기에 필요한 규모의 투자가 있어야 한다. 적은 돈을 아끼려고 하다가 오히려 국가에 큰 부담을 지우게 된다면, 누군가는 "미필적 고의"에 대한 책임을 져야 할 것이다. 해야 할 일을 하지 않아서 생기는 사태에 대해, 그리고 그로 인해 국민들의 져야할 부담에 대한 책임에서 우리 모두는 자유로울 수가 없을 것이다.

보수와 진보의 '아이돌보기'는 어떻게 다른가?

장지연 | 복지국가소사이어티 정책위원, 사회학 박사

이명박 정부가 참여정부의 정신을 계승하다시피 하면서 열심히 추진하고 있는 정책분야가 하나 있다. '아동 돌봄 지원' 영역이 그것이다. 실은 경쟁적으로 관련 정책을 내놓고 있다고 보는 편이 정확하겠다. 참여정부가 보육비용을 소득수준에 따라 차등적으로 지원하는 제도를 처음으로 도입하였고, 현재 시점에서 보육시설 이용료의 일부라도 지원받고 있는 영·유아는 시설 이용 아동의 65%를 넘어섰다.

여기서 한발 더 나아가, 현 정부는 소득수준 70% 이하 가구의 영·유아에 대하여 '무상보육'을 실시하겠다고 선언하였다. 선별주의 논란을 잠재울만한 '사실상'의 보편적 돌봄 지원을 선언한 것이다. '무상급식' 논란을 겪으면서 사회주의 방식이라느니, 비효율적인 지출 방식이라느니 하면서 반대해 보았지만, 결국 다른 건 몰라도 '보편적 사회서비스'는 폭넓은 지지를 받을 수밖에 없다는 사실을 깨달은 것이다.

한편, 진보진영에서는 이 이슈에 있어서는 좀 당황한 기색이다. '어, 이거 우리 브랜드인데……, 이제 우리는 뭘 내놓지?' 이런 고민에 들어가지 않을 수 없게 된 것이다. 진보진영은 그동안 '성장 대 분배'의 이분법적인 담론과 정치사회적 프레임으로 끌려 들어가서 허덕이다가 최근에 와서야, 특히 지난 6.2지방선거를 거치면서 보편적 복지를 필두로 '역동적 복지국가'나 '보편적 복지국가'를 내세우며 일정하게 국면 전환에 성공하였다.

하지만 복지국가는 진보만의 전유물은 아니다. 이제 '어떤 복지국가인가'를 놓고 경쟁을 해야 하는 상황에 직면하였다. 기실, 이건 국민의 행복과 사회발전을 위해 참으로 고마운 일이다. 보수가 복지국가를 말할 때에는 진정성이 약하므로 오래가지 못할 것이라고 생각한다면 이는 정말 나이브한 판단이다. '이번 정부에서 소득수준 70%에 대한 무상보육을 약속하니 우리는 80%나 90%로 갈까?' 이런 생각을 하는 것도 어리석다. 이제 구체적인 내용을 가지고 정책의 방향을 고민할 때다.

보수의 복지와 진보의 복지는 어떻게 다른가? 더구나 보수진영이 특정 정책 분야에서 '우리도 선별주의 방식으로 안 한다'고 선언했을 때, 이제 어디서 그 차별성이 드러나겠는가? 그 해답은 이명박 정부의 저출산 대책이나 '아이사랑 플랜' 같은 아동 돌봄 지원정책의 큰 그림을 살펴보면 찾을 수 있다. 그 전에 먼저 참여정부는 어떻게 했는지 돌아보자.

참여정부는 아동별로 보육료를 지원하는 정책을 도입하였다. 참여정부 시기 동안 보편적 지원을 달성하지는 못했지만, 보육료를 지원하는 아동의 범위를 점차 확대해 나간다는 청사진을 제시하였다. 참여정부 보육정책의 실수는 보육비의 상당부분을 국가예산으로 충당하는 것 자체를 보육의 공공성 확보와 동일시한 데 기인한다. 민간 보육시장을 확대하였고, 다만 개별 가족의 보육비 부담을 감소시켜 주는 것이 보육정책을 통해 실현하고자 한 정책목표이자 가치였던 것이다.

그런데 보수정부도 이렇게 할 수 있다는 것을 이명박 정부가 잘 보여주고 있다. 아니, 이렇게 하는 거라면 우리가 더 잘 할 수 있다고 공언하고 있는 것이다. 물론, 참여정부가 보편적 보육료 지원의 길을 열지 않았더라면, 현재와 같은 정책 경쟁은 없었을 것이라는 반론은 타당하다. 하지만 이 시점에서 분명한 것은 이제 보육료 지원의 범위를 가지고 새로운 복지국가 돌봄 서비스 정책의 우월성을 논할 수는 없다는 점이다.

이명박 정부의 아동 돌봄 지원제도 청사진에는 보편적 보육료 지원 이외에도 몇 가지 다른 정책들이 포함되어 있다. 양육수당의 확대, 아이돌보미 서비스의 확대, 자율형 어린이집(즉, 보육료 상한제 폐지), 이 세 가지가 주목해야 할 정책들이다.

양육수당은 보육시설을 이용하지 않는 아동에게도 그만큼 국가가 뭔가를 지원해야 한다는 논리에서 도입되었다. 아이돌보미 서비스는 보육시설을 이용하지 않고 집에서 아이를 돌보아야 할 경우, 집으로 찾아가서 돌보아주는 서비스다. 자율형 어린이집은 민간 운영자가 부모와 서비스의 내용을 협의하고 국가 지원분을 초과하는 비용은 이용 아동의 부모가 부담하는 방식이다. 이 세 가지의 추가적인 돌봄 서비스 정책은 부모가 서비스의 종류를 선택할 권리가 있다는 논리에 근거하고 있다.

즉, 어떤 서비스를 받을지는 개별 가족이 선택할 테니 국가는 다양한 서비스를 제공하라는 것이다. 선택권 논리는 중산층에게 강하게 어필한다. 하지만 이 논리가 관철되어 위의 세 가지 추가적인 서비스 선택지가 열린다면, 보편적 보육서비스의 전망은 일그러지게 된다. 개별 가족이 추가적인 비용을 부담하고 좀 더 고급의 서비스를 이용하겠다며 시설보육을 벗어나게 될 텐데, 이렇게 되면 영아 때부터 부모의 소득수준에 따라 다른 종류의 보살핌을 받게 되는 사회로 급진전할 것이다.

양육수당은 보육시설을 이용하지 않는 것을 전제로 지급되는 수당이다. 현재는 저소득층에게만 제공되기 때문에 영향력이 크지 않지만, 현 정부가 계획한

대로 보육료 지원과 동일하게 소득수준 70%까지 아이 한 명당 월 20만원씩 지원된다면 여성의 경제활동을 크게 위축시킬 것이다. 어린 자녀를 둔 여성들의 상당수가 월 150만원 미만의 급여를 받으면서 비정규직에서 일하는 현실에서 이 대체소득의 효과는 상당할 것으로 짐작된다. 게다가 양육수당은 소득수준이 높은 가족과 매우 낮은 가족에게 아이를 보육시설에 보내지 않게 만드는 유인을 제공한다.

아이돌보미 서비스는 시설보육에 추가하여 필요한 경우가 있다는 점은 인정된다. 한부모 또는 조손 가족과 같이 특별한 지원이 더 필요한 경우, 시설보육을 이용하고 나서도 추가로 아이돌보미 서비스를 제공할 수 있다. 그러나 이렇게 사용되는 것이 아니라 시설보육을 대체하는 방식으로 사용된다면, 그리고 개인이 추가비용을 부담하게 하는 방식이 그대로 적용된다면, 이 역시 계층화된 서비스 이용이라는 문제를 낳을 것이다. 아동별 보육료 지원은 그대로 다 받고 추가비용을 더 내는 방식으로 설계되고 있는 자율형 어린이집은 시설보육을 다시 계층화하는 정책이다.

아동 돌봄의 기본은 깨끗한 환경에서 좋은 음식을 먹이고 사랑으로 보살피는 것이다. 이렇게 돌보지 않아도 좋을 아이는 한 명도 없다. 아이들이 부모의 소득수준에 따라 서로 다른 서비스를 받게 된다는 것의 의미는 단순히 평등주의 원칙을 관철하지 못했다는 데 그치는 것이 아니다. 일부는 추가비용을 부담하면서 1 : 1 가정보육을 선호하고, 또 다른 일부는 고급형 어린이집으로 가게 된다면, 보편적 사회서비스로서의 시설보육은 그 질을 담보하기 어렵게 된다. 오갈 데 없는 아이들만 남아서 그저 데리고 시간만 보내는 보육시설이 되지 않을 것이라고 장담할 수 있겠는가?

아동양육은 당분간 '보편적 보육서비스' 한 방향으로 가야 한다. 부모의 소득계층에 따라 다른 방법으로 자녀를 키우도록 만드는 정책은 결코 도입되어서는 안 된다. 진보진영은 보육의 공공성을 확보하는 방안을 더 깊이 고민해야 한다. 전체 시설이용 아동의 10%만이 국공립 보육시설을 이용하는 지금의 현실을 바꿔낼 수 있는 방안이 강구되어야 한다.

역동적 복지국가에서 '보편적' 돌봄 지원의 의의는 작지 않다. 현재 우리사회의 국가복지는 사회보험을 근간으로 설계되어 있는데, 이것은 중규모 이상 사업체의 정규직 근로자와 그 가족을 중심으로 위험을 분산하고 생활을 보장하는 제도라서 광범위한 사각지대가 존재한다는 근본적인 문제점이 있다. 돌봄서비스는 이러한 사회보장체계의 결함을 극복하는 '보편적 급여'의 시도라고 볼 수 있다. 이것이 성공한다면 보편적 복지국가에 대한 지지는 더 넓어지고 단단해질 것이다.

역동적 복지국가의

보건의료

공공보건의료의 개념과 미래를 생각하며

정백근 | 복지국가소사이어티 정책위원, 경상대학교 교수

우리나라에는 「공공보건의료에 관한 법률」이 있다. 이 법에서 공공보건의료는 공공보건의료기관이 국민의 건강을 보호 증진하기 위하여 행하는 모든 활동을 일컫는다. 이때 공공보건의료기관이라 함은 국가, 지방자치단체 또는 기타 대통령령이 정하는 공공단체가 설립 및 운영하는 보건의료기관으로서, 여기에는 보건소, 보건지소, 보건진료소와 같은 공공보건기관과 공공병원들이 포함된다.

일반적으로 경제학적인 측면에서 보건의료서비스는 공공재 또는 가치재로 불린다. 보건의료서비스를 이렇게 부르는 이유는 보건의료서비스가 가지고 있는 공익성과 긍정적인 외부효과가 크기 때문이다. 그러므로 보건의료서비스의 제공 주체가 공공부문이든 민간부문이든 간에, 이들이 제공하는 보건의료서비스는 공공재로서의 특성, 또는 가치재로서의 특성을 가지고 있는 것이다.

이런 맥락에서 최근 보건복지가족부의 공공보건의료에 대한 관점의 전환은 의미가 있어 보인다. 즉, 현재 법률로 정의되고 있는 공공보건의료의 범위와 기준이 '공공보건의료기관만이 수행하는 일체의 활동'으로 제한되어 있기 때문에 효율적인 공공보건의료 체계의 발전을 저해하고 있다는 문제인식으로부터 출발하고 있다. 이러한 인식에 근거하여, 최근 공공보건의료에 공공의료기관뿐만 아니라 민간의료기관까지도 아우를 수 있도록 하는, 공공보건의료의 개념을 확장하기 위한 논의가 진행되고 있는 것이다.

또한, 의료기관의 설립 주체가 공공인지 민간인지의 측면이 아니라, 필수적이고 공익적인 의료서비스의 제공이라는 의료기관의 기능에 초점을 두어 국가가 공공보건의료 기능을 지원, 육성, 평가, 감독할 수 있는 법적 근거를 마련하

기 위한 노력들도 진행되고 있다. 이런 조치들이 현실화된다면, 앞으로는 공공보건의료 기능을 제대로 수행하기만 한다면 민간의료기관도 국가의 지원을 받을 수 있게 되는 것이다.

우리나라와 같이 보건의료서비스 공급체계 내에서 공공부문이 지극히 취약한 국가의 경우, 전체 보건의료체계의 공공성을 높이고 정부의 보건정책을 효과적이고 효율적으로 집행하기 위해서는 민간의료기관의 협조와 참여가 필수적이다. 그러므로 공공보건의료의 영역에 민간의료기관이 참여하는 기전을 만들고, 이를 법적으로 제도화 하는 일은 매우 의미 있는 것이다. 그러나 공공보건의료에 대한 이러한 새로운 개념의 정립과 관련하여 최근 제출된 안들과 관련 논의들을 살펴보면, 우려스러운 점이 적지 않다.

첫째, 공공보건의료에 대한 개념이 지나치게 협소하다는 점이다. 최근 제출된 안에 따르면, 공공보건의료는 지리적 접근성 보장을 위한 보건의료, 취약계층을 위한 보건의료, 수익성이 없어 원활히 제공되지 못하는 보건의료, 기타 국가의 지원 및 평가가 필요하다고 보건복지부 장관이 정하는 보건의료 등으로 규정되어 있다. 물론 이러한 내용들은 분명 공공보건의료 영역에 포함될 수 있는 중요한 사업들이다. 그러나 우리나라와 같이 '수익 극대화 원칙'에 따라 민간의료기관이 주도하는 보건의료체계 하에서는, 양질의 비용-효과적인 적정 진료서비스를 제공하는 것 역시 공공보건의료의 중요한 사업 영역임이 강조되어야 한다.

물론, 우리나라의 경우 모든 의료기관들이 국민건강보험공단의 요양기관으로 당연 지정되어 있어서 공공의료기관과 민간의료기관이 제공하는 일반 진료서비스에 질적인 차이가 없기 때문에 이 영역을 공공보건의료의 범주에 포함시키는 것이 부적절하다는 지적도 있을 수 있다. 그러나 사회적 취약계층에 해당하는 의료급여 수급자들의 뇌경색으로 인한 입원일당 진료비의 경우, 국공립 종합병원은 민간 종합병원에 비해 34%나 낮다는 보고가 있다. 또한, 대학병원들의 경우 건강보험 환자이든 의료급여 환자이든 간에 일당 진료비는 외래, 입원 모두 국립대학교 병원이 사립대학교 병원보다 낮다. 뿐만 아니라 2008년 4/4분기를 기준으로 했을 때 질환의 중증도를 보정하였을 경우에도 종합전문요양기관들 중 국립대학교 병원들은 사립대학교 병원들보다 진료비 수준이 낮았으며 재원일수도 짧았다.

이는 현재 상태에서도 공공의료기관들은 민간의료기관들보다는 양질의 적정 진료서비스를 제공하고 있다는 것을 반증한다. 그러므로 양질의 비용-효과적인 적정 진료서비스를 제공하는 것을 공공보건의료의 영역으로 포함시킴으로써 민간의료기관들의 진료 행태를 이러한 방향으로 유도하고, 사회 전체적으로는 국민의료비의 증가를 억제할 수 있는 효과를 도출할 수 있도록 해야 한다. 또한, 의료기관의 운영과 관련해서도 합리적이고 민주적인 운영 방안을 실현하고 이를 확산시키는 것 역시 공공보건의료의 영역으로 중요하게 고려되어야 할 사업 내용이다. 그러므로 현재의 논의에서 빠져 있는 중요한 공공보건의료 사업의 내용들을 채우기 위한 새로운 사회적 논의들이 필요할 것이다.

둘째, 설립 및 운영 주체로서의 공공보건의료기관의 위상이 흔들리고 있다는 점이다. 앞에서 언급한 바와 같이 공공보건의료의 범위를 확장하여 민간의료기관들도 공공보건의료 기능을 수행하게 하는 것은 매우 의미 있는 일이다. 그러나 「공공보건의료에 관한 법률」에서 애초에 공공보건의료는 공공보건의료기관이 국민의 건강을 보호, 증진하기 위하여 행하는 모든 활동으로 정의하였던 바, 만약 공공보건의료의 개념을 민간부문이 참여할 수 있는 방향으로 수정한다면 굳이 법 안에서 공공보건의료기관에 대한 개념 규정을 할 필요가 있냐는 지적이 가능하다. 그리고 이에 대한 논의가 실제로 진행되고 있고, 극단적으로는 공공보건의료에 대한 개념 규정을 법률에서 삭제하자는 의견까지 나오고 있다.

그러나 이 부분에 대해서는 신중한 판단이 필요하다. 정부가 국민들의 혈세를 들여서 국공립 의료기관들을 설립한 이유는 크게 두 가지이다. 하나는 국민들과 지역사회 주민들에게 보건의료서비스를 제공하기 위한 것이다. 다른 하나는 정부의 보건정책을 집행할 직접적 정책수단을 확보하기 위한 것이다. 우리나라에서 공공병원이라는 직접적 정책수단이 너무나 부족함으로써 발생하는 문제점들은 매우 많다. 의료기관들은 돈이 되는 도시에 집중되어 의료자원 분포의 지역적 불평등은 심각한 수준에 도달해 있다. 만성질환을 중심으로 한 현대의 보건의료문제를 해결하기 위해서는 건강증진과 질병예방 차원의 서비스 제공이 강화되어야 함에도 불구하고 많은 민간부문 공급자들은 돈벌이가 되지 않는다는 이유로 이를 등한시한다. 또한, 일부 민간의료기관들은 행위별수가제 하에서 과잉진료, 비급여 진료를 통하여 이윤을 추구하는 데 급급하여 국민의료비를 증가시키고 건강보험재정의 안정성을 지속적으로 해치는 경향을 보이고 있다.

물론, 민간의료기관들에게 공공보건의료 기능을 수행하게 하고 일정한 기준을 정하여 지원하고 평가할 수 있겠지만, 만약 민간의료기관들이 어느 순간에 더 이상 공공보건의료 기능을 수행하지 않겠다고 하면 그때는 어쩔 것인가? 이러한 상황이 연쇄적으로 발생하지 말라는 보장은 어디에 있는가? 이 경우 보건의료체계의 공공성을 확보하기 위한 방안들 중 중요한 것의 하나는 공공보건의료기관을 양적으로 확충하는 것이다. 하지만 참여정부의 사례가 보여주듯이, 정부가 강력한 의지를 가지고 공공의료기관을 30%까지 확충하겠다고 그렇게 큰 소리를 쳐도 되지 않는 마당에, 법률 조항에서도 폐기된 공공보건의료기관을 양적으로 확충하는 것은 완전히 불가능한 일이 된다. 최악의 경우, 공공보건의료 기능을 담당해야 하는 공공보건의료기관 조차도 이제는 민간의료기관의 경우처럼 공공보건의료를 선택사항으로 해석하여 이 기능을 포기하는 사태가 발생하지 않는다고 단언할 수도 없는 것이다.

한편, 막연하게 공공보건의료기관은 선한 것이라는 논리도 문제가 있으며, 현재의 공공보건의료기관 중에는 민간의료기관과 별반 다르지 않은 행태를 보이는 경우도 많다. 하지만 공공보건의료기관이 공공답지 못한 모습으로 운영되는 것의 가장 중요한 이유는 정부의 적극적인 재정 투자가 없고 독립채산제라는 굴레 때문이며, 이것이 공공보건의료기관의 구조적 특성에 기인하는 것은 아니다. 그러므로 신자유주의적 조류에 힘입어 공공보건의료기관은 비효율적이며 무조건 시장방식으로 개혁해야 한다는 근거 없는 낙인도 타파해야 할 과제라 하겠다.

결론적으로 강조하고 싶은 것은, 민간의료부문이 공공보건의료 기능을 수행하도록 함으로써 우리나라 보건의료체계의 공공성을 확대하고자 하는 최근의 정부 논의와 노력이 공공보건의료도, 공공보건의료기관도 없는 기형적 국가보건의료체계를 낳는 최악의 결과를 초래하지 않도록 해야 한다는 것이다. 이를 위해서는 보다 발전적인 사회적 논의가 진행되어야 할 것인 바, 그 발전적인 논의 중에는 현재의 공공보건의료기관에 대한 정부의 재정지원 및 투자를 어떻게 확대할 것인지, 그리고 우리나라 공공보건의료기관들을 국제적 수준에 부합하도록 양적으로 확충하고 질적으로 강화할 전략이 무엇인지가 반드시 포함되어야 할 것이다.

모든 국민의 건강을 위하여 헌법을 지키자

감신 | 복지국가소사이어티 정책위원, 경북대학교 교수

지난 2월 사단법인 복지국가소사이어티가 『대한민국, 복지국가를 부탁해』라는 책을 출간하였다. 이 책은 저자들을 소개하면서 필자를 진보적인 의료관리학자로 소개하고 있다. 개인적으로는 나 자신이 국민의 건강문제와 관련하여 그렇게 진보적이라고는 생각하지 않고 있는데, 사람들은 필자를 진보로 분류하여 소개하곤 한다. 따라서 '대한민국 헌법'에서는 국민의 건강과 관련하여 어떻게 규정하고 있는 지를 살펴봄으로써 필자가 진보적인지, 진보적이라면 어느 정도 진보적인지를 알아보고자 한다. 필자는 법을 전공한 사람이 아니라 의료정책을 공부하는 사람이므로 대한민국 헌법 '제2장 국민의 권리와 의무' 중 국민의 권리를 규정하고 있는 제10조에서 제37조제1항까지에서 건강과 관련된 조문을 중심으로 살펴볼 것이다.

헌법 제2장에서 규정하고 있는 국민의 권리를 기본권이라 하는데, 기본권은 헌법이 보장하는 국민의 '기본적 인권'으로 모든 인간이 보편적으로 누릴 수 있는 권리, 국가에 의해 만들어진 것이 아니라 인간이 인간으로서 생존하기 위해서 당연히 누려야 할 고유한 권리로 국가라 할지라도 그 기본적 내용을 침해하지 못하는 권리, 영구적인 권리 등의 특성을 가지고 있다.

헌법 제10조에는 "모든 국민은 인간으로서의 존엄과 가치를 가지며, 행복을 추구할 권리를 가진다. 국가는 개인이 가지는 불가침의 기본적 인권을 확인하고 이를 보장할 의무를 진다"라고 되어 있다. 헌법 제10조 제1문 전단은 "모든 국민은 인간으로서의 존엄과 가치를 가지며"라고 하고 있어, 기본권 보장의 목적은 '인간으로서의 존엄과 가치'의 존중과 보호, 즉 인간의 존엄성 존중이고, 제2문은 "국가는 개인이 가지는 불가침의 기본적 인권을 확인하고 이를 보장할 의무를 진다"라고 하여, 국가의 기본권 보장 의무를 규정하고 있고, 이후 제11조에서 제37조 제1항까지는 인간의 존엄성 존중을 실현하기 위한 조항들을 규정하고 있다.

인간이 인간으로서의 존엄과 가치를 가지고, 행복을 추구하기 위해서는 건강이 필수적이며, 국민이 건강을 유지·증진하고, 조기진단과 조기치료를 받으며, 악화방지를 위하여 적극적인 치료를 하고, 재활을 하기 위해서는 보건의료 서비스가 필요하다. 헌법 제36조 제3항은 "모든 국민은 보건에 관하여 국가의 보호를 받는다"라고 규정하고 있다. 이 조항은 "국가의 보호를 받을 권리를 가진다"가 아니고 "국가의 보호를 받는다"라고 되어 있어, 이 조항에서 보건에 관한 국가적 보호가 국가의 보호 의무만을 의미하는 것인지, 개개인이 국가에 대하여 보건에 관한 배려를 요구할 수 있는 사회적 기본권으로서의 건강권 또는 보건권을 의미하는 것인지에 대해서는 논란이 있을 수 있으나, 국제적 동향이나 건강권이 가지는 본질적 속성 등을 고려할 때 사회적 기본권의 하나로 보장한 것으로 보는 것이 다수설이다.

건강권에는 일반적으로 두 가지가 강조되는데, 첫째 각 개인은 국가에 대하여 건강이 침해되지 않도록 요구할 수 있다(자유권적 성격). 둘째, 국가에 적극적인 건강의 유지·증진, 질병의 예방·치료 및 회복조치, 건강보장의 충실 등의 시책을 요구할 수 있다(사회권적 성격). 건강권은 추상적 권리로서 다른 기본권과 마찬가지로 국가에 의한 입법과 그 입법에 의한 구체적인 조치가 있어야만 개개인은 국가를 상대로 보건에 관한 국가적 배려를 구체적·현실적인 권리로 주장할 수 있게 된다. 따라서 국가는 보건에 관한 권리를 구체적으로 실현시키는 법으로 「보건의료기본법, 「의료법」, 「국민건강보험법」, 「지역보건법」, 「공공보건의료에 관한 법률」, 「전염병예방법」, 「국민건강증진법」, 「모자보건법」 등의 많은 보건의료와 관련된 법률들을 제정하여 실시하고 있다.

헌법에서 규정하고 있는 건강권을 구체화하기 위한 일반법으로서의 성격을 가짐과 동시에 보건의료 관련 법률들의 기본법으로서의 성격을 가지는 「보건의료기본법」에서는 제10조 제1항 "모든 국민은 이 법 또는 다른 법률이 정하는 바에 의하여 자신과 가족의 건강에 관하여 국가의 보호를 받을 권리를 가진다", 제2항 "모든 국민은 성별·연령·종교·사회적 신분 또는 경제적 사정 등을 이유로 자신과 가족의 건강에 관한 권리를 침해받지 아니한다"라고 규정하여 건강권을 명시하고 있으며, '국가 및 지방자치단체의 책임', '보건의료인의 책임', '환자 및 보건의료인의 권리' 등을 총칙에 규정하고 있다.

인간은 건강과 관련하여 스스로 원하는 방법과 범위 내에서 다루어질 '자기결정권'을 가지고 있는데, 상기한 헌법 제10조는 "모든 국민은 인간으로서의 존엄과 가치를 가지며, 행복을 추구할 권리를 가진다"라고 규정하고 있으며, 자기결정권을 구체적으로 실현하기 위하여 보건의료기본법에 '보건의료에 관한 자기결정권'의 조항을 두고 있다.

헌법 제17조에는 "모든 국민은 사생활의 비밀과 자유를 침해받지 아니한다"라고 규정하여, 사생활의 비밀과 자유의 불가침, 그리고 자신에 관한 정보를 통제를 할 수 있는 권리를 그 내용으로 하고 있고, 국민의 건강영역에서 구체적으로 실현시키기 위해서, 「보건의료기본법」, 「의료법」 등에 '보건의료와 관련한 비밀보장', '의료인의 비밀누설 금지' 조항 등을 규정하고 있다.

헌법 제21조 제1항에는 "모든 국민은 언론·출판의 자유와 집회·결사의 자유를 가진다"고 규정되어 있는데, 넓은 의미에서 언론·출판의 자유는 개인의 알 권리 등을 포괄하는 자유이다. 국민의 건강영역에서 개인의 알 권리를 실현하기 위해 「보건의료기본법」에 '보건의료에 관한 알 권리' 조항이 규정되어 있다.

헌법 제34조 제1항에는 "모든 국민은 인간다운 생활을 할 권리를 가진다"라고 하여 사회적 기본권으로서 인간다운 생활권(생존권)을 보장하고, 인간다운 생활의 실현을 위하여 제2항 "국가는 사회보장·사회복지의 증진에 노력할 의무를 진다", 제3항 "국가는 여자의 복지와 권익의 향상을 위하여 노력하여야 한다", 제4항 "국가는 노인과 청소년의 복지 향상을 위한 정책을 실시할 의무를 진다", 제5항 "신체장애자 및 질병·노령 기타의 사유로 생활능력이 없는 국민은 법률이 정하는 바에 의하여 국가의 보호를 받는다", 제6항 "국가는 재해를 예방하고 그 위험으로부터 국민을 보호하기 위하여 노력하여야 한다"고 규정하고 있다.

헌법 제35조에 "모든 국민은 건강하고 쾌적한 환경에서 생활할 권리를 가지며"의 환경권, 제36조에 건강권 등의 조항을 두고 있는데, 제36조에서는 제3항의 건강권 외에 제2항 "국가는 모성의 보호를 위하여 노력하여야 한다"라고 하는 국가의 모성보호 조항을 신설하였다.

헌법 제37조 1항은 "국민의 자유와 권리는 헌법에 열거되지 아니한 이유로 경시되지 아니한다"라고 하고 있다. 헌법에 열거되지 아니한 자유와 권리란 기본권 보장의 목적 조항이라 할 수 있는 제10조의 "모든 국민은 인간으로서의 존엄과 가치를 가지며"에서의 '인간으로서의 존엄과 가치'를 누리기 위해서 필요한 것이면 모두가 경시되어서는 아니 될 자유와 권리라고 할 수 있는데, 대표적으로 '생명권', '신체를 훼손당하지 아니할 권리' 등이 제시되고 있다.

한편, 우리나라 헌법에는 생명권에 관한 명문 규정이 없는데, 생명권 보장은 인간의 경우에 자연적이고 당연한 것이므로 굳이 명문화할 필요가 없기 때문으로, 명문의 규정은 없지만 헌법상의 권리로 인정하고 있고, 인간의 존엄을 규정한 헌법 제10조와 신체의 자유를 규정한 제12조 제1항 "모든 국민은 신체의 자유를 가진다"에서 그 근거를 구할 수 있다. 신체를 훼손당하지 아니할 권리 또한 우리나라 헌법에 명문의 규정은 없지만, 생명권 보장과 마찬가지로 헌법 제10조와 제12조 제1항의 통합적 해석에 의해 헌법상 보장된다고 보고 있다.

이상에서 살펴본 바와 같이, 우리나라 헌법은 인간의 존엄성을 존중하는 것을 기본권 보장의 목적으로 하고 있으며, 이를 위해서 헌법 제36조 제3항 "모든 국민은 보건에 관하여 국가의 보호를 받는다", 「보건의료기본법」 제10조 제1항 "모든 국민은 이 법 또는 다른 법률이 정하는 바에 의하여 자신과 가족의 건강에 관하여 국가의 보호를 받을 권리를 가진다", 제2항 "모든 국민은 성별·연령·종교·사회적 신분 또는 경제적 사정 등을 이유로 자신과 가족의 건강에 관한 권리를 침해받지 아니한다"고 규정하여 건강권을 명시하고 있다.

일부의 국민이 아닌 모든 국민이 건강하고 인간의 존엄성을 존중받고자 하는 노력은 헌법과 이를 실현하기 위한 법률을 준수하는 것이지 굳이 진보적이라고 할 것이 없다. 그러므로 필자에게 국민의 건강과 관련하여 진보적 의료관리학자라는 명칭은 과분하고, 그저 헌법과 법률을 준수하고자 노력할 따름이었던 것이다. 모든 국민의 건강권 실현과 보편적 복지국가의 건설을 위하여 우리 모두 헌법과 이의 실현을 위한 법률이 제대로 지켜지도록 더욱 노력해야 할 때다.

보편적 복지와 선별적 복지, 유권자가 선택해야

김철신 | 복지국가소사이어티 정책위원, 구강보건정책연구회 회장

얼마 전 동료들과 미국의 치과 의료에 대해 이야기 나눈 적이 있는데, 이를 요약하면 다음과 같다. 미국의 동네치과에는 진료실 보조 인력이 보통 1~2명인데 비해 접수를 하는 곳에는 2~3명의 리셉셔니스트가 있다. 접수 일이 그만큼 복잡하기 때문이다. 그 복잡한 일이라는 것은 바로 환자의 의료보험 가입 여부와 종류를 확인하는 것이다. 환자가 의료보험 카드를 가져오지만, 이것이 곧바로 보험자격을 의미하지는 않으므로 접수 직원이 보통 800으로 시작하는 의료보험회사의 전화번호를 보고 직접 전화를 걸어 자격을 확인한다. 보험자격이 확인됐다고 해도 해당 치료에 대해 보험적용을 받을 수 있는지의 여부는 보험회사마다, 상품마다 다르다. 이것들을 일일이 다 확인해야 비로소 진료를 시작할 수 있는 것이다.

보험적용을 받을 수 있다고 해도 그 전제조건이 치료마다 다 다르기 때문에 아무리 급하더라도 일단 치료계획을 세우고 나서, 발생하는 총 진료비에서 보험회사가 얼마를 부담할지가 결정되면 환자의 본인부담금이 얼마나 되는지를 미리 알려줘야 한다. 또 보험회사마다 매년 상품의 종류와 내용이 달라지기도 하는데, 어느 정도 전산화가 되어 있지만 그것이 바로바로 전산에 반영되는 것이 아니기 때문에 반드시 전화나 문서로 사전 확인을 해야 하는 것이다. 이렇게 긴 접수절차를 마치고 진료를 시작했다 하더라도 환자가 이직 등의 사유로 의료보험 상품을 바꾸었다면 그 환자 진료비의 어디까지를 어느 회사에 청구해야 하는지 아주 복잡한 문제가 생긴다.

혹자의 말처럼 미국의 민간보험회사는 환자에게 한 푼이라도 더 받아내고 의사에게 한 푼이라도 덜 주려는 '하이에나' 같기 때문에, 보험회사로부터 진료비

를 받아내는 데 많은 시간이 걸린다. 미국에는 이러한 민간보험회사가 천 곳이 넘고, 각 보험회사가 판매하는 상품이 또 수십 종이기 때문에, 이를 일일이 파악해 진료를 하고 진료비를 청구하기 위해서는 병원에 진료 인력보다 사무 인력이 더 많이 필요한 것이다. 이는 환자의 입장에서도 마찬가지여서 보험혜택을 받기 위해서, 즉 치료를 위해서가 아니라 자신의 보험자격을 증명하기 위해서 병원과 보험회사를 종종거리며 왕래해야 한다. 치료보다 더 많은 시간과 노력을 보험회사와의 실랑이에 투자해야 하는 경우가 많은 것이 세계 최강국이라는 미국의 의료 현실이다.

이러한 모습은 우리나라에서는 상상하기 힘든 장면이다. 우리나라 병의원에서는 환자의 주민번호 하나로 모든 접수가 끝난다. 치과에서 많이 쓰는 건강보험 관련 청구 프로그램 중에 '두 번에' 라는 것이 있는데, 이는 클릭 두 번으로 모든 것이 끝난다는 회사의 선전문구가 반영된 것이다. 마우스만 잘 누르면 한 번에 끝나는 경우도 많은데, 환자가 치과에 들어와서 이름이나 주민번호를 말하면 그것으로 접수는 끝이다. 주민번호에 따라 이 환자가 건강보장제도 내의 어떤 급여대상인지 바로 알 수 있다. 미국과 달리, 보험자가 국가 하나인 셈이니 뭐 특별히 어려운 선별절차가 필요치 않은 것이다. 곧바로 진료실에서 검진을 하고 치료계획을 세울 수 있다.

환자의 질환과 치료행위가 건강보험 혜택이 되는지 여부는 거의 모든 치과의사와 치과위생사들이 숙지하고 있는데, 이는 매년 발간되는 국민건강보험공단의 안내책자에 모두 안내되기 때문이기도 하지만 큰 틀과 원칙에서 변화가 없기 때문이기도 하다. 책자를 보면 건강보험 급여를 받을 수 있는 질환과 치료행위, 약제와 재료가 모두 수록되어 있고, 진료비 청구에 필요한 진료행위의 절차까지 소개되어 있다. 그 내용이 100 페이지 정도 되고, 매년 큰 수정 없이 발간되기 때문에 노력이 별로 필요 없다. 필자가 있는 병원에서도 모든 접수와 보험청구 업무는 한 명의 치과위생사가 담당하고 있는데, 이 직원이 보험 관련 업무에 할애하는 시간은 하루 20~30분 정도다. 이 업무를 맡은 지 아직 얼마 안 돼 익숙하지 않음에도 그렇다.

우리나라의 국민들은 보험급여 혜택 여부를 가지고 국민건강보험공단과 병의원을 종종거리며 오가는 일은 거의 없다. 혹시나 내가 약속받은 의료보험(국민건강보험) 상품에 하자가 있을까 맘 졸이는 일도 없다. 이런 면에서 미국의 민간의료보험 체계와는 정반대다. 그리고 이러한 현상은 동네의 조그마한 의원뿐만 아니라 국가 전체적으로도 그대로 나타난다. 미국의 경우 나라 전체로 보면 천 개가 넘는 보험회사가 수만 개의 상품을 팔고, 수많은 국민들과 회사들이 각자 알아서 보험회사에 가입해 있다. 또한, 의료인들과 의료기관들도 이들 보험회사들과 각각 계약되어 있다. 이러한 미국의 민간보험 주도 의료제도 하에서 미국인들은 유럽 국가들보다 2~3배, 우리나라보다 5배나 많은 의료비를 지출하고도 건강수준을 나타내는 지표인 평균수명, 영아사망률은 OECD 평균에도 못 미치고, 우리나라보다도 훨씬 못하다. 게다가 이러한 경향은 매년 강화되고 있다.

미국인들이 최고의 가치, 절대 선(善)으로 여기는 '개인의 자유 선택권'은 의료보장 분야에서도 충분히 보장되고 있다. 그러나 이러한 권리가 미국 국민들의 의료이용과 건강보장에는 전혀 도움이 되지 못하고 있다. 미국 국민들은 편의성과 효율성이 검증된 보편적인 의료보장인 '전 국민 의료보험'이라는 선택지만을 제외하고 다른 모든 것을 선택할 수 있기 때문이다. 마치 정답만 제외하고 답을 써야 하는 시험과 같다. 그리고 그 결과는 경제협력개발기구(OECD) 최고의 의료비와 최하위권의 건강지표로 나타나고 있다. 뒤늦게 이를 개혁하고자 나선 오바마 정부의 의료보험 개혁법안도 전문가가 아니면 그 내용이 도대체 무엇인지 알아보기 힘들 정도이고, 전문가들이 보기에는 도대체 무엇이 개혁이라는 것인지 알기 어렵다. 미국의 자본주도 민간의료체계는 워낙 복잡하게 얽혀 있는 제도이기에 집념에 가득 찬 정권 차원의 개혁의지로도 손쓰기 어려운 괴물이 되어 버린 것이다.

우리나라의 경우, 미국보다 훨씬 적은 의료비로 높은 건강수준을 유지하고 있는데, 이는 국민 모두에게 보편적으로 제공되는 건강보험제도의 존재가 가장 큰 이유이다. 물론 건강보험이 필요 없는 극소수 부유층에게도 똑같이 보험혜택을 제공한다는 점에서 못마땅해 하는 분들도 있을 수 있겠으나 대다수의 국민들의 건강을 지키고 나라 전체적으로는 비용 대비 성과가 꽤 좋은 효율적인 제도임에 분명하다. 이는 행정관리의 측면에서도 그렇다. 미국의 경우 줄줄 새는 의료비가 결국에는 보험회사 경영진의 성과급으로 흘러가고 직원들의 파티에 쓰여도 그 회사의 주주가 아닌 이상 하등의 발언권이 없으나, 우리의 경우 국민건강보험공단 직원의 복리후생비까지도 감시의 대상이 되는 공적 구조를 갖고 있다. 따라서 건강보험제도의 개혁을 위한 노력도 국민적 공감대와 정부의 의지만 있다면 훨씬 간결한 것이다. 이렇듯 보편적 복지는 복지의 효과는 물론이요, 관리의 측면에서도 비교할 수 없을 정도로 효과적이고 우월하다.

의료와 더불어 가장 강력한 보편적 복지가 필요한 교육 분야에서 최근 무상급식 이야기가 뜨겁다. 초등학생인 아이의 학교 운영위원인 아내에게 얼마 전에 안타까운 이야기를 들었다. 생업을 팽개치고 달려간 평일 낮의 학교운영위원회 회의에서 회의시간의 절반 이상을 급식비 지원 대상자를 선정하는 데 보내더란다. 법적 의무지원 대상자 외에 담임 추천을 통해서 대상자를 선정하기도 하는데, 각 학급의 선생님들이 추천한 학생들에 대해서 과연 이 학생의 '가난' 정도가 어느 정도인지, 그리고 그것을 증명할 서류가 있는지를 검토하고, 혹시나 가난이 더 잘 증명된 아이들은 없는지를 살펴서 공정하고 투명하게 그들의 '가난'을 판단해주는 일을 해야 했다고 한다. 학교의 운영에 관해 훨씬 발전적인 구상과 논의에 쓰여야 할 역량들이 어떤 학생에게 월 5만 원 가량의 급식비를 지원할 것인가, 누가 더 가난하고 불쌍한가를 판단하고 선별하는 일에 대부분 매몰되고 있다는 느낌을 지울 수 없다.

최근 무상급식과 관련해서 많은 논의들이 일고 있다. 대표적으로 '보편적 복지'와 '선별적 복지'에 대한 논쟁, 교육의 본질적 내용에 관한 논쟁이 있고, 일부 정치인과 보수신문들의 좌파니 포퓰리즘이니 하는 철없는 소리도 있지만, 이는 우리사회가 '어떤 복지를 선택할 것인가'에 대한 진지한 사회적 고민을 시작했다는 것으로 보여 반갑다. 선별적, 시혜적으로 행해지는 제도가 얼마나 낭비적이고 사회적 비용이 많이 들어가는 불완전한 것인지를 다시 한 번 돌아봐야 할 것이다. 당장 미국 의료보험의 사례가 엄청난 실패를 생생하게 보여주고 있지 않은가! 우리는 제대로 된 선택을 하고 싶다. 선별주의 일색의 프로그램들만이 아니라 보편주의 프로그램도 선택하고 싶은 것이다. 이제, 정치권은 국민들에게 정답만 빼고 모든 답 가지를 선택할 수 있는 어처구니없는 시험지를 더 이상 들이밀지 말아야 할 것이다. 국민들 또한 어처구니없는 시험지를 받아든다면 시험 출제위원을 바꿔버려야 한다는 것을, 국민들에게는 그럴 권리와 힘이 있다는 것을 잊지 말아야 할 것이다. 적어도 이번 지방선거가 그 좋은 기회라는 것도 함께 말이다.

장애인 건강증진 종합계획이 필요하다

박종혁 | 국립암센터 암정책지원과장

우리나라의 등록 장애인은 2008년 현재 2,283,580명으로 전체 인구의 4.70%를 차지하고 있다. 2003년의 3.02%에 비해 장애인 인구는 지속적으로 증가 추세에 있는 것이다. 이는 과거에는 장애의 원인이 선천적인 것이 많았던 반면 최근에는 의학의 발달로 질병이나 사고로 인한 외상에서 생명을 구할 기회가 많아지고 평균수명이 연장됨으로써 장애를 가진 채 생존하는 인구의 비율이 증가하는 데 따른 것이다. 장애인구 증가는 미국도 마찬가지인데 미국 인구의 20% 즉, 5,400만 명이 장애를 가지고 살아가고 있고, 장애인의 비중은 지속적으로 증가하고 있다.

장애인은 비장애인보다 더 많은 건강문제에 직면하게 되고, 취약한 건강상태로 인해 만성질환이 조기에 발병할 수 있으며, 이차적인 기능장애가 발생하는 경향이 있다. 장애인 실태조사에 의하면, 현재 3개월 이상 계속되는 만성질환을 겪는 장애인의 75.9%가 장애상태와 관련이 있거나 장애 외의 다양한 만성질환을 앓고 있는 것으로 나타났다. 2008년 장애인 실태조사에서 장애인의 복지 요구도 1순위는 의료보장(30.1%)이었다. 장애인의 의료보장이라 함은 장애와 관련된 재활치료뿐만 아니라 다양한 건강관리 요구에 대한 적절한 건강증진 프로그램, 정신적 안녕 및 삶의 질 향상 등을 포괄하는 것인데, 현재 우리나라는 이런 의료체계가 미흡한 실정이다.

현재까지 우리나라의 장애인 정책은 장애인을 시혜적 복지의 관점으로만 바라볼 뿐 적극적인 건강증진 및 질병예방의 대상자로 보지 않았다. 그래서 장애인의 건강과 안녕에 대한 논의는 대부분 장애 관련 치료와 재활에 대한 재정적 지원 측면에서 진행되어 왔다. 그러나 이러한 접근방식은 4가지 측면에서 오류를 범할 수 있다. 첫째, 이와 같은 논의 방식은 기본적으로 모든 장애인은 본래 불건강하다는 잘못된 인식을 내포하고 있다. 둘째, 공중보건은 장애를 예방하는 데에만 중점을 맞추어야 한다는 인식을 갖게 한다. 셋째, '장애'나 '장애인'이라는 어의가 공중보건의 목적과는 부합하지 않는 것으로 간주한다. 넷째, 환경적 측면이 장애의 진행에 영향을 미치지 않는다는 인식을 갖게 할 수 있다.

이런 잘못된 인식은 장애인을 주 대상으로 하는 질병예방 및 건강증진의 중요성을 일축하여 결국 장애인의 이차적 장애 발생 가능성을 높이게 된다. 장애에 따른 이차적 장애는 1차 장애 발생 후 겪을 수 있는 의학적, 사회적, 감정적 측면의 문제뿐만 아니라 가족과 사회생활에서 발생하는 문제들을 포괄한다. 장애인에서 건강 문제는 매우 큰 비중을 차지하고 있고, 장애인은 1차 장애로 인해 2차 장애가 발생할 가능성이 더욱 높다. 따라서 장애인들은 의학적, 신체적, 사회적, 감정적 측면 등 다양한 측면에서 장기적으로 건강증진에 대한 요구도가 높다 하겠다.

다행히도, 일반인을 대상으로 이미 개발되어 있는 다양한 건강증진 개입 활동은 장애인에게도 일부 수정을 거쳐 쉽게 적용 가능하다. 또한 장애인의 건강증진을 위한 새로운 개입 전략은 1차 장애에 따른 추가적인 손상을 막고 2차 장애의 위험을 낮추는 방향의 연구결과를 적극적으로 활용할 필요가 있다. 예를 들면, 일반인에서 골다공증을 예방하기 위한 칼슘과 미네랄의 섭취가 골절을 예방하는 데 효과가 있는지에 대한 연구결과는 장애인에게도 적용 가능하다. 이동성에 장애가 있는 여성 장애인의 경우 골밀도가 떨어지기 때문에 이와 같이 골절 위험을 낮출 수 있는 요인들에 대한 연구결과나 골밀도를 높이는 데 효과적인 운동에 관한 정보는 매우 중요한 중재의 근거자료로 활용될 수 있다.

이런 요구로 미국에서는 장애와 2차 질환(disability and secondary condition)이라는 영역이 미국의 국가적인 건강증진계획인 'healthy people 2010'에 새롭게 추가되었다. 이는 향후 우리나라가 장애인 건강증진정책 방향을 설정할 때 참고할 만한 것이다. 미국의 장애인 건강증진계획의 목적은 "장애인의 건강을 증진하고, 장애로 인한 2차적인 질환이나 장애를 예방하며, 장애인의 의료이용의 불평등을 해소하여 장애인의 삶의 질 향상을 도모하고자 한다"로 되어 있다. 이를 달성하기 위해서 미국의 healthy people 2010에서는 장애인 건강증진종합계획의 세부 목표를 "장애에 따른 2차적 장애는 1차 장애 발생 후 겪을 수 있는 의학적, 사회적, 감정적 측면의 문제뿐만 아니라 가족과 사회생활에서 발생하는 문제들을 포괄"하여 설정하고 있다.

또한, 장애인은 건강증진 프로그램을 이용하는 데서 불형평하다. 장애인은 일반 인구집단에 비해 의료서비스에 대한 접근성이 낮고 다양한 상황에서 위험률이 높다. 현재 몇몇 연구들에 의하면, 장애인은 비장애인에 비해 낮은 건강검진율, 높은 비만율, 낮은 신체활동율, 높은 스트레스 정도, 55세 이상 여성의 낮은 유방암 조기검진율 등을 보여주고 있다. 여러 가지 환경적 장애물로 인해 아파도 의원에 쉽게 갈 수가 없고, 쉽게 운동할 수도 없으며, 이동성이 떨어지기 때문에 사회활동이 적을 수밖에 없고, 건강검진 통보서를 쉽게 인지할 수 없을 뿐만 아니라 여러 가지 이유로 건강검진 받기가 꺼려진다. 결국, 우리나라 현실에서는 장애인들이 건강증진을 실천하기가 매우 어렵다는 것이다.

장애는 동정을 받거나 희망을 찾으라는 이유로 존재하는 것이 아니다. 누구에게나 극복해야 할 과제가 있는 법이고, 장애인은 그것을 장애라는 구체적 형태로 떠안았을 뿐이다. 누군가에게는 이름도 모르는 장애인의 불행보다 자기 얼굴을 뒤덮는 여드름이 더 절실한 고통일 수도 있다. 그 누가 있어 감히 그의 불행이 더 사소하다 말할 수 있겠는가? 나는 가끔 내가 시각장애인이라는 것도 잊고 산다. 그들이 악의 없는 칼로 내 장애를 후벼 파지 않는 한, 나도 보통 친구들처럼 시시콜콜한 문제로 고민하다가 가끔 "아, 나 안 보였지" 하고 무심코 시각장애인이라는 사실을 흘려보내는 보통사람이다.

바람직한 장애인 건강증진정책은 장애인이 장애인임을 느낄 수 없도록 해서, 무심코 장애인이라는 사실을 흘려보내면서 비장애인들과 같이 운동하고 행복을 느끼면서 사회구성원으로 살아가도록 하는 것이다. 우리나라 장애인 건강증진계획은 미국에 비해 10년 늦었지만, 이번에 새롭게 만들어지는 '국민건강증진 종합계획 2020'에서는 장애인 분과가 포함되어 장애인의 건강증진과 삶의 질 향상을 위해 구체적인 장애인의 건강증진 목표를 수립하고 구체적인 실행계획을 만들어 나가야 할 것이다.

이명박 정부의 의료민영화 추진은 국민과 지지자에 대한 배신이다!

홍보위원회

국민들이 우려를 표명하고 100만이 넘는 인파가 촛불을 들며 그토록 반대했던 일련의 의료민영화 조치들이 하나둘씩 다시 수면위로 부상하고 있다. 2008년 촛불 당시 국민적 저항에 부딪혀 접었던 현 정부의 의료민영화 정책들이 대거 입법 절차를 기다리고 있는 것이다. 의료법인 부대사업으로 경영지원 허용의 확대, 의료법인 인수합병의 허용, 제주특별자치도 내국인 영리법인 병원 허용 문제가 국무회의 의결을 통해 정부의 공식입장으로 결정되었고, 관련 법안이 국회로 넘겨졌다.

이뿐만이 아니다. CBS 《노컷뉴스》가 4월 19일 보도한 바에 따르면, 6월 2일 지방선거 이후에 영리법인 병원의 전국적 허용을 본격적으로 추진하겠다고 경제부처는 벌써부터 벼르고 있으며, 여기에 대통령의 의중이 실려 있다고 한다. 6월 2일 지방선거에 미칠 부정적 영향을 우려하여 드러나지 않게 추진하는 것일 뿐, 지금껏 미루어왔던 의료민영화 관련 제반의 조치들이 하나둘씩 부활하고 있는 것이 지금의 형국이다. 현재 진행되는 일련의 행보를 볼 때 6월 2일 지방선거 이후 청와대와 정부가 취할 조치들을 충분히 예견해 볼 수 있다.

국회에 상정될 의료법 개정안과 제주특별자치도 내국인 영리법인 병원 허용 법안의 국회 처리, 영리법인 병원의 전국적 추진에 반대하고 있는 전재희 보건복지부 장관 경질과 의료민영화 추진에 적극 호응할 신임 보건복지부 장관 임명, 정부 내 반대 목소리의 척결, 이미 장악한 방송매체와 조·중·동을 앞세운 적극적 홍보와 지지여론 조성, 의료민영화 반대세력에 대한 탄압, 관련 입법의 법제화 수순이 그것이다. 6월 2일 지방선거에서 집권세력이 일정한 성과를 얻게 된다면, 특히 수도권 선거에서 의미 있는 성과를 거둔다면 청와대와 정부의 행보는 더욱 거세질 것이다.

6월 2일 지방선거 이후 이명박 정부가 소위 '의료민영화'의 추진에 이렇게 집착하는 이유와 배경은 세 가지로 정리해 볼 수 있다.

첫째, '의료'를 통해 내수활성화를 도모하고 거시경제의 성장을 일정수준 이상 견인해 내겠다는 강력한 의지가 반영되어 있다. 세계경제의 전망이 매우 불확실하고, 아파트로 대변되는 부동산 경기가 추락하고 있는 상황에서 지속적인 경제성장을 위한 성장 동력을 '의료 서비스'에서 찾고자 하기 때문이다. 의료민영화에 대한 국민적 저항과 우려로 그동안 진척을 보지 못했지만 이제는 더 이상 기다리기 어렵다는 판단을 하고 있는 것 같다. 아마도 기존 이명박 정부의 행보를 보건대, 6월 2일 지방선거 이후에는 내·외부의 반대 목소리에 대한 정리 작업부터 본격화 할 듯싶다.

이명박 정부의 의료민영화 행보가 국민들의 의료비 부담 상승이 없고, 기존 국민건강보험체계를 훼손하지 않고 진행시켜 나가는 것이라면 굳이 반대할 이유는 없다. 하지만 지금까지 정부가 내놓은 의료민영화 관련 정책 하나하나를 분해하고 종합해 보면, 아픈 사람들이 지불하는 치료비와 국민 누구나 지불하는 국민건강 보험료를 비롯한 민간의료 보험료의 인상을 부추겨 경제성장률을 높이겠다는 것이 핵심이다. 경제성장률 높여줄 터이니 국민들에게 의료비를 더 부담하라고 강짜를 부리는 것 이상도 이하도 아닌 것이다.

둘째, 의료 관련 산업에 뛰어들어 돈을 더 벌어보고자 하는 재벌기업과 자본의 이해를 충실히 따르고자 하는 것이다. 물론 이 과정에서 일자리도 생기고 여기에서 생계를 이어갈 서민들도 있겠지만, 의료민영화는 본질적으로 재벌기업과 금융자본의 요구를 대변하는 것이다. 재벌과 금융자본은 영리법인 병원을 허용하여 대기업이 의료기관 운영에 참여하고 6백조 원을 넘는 부동자금의 일부가 의료시설에 투자되어 의료기관 운영에 개입하며, 민간의료보험의 활성화를 통해 재벌과 금융자본이 기존 국민건강보험이 담당하던 역할의 일부나 혹은 전부를 자신의 활동 영역으로 삼을 수 있기를 간절히 희망해왔다.

정부도 이러한 재벌과 자본의 요구에 적극 호응하여 영리법인 병원 허용, 민간의료보험의 활성화, 건강보험 당연지정제의 완화 혹은 폐지를 집요하게 추진하고 있는 것이다. 이러한 입장을 줄기차게 대변하고 있는 공복들에게서 대한민국 국민의 보편적 권리로서의 '의료'나 국민건강보험의 보장 범위 확대를 통한 국민부담 경감은 물론이거니와 의료민영화로 초래될 일반 국민의 고통에 대한 배려나 고려의 단초를 찾아볼 수 없으니, 이들이 누구의 돈으로 누구를 위해 일하는 자들인지 헤아리기 난망할 뿐이다.

셋째, 6월 2일 지방선거 이후 상당기간 선거가 없는 정치적 공백기를 적극 활용하고자 하는 정치적 계산이 깔렸기 때문이다. 이명박 정부로서는 이번 선거가 마무리되면 2012년 총선과 대선까지 자잘한 보궐선거를 제외하고는 큰 선거가 없어 정치적 부담으로부터 자유로운 시기를 맞게 된다. 의료민영화 추진의 핵심 세력들이 이렇게 좋은 정치적 시공간을 놓칠 이유가 없지 않겠는가?

이명박 정부가 추진하는 일련의 의료민영화 정책은 미국 의료제도가 1970년대 중반 이후 밟아왔던 의료서비스를 중심으로 한 산업화, 영리화, 기업화 과정을 모델로 하고 있다. 미국의 잘못된 선례를 추종하여 얻게 될 결과는 오늘날 미국 의료가 직면한 불행한 현실이 잘 보여주고 있다. 그런데도 여기에 집착하겠다고 하는 것은 국민들과 전면전을 치르겠다는 것 이상도 이하도 아니다.

이명박 대통령에 대한 지지율이 일정 수준 유지되고 한나라당 후보에 대한 지지율이 야당보다 높다고 자만하지 말기 바란다. 그들이 아직도 이명박 대통령과 한나라당에 지지를 보내는 것은 경제성장을 추동해온 산업화 세력에 대한 '일말의 기대와 믿음', 그리고 국민건강보험제도를 뿌리내린 박정희·전두환·노태우 집권 시절에 대한 '좋은 기억' 때문이다.

이들을 배신하려 하지 마라! 정책을 고민하는 것까지는 용서될 수 있어도, 현실로 확인되는 순간, 배신당한 자들의 분노가 정치판의 지각을 뒤흔들 것이니, 스스로 무덤을 파는 우를 범하지 않기를 간절히 바라는 바이다.

건강격차 해소 위해 복지 지방정부를 선택해야

윤태호 | 복지국가소사이어티 정책위원, 부산대학교 교수

우리나라는 지역 간 건강격차가 매우 크다. 전통적인 도시와 농촌 간의 격차뿐만 아니라, 도시 내에서 또는 농촌 내에서의 격차 역시 상당하다. 그리고 수도권과 비수도권의 건강격차 역시 우리가 상상한 것보다 훨씬 더 크다. 표준화사망률(2004년~2006년의 합산치)로 측정한 건강격차를 비교할 때, 245개 시·군·구 중 표준화사망률이 높은 하위 5분위(49개 시·군·구)에 속하는 수도권 지역은 단 2곳(가평군과 동두천시)인 4.1%에 불과하였다. 나머지 지역들은 모두 비수도권 지역이었다. 반면, 표준화사망률이 가장 낮은 5분위(49개 시·군·구)에 속하는 수도권 지역은 모두 38개로 77.5%를 차지하였다.

지역 간 건강격차는 큰 단위의 지역보다는 작은 단위의 지역으로 내려갈수록 더욱 뚜렷해지고 심화되는 결과를 보인다. 건강의 가장 극단적 형태이면서, 지표의 정확성이 가장 높은 '사망지표(표준화사망률)'를 이용하여 광역시·도(2005년 사망치 기준), 시·군·구(2004년~2006년 사망합계치), 읍·면·동 단위(2004년~2006년 사망합계치)의 건강격차를 비교해 보기로 하자. 광역시·도 간 표준화사망률의 격차는 1.3배의 차이를 보였으나, 시·군·구 간 사망률의 격차는 1.97배로 증가하였고, 읍·면·동 간 사망률의 격차는 6.91배로 급격하게 증가하는 특징을 보였다.

게다가 특정한 질병에 의한 사망의 경우는 특정 지역으로 집중되는 양상마저 보인다. 예컨대, 뇌졸중과 급성심근경색을 포함하는 뇌혈관질환과 심혈관질환의 표준화사망률이 높은 지역들은 부산, 경남, 울산 지역에 집중되어 있다. 이들 지역이 다른 지역들에 비해 의료기관이 적어서 그런 것도 아니고, 특별히 노인들이 많이 살기 때문에 그런 것도 아니다. 그리고 지역에 보건의료자원을 배분

할 때 이러한 지역 특이적인 건강상의 문제는 거의 고려되지 않았다.

이렇듯 지역의 단위가 작아질수록 뚜렷한 건강격차를 보인다는 것은 중앙정부의 역할만으로는 건강격차를 해소하는 데 한계가 있음을 단적으로 보여주는 것이라 하겠다. 따라서 시·군·구, 읍·면·동 단위의 건강격차 문제를 해결하기 위해서는 중앙정부의 지역 주민의 삶의 질 향상과 건강격차 해소를 위한 지역 균형발전 전략에 입각한 자원배분도 물론 중요하겠지만(물론, 지금은 이러한 전략마저도 거의 폐기되다시피 했지만), 광역지자체와 기초지자체의 역할이 무엇보다도 중요할 수밖에 없다.

중앙정부 수준의 자원배분 결정에서 건강의 격차가 커지는 작은 지역 단위의 상황을 고려하리라 기대하는 건 쉽지 않다. 게다가, 중앙정부가 특정 광역시·도에 예산을 배분할 때 그 지역 주민의 삶의 질 또는 건강 필요를 거의 고려하지 않는다. 건강수준이 낮은 지역이든, 건강수준이 높은 지역이든 예산이 배분되는 방식에는 거의 차이가 없다. 더군다나, 사업비 지원에서 사업계획서의 우수함에 근거하여 차등적인 예산 배분을 할 경우에는 건강수준이 높은 지역에 오히려 더 많은 예산을 배분하는 오류를 범하게 된다. 건강수준이 높은 지역일수록 대개는 지역적 상황이 양호하고, 보건사업에 종사하는 인력의 수준도 좋을 가능성이 높기 때문이다. 그런데 이러한 자원배분 방식이 현 정부 들어서서 두드러지는 경향을 보이는 듯하다.

물론, 지역 간 건강격차 문제는 보건의료자원의 배분만으로는 해결될 수 없다. 왜냐하면, 지역 간 건강격차를 결정하는 요인들이 매우 다양할 수 있기 때문이다. 어떤 특정 지역의 건강수준이 낮다는 것은 그 지역에 사회경제적으로 취약하거나 건강수준이 낮은 사람들이 많이 모여 살기 때문일 수도 있고, 주민들 개개인의 특성과는 구분되는 지역 그 자체의 효과-주민들 간의 신뢰관계, 물리적 환경, 사회적 자본 등일 수도 있다. 그러함에도 불구하고, 보건의료자원의 배분은 현실적으로 지역 간 건강격차의 문제를 해결하기 위한 가장 직접적인 잣대일 수밖에 없다.

지역 간 건강격차를 해소하기 위한 광역 및 기초 지방정부의 보건의료정책으로는, 건강지표가 열악한 지역들을 중심으로 집중화된 보건의료서비스를 제공하고 주민들이 건강한 삶을 영위할 수 있게끔 지원하기 위해 건강취약지역과 인접한 2~3개의 동지역을 포괄하는 주민건강센터(도시형 보건지소의 기능을 포괄)의 설치와 지원, 지역 주민들에게 지역 간 의료격차 해소에 기여하는 공공의료서비스를 제공할 지역거점병원의 지정과 지원, 긴급하게 의료비가 필요한 지역 주민 누구에게나 무상 또는 무이자로 의료비를 지원하는 지역의료기금의 확보, 지역의 노인들과 장애인들이 부담 없이 이용할 수 있는 공공요양기관의 설치 및 확충 등을 대표적으로 꼽을 수 있겠다.

지금까지의 보건의료 자원 배분이 중앙정부 의존적이었다면, 이제부터는 지방정부가 나서야 할 때이다. 중앙정부에 의존하는 것으로는 지역 간의 건강격차를 해소하기 위한 효과적인 자원배분을 할 수가 없다. 왜냐하면, 중앙정부는 지역적 상황을 일일이 고려할 수 없기 때문이다. 따라서 지역적 상황을 세심하게 살펴보고, 이를 정책화 내지는 사업화 할 수 있는 광역지자체와 기초지자체의 역할이 매우 중요하다. 특히, 지역의 유지들이나 토호세력에게 혜택이 집중되는 정책이 아닌, 지역주민의 삶의 질과 건강 등 민생복지를 우선적으로 고려하는 정책적 지향을 가진 정치세력이 지방정부를 운영하는 것이 무엇보다 중요하다.

지방자치 20년을 맞이하는 지금, 이제는 건강격차를 해소하고 복지 지방정부를 지향하는 보편적 복지 정책이 자치단체장과 지역의원을 선택하는 최우선적인 기준이 되었으면 한다. 그래야, 모두가 더 편안하고 인간의 존엄과 연대 속에 서로가 공존하는 역동적 복지국가의 지방정부와 질 높은 지역사회를 만들 수 있지 않겠는가?

건강관리서비스 법안에 반대하는 다섯 가지 이유

홍보위원회

이명박 정부에서는 건강관리서비스를 육성하여 국민건강수준 향상과 함께 일자리를 창출하고 내수산업을 육성하겠다는 입장을 밝혀왔다. 보건복지가족부의 대통령보고, 서비스산업육성대책 등 여러 차례 언급된 바 있었고, 관련 내용이 지난 5월 17일 국회 보건복지위원회 소속 국회의원 한나라당과 자유선진당 국회의원 11명이 참여한 의원입법 형태로 국회에 접수되면서 본격적인 입법단계로 들어섰다. 언뜻 보면, 건강관리서비스를 육성하여 국민들 건강수준 향상, 일자리 창출, 내수경제 활성화를 도모하자고 하는 데 문제될 것 없지 않겠는가라고 생각할 수 있겠지만, 문제가 그리 간단하지 않다. 일단 건강관리서비스 법안의 핵심 내용부터 살펴보자. 네 가지로 요약해 볼 수 있다.

첫째, 국민들 중에 건강관리서비스가 필요한 사람을 구별해내는 절차를 명시하고 있다. 건강위험도 평가라는 개념을 도입하여 의료기관에서 보건복지부장관이 정하는 기준에 따라 건강측정 결과를 기초로 질환군, 건강주의군, 건강군 및 각각의 하위 분류군으로 분류할 수 있도록 명시하고 있다.

둘째, 각각의 건강수준에 따른 건강관리서비스를 판매하는 기관의 설립자격과 허가에 관한 내용을 규정하고, 이들 기관으로 하여금 국민들을 질환군, 건강주의군, 건강군 및 각각의 하위 분류군으로 분류할 수 있는 권한을 부여하고 있다.

셋째, 건강관리서비스 제공기관에게 각각의 분류군별로 건강관리서비스 상품을 개발하여 판매할 수 있는 권한을 부여하고 있다. 의사에 의해 건강관리서비스가 필요하다는 '건강관리의뢰서'를 발급받은 사람들이 건강관리서비스 시장으로 유입될 수 있는 구조를 만들어 놓았고, 건강관리서비스 공급자들이 개인별 맞춤형 건강관리서비스 상품을 판매할 수 있는 구조를 만드는 것을 목표로 하고 있다.

넷째, 국가 및 지방자치단체가 건강관리서비스 시장을 적극 육성해야 할 책임과 의무를 부여해 놓고 있다. 법안에 '국가 및 지방자치단체는 건강관리서비스를 통하여 국민의 건강증진과 질병예방이 효과적으로 이루어질 수 있도록 필요한 사업을 실시하여야 한다'고 명시해 놓고 있다. 또한 '국가 및 지방자치단체는 건강취약계층 및 저소득층을 대상으로 건강관리서비스 이용을 지원하는 바우처를 발급할 수 있고', '건강관리서비스를 제공하는 기관에게 필요한 행정적·재정적 지원을 할 수 있다'고 명시해 놓고 있다. 예를 들면, 현재 보건소가 제공하는 건강증진, 질병예방, 만성질환자관리를 바우처 형태를 통해 민간에 이전할 수 있다는 뜻이다. 국가와 지방자치단체 입장에서는 보건사업 관련 조직을 대폭 축소하면서 바우처 발행으로 대체할 수 있게 되고, 민간건강관리서비스 제공자는 바우처 소지자에게 필요한 서비스를 제공하면 되기 때문에 기존에 보건소에서 제공되던 서비스가 민간으로 이전될 뿐만 아니라 정부의 예산 배정에 따라서는 상당 규모의 시장이 형성될 수도 있다.

지금 제출된 법안대로 법이 통과되고 나면 어떤 일이 벌어질까? 건강서비스 공급자들은 수요 창출을 위해 여기저기서 적극적으로 '건강측정'을 실시해댈 것이고, 그 결과를 토대로 질환군, 건강주의군, 건강군으로 구분하여 각각의 세부군에 맞는 건강서비스 구매를 촉구하는 판촉활동이 벌어질 것이며, 일정 수의 국민들은 건강관리서비스를 구매하게 될 것이다. 이와 관련된 문제점을 하나하나 짚어보자.

첫째, 건강측정 결과로 제시될 건강위험도 평가 결과의 정확성 문제이다. 건강과 불건강은 쉽게 구분할 수 있는 개념이 아니다. 고혈압, 당뇨, 심장병, 뇌졸중, 암, 퇴행성관절염 등 대부분의 질환은 상당히 오랜 기간에 걸친 생리학적, 병리학적 변화의 결과물이다. 간단한 건강측정에서 건강군이라 판정받았더라도 몇 달이 안 되어 암이 발견되지 않는다는 보장이 없다. 건강군과 건강주의군을 구분할 기준 또한 대단히 모호할 수밖에 없다. 본인이 느끼는 증상이 없고, 겉보기에도 건강한 사람이 갑자기 중환에 걸리는 경우가 그리 적지 않다는 걸 생각해보면 쉽게 이해가 될 것이다. 상대적으로 보다 정확한 건강측정이 되기 위해서는 일정 가격 이상의 고액 건강검진이 아니면 불가능한데, 아마도 건강관리서비스 상품과 연계된 고액 건강검진 시장의 활성화가 불가피할 것이다.

둘째, 의료서비스와 건강관리서비스 구분의 모호함이다. 만성질환이 주를 이루는 현대사회에서 의료서비스와 건강관리서비스 영역을 명확하게 구분하기가 쉽지 않다. 현대 의과학이 제시하는 것은 의료의 영역을 질병에서 건강으로 확장할 것을 주장하고 있고, 보건의료 현장에서 이러한 원칙이 점차 확대되고 있다. 이러한 상황임에도 불구하고 의료기관과 구별되는 건강관리서비스 기관을 신설하는 것은 대단히 부적절한 조치이다. 일선 현장의 혼란과 갈등만 더욱 심화시킬 공산이 크다.

셋째, 국민건강관리서비스 법안은 국민의 건강증진, 질병예방, 건강관리에 대한 국가의 책임을 방기하는 처사에 다름 아니다. 지금까지 서비스 인력이 부족해서 모든 국민들에게 적정한 서비스를 제공하지 못했을망정, 국민의 건강증진, 질병예방, 건강관리서비스는 국민의 권리로 간주하고, 이들 서비스를 제공하기 위해 공공기관인 보건소를 중심으로 한 서비스 공급체계를 확충하기 위해 노력해왔다. 보건소에 대한 국민의 인식이 개선되고 신뢰도가 높아진 이유가 바로 여기에 있었다. 그런데 이제 보건소가 담당하던 국민의 건강증진, 질병예방, 건강관리서비스에서 국가와 지방자치단체는 손을 떼고, 공급을 민영화하면서 국민들에게는 건강관리서비스가 필요하면 서비스를 구매하라는 요구를 하고 있는 것이다. 앞으로 보편적 복지의 확충을 통해 채워 나아가야할 공공의 영역을 시장에 통째로 넘기겠다는 기막힌 발상이다. 국민의 건강을 보장하기 위한 국가의 책무를 방기하겠다는 것과 무엇이 다른가? 발상이 야만적이다.

넷째, 앞으로 건강증진·질병예방·건강관리서비스는 돈을 내고 구매해야 하는 시장의 서비스로 바뀌게 된다. 한번 생각해보자. 건강증진·질병예방·건강관리서비스를 필요로 하는 사람들은 당장 본인이 어떤 증상을 겪으며 의료기관을 찾아 가는 사람들이 아니다. 건강한 사람이거나 본인이 인지하는 증상이 없을 정도로 질병의 초기단계에 머물러 있는 사람들이 대부분이다. 이들에게 보다 체계적인 건강관리를 위해서 돈을 지불하고 건강관리서비스를 받으라고 한다면 제대로 건강관리를 받을 사람이 얼마나 되겠는가? 본인이 증상을 느껴도 시간이 없고, 의료기관이 멀고, 어디를 찾아가야 할지 잘 모르고, 돈도 부담이 되어 제때 찾아가지 못하는 게 우리네 일상의 모습인데 증상도 없는 일반 사람들이 그리 쉽게 건강관리서비스를 받겠다고 제돈 내 가면서 찾아다닐 것 같지도 않다. 그럼 누가 건강관리서비스를 이용할까? 법안에 명시된 것처럼 앞으로 바우처를 지급 받게 될 지금 현재 보건소에서 관리하고 있는 취약계층들이다. 바우처를 통해 이용 가능한 공급체계가 갖추어지면서 보건소의 보건사업이 대폭 축소되거나 폐지하는 방향으로 나아갈 가능성이 높을 것이다. 취약계층 이외의 중산층까지 건강관리서비스 소비자로 편입시키기 위해서는 적지 않은 정부재정 투입이 불가피할 것이고, 이 경우 기존 보건소 등의 공공조직 확충을 통한 서비스 공급체계에 비해 결코 효율적이지 않을 것이다.

다섯째, 건강관리서비스가 활성화되면 건강도 정확히 돈에 비례하는 세상이 될 가능성이 대단히 높다. 내는 돈 만큼 제공되는 건강서비스가 달라질 것이고, 그만큼 일상적인 건강관리 수준이 달라지고, 결국에는 소득계층 간 건강수준의 격차도 벌어질 가능성이 크다. 지불한 금액만큼 양질의 건강정보 제공, 교육, 행동 교정, 지속적 상담과 관리 등의 체계적인 맞춤형 건강관리가 가능해질 것이기 때문이다. 최하층에 대해서는 바우처를 통한 최소한의 관리가 이루어지겠지만, 나머지 계층이야 돈 내는 만큼 서비스를 받게 될 것인데, 건강수준의 격차가 더 벌어질 것이라는 건 쉽게 예상해 볼 수 있는 일이다.

이상이 복지국가소사이어티가 현재 국회에 제출된 건강관리서비스 법안에 반대하는 다섯 가지 이유이다.

동네의원과 동네병원 기피현상, 이대로 방치할 것인가?

박형근 | 복지국가소사이어티 정책위원, 제주대학교 의학전문대학원 교수

우리 국민들이 동네의원보다는 점점 더 대형병원을 더 좋아하고 신뢰한다는 문제제기가 있어 왔다. 2001년 국민건강보험 총 진료비 중 병원에 지급된 진료비 비중이 31.8%에서 2009년에 45.8%로 증가한 반면, 동네의원에 지급된 진료비 비중은 32.8%에서 22.8%로 감소한 결과가 이러한 경향을 잘 대변해 주고 있다. 물론 이 기간 중에 국민건강보험 진료비가 빠르게 증가한 탓에 동네의원에 지급된 총 의료비가 액면으로 줄어든 것은 아니지만 병원의 눈부신 성장에 비해 동네의원의 성적표가 초라하고 상대적으로 수입이 줄어든 것은 분명한 사실이라 할 수 있다.

여기서 문제가 되는 것은 동네의원에서 충분히 다루어질 수 있는 질환조차도 대형병원을 이용하는 국민들이 늘어나게 되어 결국 국민들이 부담해야 할 전체 의료비가 증가한다는 사실이다. 국민들이 추가로 부담하는 시간비용과 기회비용 또한 만만치 않을 것이다. 더불어 대형병원으로 과도하게 환자가 몰리면서 대형병원에서 다루어야 할 중증환자를 제대로 진료하기 어려워지는 문제도 발생하고 있다. 또한 동네의원의 기능이 축소되고 운영의 어려움을 겪고 있다는 것 그 자체로 국민들에게 불편을 야기할 수 있기 때문에 간과할 수만은 없는 문제라 할 수 있다.

그렇다면 한번 생각해보자. 우리 국민들이 동네의원보다는 서울의 유명병원이나 유명의사를 선호하는 이유는 무엇일까? 다른 나라도 우리와 비슷할까? 결론부터 이야기하면 '우리와는 다르다' 라는 사실이다. 한번 짚어보자.

우리가 도입하여 제도화 한 서양의학과 서양식 의료제도는 앞서 제기한 문제들에 대한 나름의 경험과 해법을 갖고 있다. 물론 소위 선진국 제도라 하더라도

문제가 없는 것은 아니지만, 우리보다 앞서 기술과 방법을 개발하고 적용하고 제도화 한 그들로부터 중요한 시사점은 얻을 수 있을 것이다.

우선 생각해봐야 할 것은 의사와 의료기관이 수행해야 할 역할이 무엇인가에 대한 문제일 것이다. 서양의학과 제도에 대한 배움과 경험을 기초로 한 개인적 생각으로는 다음 세 가지로 요약할 수 있다. 신속 정확한 진단과 치료가 첫째이고, 환자의 충실한 대리인(agent)으로서의 역할 수행이 둘째이며, 환자의 건강과 질병의 연속선상(continuum of health)에서 믿음직한 안내자와 길잡이 역할을 수행하는 것이 마지막이라 할 수 있다.

신속 정확한 진단과 치료야 누구나 당연히 여길 사안이다. 우리사회가 근 100여 년 동안 체화하기 위해 노력한 서양 현대의학은 세분화와 전문화를 특징으로 하고 있다. 최신 현대의학에서는 다양한 세부 전문분야에 정통한 의사와 여타 전문 인력 간 협업(multidisciplinary approach)을 근간으로 하는 환자별 맞춤형 접근이 서비스 제공체계의 핵심이라 할 수 있다. 또한 그 지식과 기술의 공유를 원칙으로 하고 있기에 어디에서나 큰 차이 없는 보편적 실천을 전제하고 있다. 이해하기 쉬운 말로 이야기하자면 '명의'의 존재를 인정하지 않는다는 점이다. 숨겨진 비방은 없으며, 일정한 교육과 수련을 기본으로 지속적인 교육과 훈련을 수행하고 있는 인력과 조직에 의해 동일 수준의 의료행위가 재생산된다는 것을 기본 전제로 하고 있다.

그런데 이러한 주장은 우리 국민들의 현실 인식과 다소 괴리가 있다. 우리 국민들은 '명의'의 존재를 인정할 뿐만 아니라 의료인들조차도 의료기관 간의 일정한 수준 차를 부인하지 않는다. 주요 신문사의 '명의' 시리즈는 물론이거니와 방송사에서도 '명의' 타이틀을 딴 프로그램이 인기리에 방영되고 있으며, 인터넷을 통해 확산되고 있다. 이에 대해 필자는 전국민의료보험 도입 이후 전개된 급속한 의료제도의 변화 과정에서 나타난 의료기관 간 불균등 발전이 일차적 원인이며, 이러한 현상을 초래하게 된 자원 투입의 불균형이 근저에 깔려 있다는 판단을 하고 있다.

이 문제를 해결하기 위해서는 병원별 지역에 따른, 규모에 따른 의료서비스 질적 수준의 격차를 해소하는 데 중앙정부와 지방정부가 세밀한 지원과 관리에 적극 나서야 한다고 생각한다. 시원하게 도로를 내놓고 찾아오는 관광객 수를 헤아리는 데는 관심이 큰 반면, 그 반대편 방향으로 지방 환자들이 서울로, 서울로 내달리고 있는데도 이 문제에는 도통 관심이 없다. 그 수가 늘어나는 만큼 역외 자본유출이 늘어나고 지역의 일자리가 감소하는 것은 생각하지 않는다.

지방 병원에 있는 의사들이라고 해서, 서울의 소위 big4 혹은 big5 병원 이외의 의사들이라고 해서 좋은 병원 만드는 방법을 모르지는 않는다. 그들에게도 재벌병원에 준하는 인프라 지원과 운영비 지원이 따라준다면 보다 많은 젊은 의사를 채용해서 실력 있는 의사들을 길러내고, 간호사를 비롯한 여타 전문 인력(allied health professionals)을 고용하여 최고수준의 진료팀(care team)을 조직하고 관리할 능력과 의지가 있다는 것이 필자의 생각이다. 환자 보는 게 좋아서, 수술하는 게 좋아서 선택한 흉부외과 전문의, 일반외과 전문의들을 개업하게 만들어 감기 환자나 복통 환자를 보게 할 것이 아니라 병원에서 적정 노동조건하에서 수술하면서 직업인으로서의 만족을 추구하도록 여건을 조성하는 방법을 찾는 게 우리사회의 여건에서 그렇게 어려운 일은 아니지 싶다.

간이식, 심장이식, 심장수술 같은 중증환자에 대한 고난이도 시술뿐만 아니라 동네의원에서 관리하는 고혈압, 당뇨 환자들도 마찬가지일 듯싶다. 일차진료의사(primary physician)를 중심으로 간호사, 영양사, 운동처방사, 금연사업가 및 절주사업가 등이 하나의 팀을 이루어 환자의 건강문제를 체계적이고 지속적으로 관리하는 것이 보다 적절하다는 것이 현대의학과 보건학이 내린 처방이다. 건강관리서비스를 제도화하면서 대기업과 자본에게 국민건강증진을 이유로 돈 벌 기회를 주는 것 말고, 기존의 시설과 인력을 보완하는 방법을 찾을 수는 없는 것인지 궁금할 뿐이다.

두 번째 문제를 짚어보자. 다른 재화나 서비스 상품과 달리 의료의 경우, 환자는 자신의 건강문제나 질병의 진단과 치료에 관한 선택에 있어 의사에 비해 잘 모르는 게 일반적이다. 따라서 대부분의 경우 의사의 말에 의지하고 따를 수밖에 없다. 의사가 환자가 되는 경우에도 상황은 크게 달라지지 않는다. 고로 환자들은 의사가 의사 개인이나 소속된 의료기관의 이익이나 이해를 앞세우기보다는 개별 환자의 입장과 이익을 충실하게 대변할 때 그 의사와 의료기관에 대해 더 좋은 인식(perception)을 갖게 되고, 나아가 주변 지인에게 입소문(words of mouth)을 통해 적극적으로 홍보하는 게 일반적이다.

개인적 경험에 비추어보면, 이 문제에 대한 우리 국민들의 평가가 그리 좋지는 않은 것 같다. 환자들은 자신의 이야기에 귀 기울여 주지 않는 의사들에 대해 서운함을 갖게 된다. 그리고 최근 들어서는 불만이 쌓인 경우, 젊은 의사들에게 폭력을 행사하는 경우도 빈번해지고 있다. 필자도 의대생 시절과 인턴 시절 몇 차례 폭력이 행사되는 경우를 목격한 바 있는 데, 주변 환자들이나 그들의 가족은 물론이거니와 출동한 경찰들마저도 의사들에게 그리 호의적이지 않았던 기억을 갖고 있다. 이 와중에 우리네 젊은 의사들은 적지 않은 마음의 상처를 받곤 하는데, 의사들도 인간이기에 환자 일반에 대한 생채기가 남게 마련이다.

반면, 의사들은 부족한 인력과 박한 국민건강보험 진료비를 탓한다. 그리 틀린 말은 아닌데, 의사 인력이 늘어나고 건강보험 진료비(의료수가)가 현실화된다고 해서 기존의 의료관행이 바뀔 것이란 보장이 없다는 한계를 지니고 있다. 오랜 세월에 걸쳐 여러 요인들이 복합적으로 작동하며 관행화된 문화이기 때문에 제도적 변화와 함께 의사들의 의식적이고 적극적인 노력을 통해 문화와 관습을 바꿔야만 해소될 수 있는 문제라 생각된다.

이 문제에 대한 접근을 위해서 의사들이 환자의 충실한 대변인 역할을 수행할 수 있도록 지원하고 유도하는 방법을 적극적으로 강구할 필요가 있다. 한 가지 예를 들면, 일정한 사회적 합의와 정치권의 리더십을 전제로 최신 의학 지식과 기술을 발전시키고 전파하는 데 주력해온 전문 학회와 개원의사 조직에 해당 분야의 의료서비스 치료과정과 조직 및 관리에 대한 권한과 책임을 부여하고 지원하는 방안을 추진하는 걸 생각해 볼 필요가 있다. 출발점은 '관련 질환의 치료와 관리를 제일 잘 알고 있는 이들의 견해를 반영할 방법을 모색할 필요가 있지 않을까?' 라는 점이다. 문제는 의사결정 과정에 참여한 의사들이 소속 의료기관의 이해에서 자유롭지 못하고, 정책결정자 또한 국민건강보험제도의 운영 논리에 쉽게 좌우되는 게 현실이라 쉽지는 않겠지만, 서비스 과정의 선진화를 위해서라면 한번 적극적인 관심과 노력이 필요하겠다는 판단을 깔고 있다. 요즘 정부가 관심을 기울이는 해외환자 유치사업 만큼만 관심을 기울이고 투자를 하면 일정한 성과를 얻을 수 있을 것 같다는 생각도 든다.

'개원 의사를 중심으로 한 예방과 만성질환 관리서비스 구축이랄지, 지역사회 일차의료 의사와 개원한 전문의 간의 연계 진료모델도 다양하게 실험하는 과정에서 대형병원 진료 못지않은 서비스 제공체계를 찾아낼 수 있지 않을까?' 싶은데, 우리사회가 이런 문제에 큰 관심을 기울이지는 않았던 것 같다.

마지막 문제인 환자의 믿음직한 안내자와 길잡이 역할은 우리 의사들과 의료기관에 있어 제일 취약한 부분이라 생각한다. "다른 기관에 환자를 의뢰할수록 경제적으로 손실인 조건에서 어느 의사가 환자의 믿음직스러운 안내자 역할을 자임할 수 있겠는가?"의 문제이다. 히포크라테스를 빌어 의사 개개인의 품성과 됨됨이를 욕할 문제가 아니라 우리나라 의료제도의 구조적 문제에서 비롯된 것이라는 걸 지적하고 싶다.

선진국들의 경우, 대부분 일차의료 부분에서 주치의제도를 제도적으로 혹은 관행적으로 갖추고 있다. 일정한 사회적 합의와 관습에 기초한 방식이기는 하지만 그들의 경험을 통해 확인된 바는 주치의 혹은 단골 의사를 통해 지속적 건강관리와 평가를 토대로 가장 신뢰할 만한 처방과 제안이 가능하고, 이것이 효율적이라는 사실이다. 이러한 제도적 기반 위에서 다양한 일차의료 인력과 연계하여 지역사회 수준에서 다양한 서비스 제공과 건강관리를 행하고 있는데, 참고할 대목이 많다. 현 정부가 추진하고 있는 건강관리서비스 제도화와 맥이 닿아 있는 부분인데, 대기업이나 병원 중심으로 건강관리서비스를 구축하고자 한다는 점이 큰 차이점이라 할 수 있다.

애초에 던진 질문으로 다시 돌아가보자. 우리 국민들이 서울의 대형병원이나 유명의사를 선호하는 것은 우리 국민들이 의사나 의료기관의 실력에 분명한 차이가 있다고 인식하고 있으며, 의사나 의료기관들이 환자의 이해나 입장보다는 자신이나 소속 기관의 이해를 우선시하며, 진료 과정의 안내자 역할이 믿음직스럽지 않다는 인식을 전제로 국민건강보험제도가 보장해주는 제도의 범위 안에서 의사의 자문이나 상담보다는 지인의 권유나 인터넷에서 얻는 타인의 경험을 통한 입소문에 기초해 의료기관을 자의적으로 선택한 결과라는 점이다.

우리사회는 1970년대 소위 '박정희 군사독재시절'에 의료보험제도의 기틀을 닦았고, 1980년대 전두환, 노태우 독재정권을 거치며 전국민의료보험을 제도화한 바 있다. 그리고 이어진 15년의 민주화 시절 동안 국민건강보험제도를 만들고 건강보험의 급여 범위를 확대하고 그 수준을 높여 왔다. 이 와중에 우리네 의사들도 열심히 노력한 게 있다. 선진국 최신 의학 지식과 기술 도입에 열중했고, 환자 진료에 적지 않은 노력을 기울여 왔던 게 사실이다. 그 와중에 생사를 오간 무수한 이 땅의 장삼이사들 사이로 의사들과 관련 의료인들의 희로애락이 배어 있었고, 환자와 가족들의 희비가 갈려 있다. 그리고 지금 이 순간 우리나라 국민들이 누리는 의료수준은 치료 기술적인 측면에서 만큼은 세계 어느 나라에 뒤지지 않는다고 평가할 수 있다.

그동안 우리사회가 국민건강보험 보장성을 높이고, 제도를 유지 운영하는 데 관심을 집중한 반면 의료기관과 의료기관에서 제공되는 서비스 과정과 내용에 대해서 큰 관심을 기울이지 못했던 것 또한 사실이다. 이 과정에 두 가지 문제가 야기되었다고 생각한다. 우선 지적할 수 있는 것은 의료기관들의 무질서한 생존경쟁과 불균형 발전이다. 지금의 의료공급체계 실정에서 우리나라 의료기관에게 환자의 충실한 대리인과 믿음직스러운 안내자 역할을 기대하기는 결코 쉽지 않다. 보수, 개혁, 진보를 떠나 어떤 정치세력도 이 문제를 몇몇 주요 제도 개혁만으로 풀기는 결코 쉽지 않을 것이다. 이번 정부 정책 기조에 빗대보면 영리병원, 해외환자 유치, 건강관리서비스와 같은 엇박자나 내지 안내면 다행이지 싶다.

둘째, 의료기관에서 제공되는 서비스 내용과 관리에 대해서 너무 등한시 한 것이다. 의료기관의 시설, 장비, 필수 인력만 요구하거나 지원할 뿐 그 병원 혹은 의료기관에서 제공되는 서비스에 대한 지원과 관리를 제도로 못했던 것이 우리의 지난 발전의 어두운 측면이라 생각된다. 전국민의료보장이라는 제도의 형식은 갖추었으되 내용과 수준은 개별 기관마다 천차만별이었던 것이고, 일정 수준 이상의 구매력을 확보한 국민들은 용하다는 곳, 서비스가 좋다는 곳으로 몰리고 있는 게 우리의 현실이 아닌가 싶다.

이 와중에 자본 조달만 가능하다면 돈을 벌 수 있다는 가능성을 감지한 세력이 일자리 창출과 GDP 상승에 목을 매고 있는 경제부처를 앞세워 밀어붙이고 있는 게 의료민영화 아닌가 싶다. 이 대목에서 한국사회가 지금까지 일구어 온 보건의료제도의 발전을 기틀로 삼아 일자리를 창출하고 국민경제 활성화에 기여할 수 있는 방도는 크게 보면 두 가지로 요약해 볼 수 있을 것이다.

첫 번째 길은 전 국민의료보장제도를 기반으로 의사들과 의료기관들이 일정 수준 이상의 신속 정확한 진단과 치료를 수행하고, 의료진들이 환자의 성실한 대변인이 되도록 관리 지원하며, 건강관리와 치료과정의 믿음직스러운 안내자로 키워내는 길이라 생각한다. 소위 서유럽 복지국가들이 걸어갔던 길을 한국 사회에 적용하기 위한 맞춤형 수정 보완, 개발, 적용이 필요할 방안이다. 이 길을 가기 위해서는 중앙정부와 지방정부의 세밀한 기획과 개입이 필수적이고, 상당한 역량의 투여가 이루어져야 하고, 국민소득에 비례하는 누진적 재원부담이 전제되어야 하며, 이러한 방향으로 제도를 개발하고 지속시켜나가기 위한 국민적 합의가 이루어져야 한다. 의료계의 전문성을 인정하고 배려하면서 협력을 이끌어 내는 것이 긴요한 대목이라 할 것이다. 제대로만 된다면 의료서비스 분야의 질적 수준 향상을 목적으로 상당한 일자리 창출도 가능할 것이라 생각된다.

또 다른 선택은 미국 의료제도를 모델로 한 길이다. 달러라는 기축통화를 전제한 미국 모델 그대로의 이식은 불가능할 것이기에 상당한 한국적 수정이 불가피한데 관건은 두 가지로 볼 수 있다. 재원 조달 부분에서 상류층과 기업 부담을 어느 수준까지 높일 수 있을 것인지가 관건이다. 미국의 높은 의료비 모두를 국민 개개인이 부담할 것이라 생각하는 것은 지나친 오산이다. 실제로 미국은 엄청난 의료비를 조달하기 위해 중상층 이상의 세금과 기업들이 상당한 부담을 감내하고 있는데, 우리나라 대기업이나 상류층에서 이러한 비용을 지불하지 않는다면 의료민영화를 통한 일자리 창출과 내수 경제 진작을 기대하기 어려울 것이다. 둘째, 재원 배분에 있어 의사의 몫을 어느 수준까지 줄일 것인지가 관건이다. 의사를 비롯한 주요 전문 인력의 소득을 현재 한국의 이공계 엔지니어 수준만큼만 끌어 내릴 수만 있다면 의료민영화에 소요되는 추가지출 부담을 상쇄하면서 국민적 저항을 일정부분 완화시켜낼 수 있을 것이란 게 개인적 판단이다.

보건의료제도와 관련하여 한국사회는 정확히 기로에 서 있다. 누가 일방적으로 한 방향으로 이끌어 가기에는 이해관계의 대립도 첨예하게 날이 서 있다. 이 대립을 풀기 위해서는 우리 보건의료 현실에 대한 광범위한 이해에 기초한 사회적 합의와 공감대 마련이 필수적이다. 개인적으로는 보편적 의료보장이라는 가치를 실현하면서 지속가능한 사회경제 발전을 모색할 수 있는 복지국가 모델이 적합하다는 생각을 갖고 있다. 이를 실현하기 위해서는 지금까지 방치하다시피 한 의료서비스 공급부분에 대한 따뜻한 관심과 지원, 세밀한 기획과 실행이 뒤따라야 하고 적극적인 관리가 필요하며, 이러한 기대가 현실이 되기 위해서는 정치적 리더십이 뒷받침되어야 할 것이라 생각한다.

개인적 생각을 앞세우다 보니 구체적이고 현실적인 정책대안을 제시하기 보다는 지나치게 당위를 앞세운 것 같아 부끄럽기 그지없다. 개인적으로 이런 저런 제도를 현실에 맞추어 제대로 조합할 능력이 부족하기도 하거니와 조합의 정합성보다는 사회적 합의와 이를 이끌어낼 따듯한 정치적 리더십이 더 긴요하다는 판단을 핑계로 대고 싶다. 건강과 질병만큼은 국가가 책임져야 한다는 생각에 동의하는 분들의 적극적인 참여와 분발을 기대해 본다.

건강공화국 대한민국을 향하여

'모든 병원비를 국민건강보험 하나로 시민회의'의 출범을 축하하며

홍보위원회

'모든 병원비를 국민건강보험 하나로 시민회의'가 2010년 7월 17일 공식 출범했다. 평범한 한국 사람이라면 누구나 가슴 한 구석에 품고 있을 잠재적 의료비 불안을 근본적으로 없애기 위한 풀뿌리 시민운동으로, 1,300여 명의 시민이 발기인으로 참여한 '건강보험 하나로 시민회의'가 국민 건강권 보장을 위한 본격 시민운동을 개시한 것이다.

이 운동은 무엇보다 국민건강보험의 가입자인 국민이 스스로 돈을 더 낼 것을 결의했다는 점에 큰 특징이 있다. 국민건강보험의 보장성 강화를 위한 운동은 이번이 처음은 아니다. 그러나 '모든 병원비를 국민건강보험 하나로 시민회의'는 기존의 운동과는 달리 건강보험의 보장성 강화를 위해 시민 스스로가 보험료 인상을 기꺼이 감수하겠다고 주장한다는 점에 큰 특징이 있다. 이 운동은 시민 스스로가 국민 1인당 평균 1만1천원의 부담을 늘리는 대신 건강보험의 보장 수준을 획기적으로 높여달라는 요구를 하고 있다.

시민회의 측의 주장에 의하면, 시민 측 부담인 건강보험료를 국민 1인당 1만1천원 인상하면 기업 등 사용자 부담분과 정부의 국고지원이 자동 증액되어, 국민이 부담한 보험료의 1.9배에 달하는 건강보험 재정을 확충할 수 있고, 이로써 국민건강보험의 보장성을 획기적으로 강화할 수 있다. 즉 건강보험 가입자 1인당 월 평균 1만1천원의 건강보험료를 추가 부담하면, 6.2조원의 재원이 추가 조성되고, 기업 부담과 정부의 국고지원은 각각 3.6조원과 2.7조원이 자동 증액되면서, 총 12.4조원의 건강보험 재정이 마련된다는 것이다. 이렇게 12.4조원의 건강보험 재정이 추가 확충되면, 입원진료비의 보장률을 현행 61.7%에서 90.0%로 향상시키고, 본인부담금이 연간 100만원을 넘지 않도록 보장할 수 있다. 또한 '간병'과 '틀니' 같은 핵심 서비스를 국민건강보험 급여로 포함시킬 수 있다.

이 같은 형태의 운동은 '반대' 중심의 운동이 아니라 '대안' 중심의 시민운동이며, 국가를 상대로 단순히 무엇을 요구하는 운동이 아니라 그 요구의 실현을 위해 시민 스스로 추가 부담을 자처함으로써 전체적인 사회연대의 확대와 심화를 추진하고 있다는 점에서, 운동 형태의 측면에서도 매우 성숙한 시민운동이 아닐 수 없다.

그리고 이 운동은 무엇보다 현 정부가 추진하고 있는 '민간의료보험 활성화'의 파도를 막아내는 적극적인 방파제로 작용할 수 있다는 데 의미가 크다. 시민회의는 창립선언문을 통해 "현 정부는 병원의 영리법인화와 민간의료보험 확대 등을 계속 추진하고 있어 자칫 국민건강보험제도 자체가 없어질 가능성마저 있다"면서 "중병에 걸려 입원한다 해도 병원비의 90% 이상을 국민건강보험이 해결해 줄 수 있도록 제도를 바꿔야 한다"고 밝혔다. 언제 또다시 추진될지 모르는 현 정부의 의료민영화 노선을 원천적으로 저지하는 데 있어, 시민 스스로 건강보험료를 더 내겠다며 국민건강보험의 보장성을 획기적으로 높여달라고 요구하는 것만큼 강력한 수단은 없을 것이다.

시민들의 잠재적 병원비 걱정과 과중한 민간의료보험료 부담은 우리 가계에 큰 부담으로 작용하고 있다. 유럽선진국들의 의료 보장성 수준은 대개 85~90%를 상회하는 데 비해, 우리나라 국민건강보험은 아직 60% 수준에 머물고 있다. 그 결과 아직 우리나라는 국가에 의한 제도적 복지가 아니라 가족 복지를 벗어나지 못하고 있다. 부모님이 당뇨나 암과 같은 큰 병에 걸렸을 경우 아직도 우리나라에서는 병원비 부담의 배분이나 간병 문제를 놓고 형제간에 관계 파탄이 발생하는 경우가 비일비재하다. 시민회의에 참여한 한 시민은 자신이 암 선고를 받자마자 제일 먼저 들었던 생각은 '병원비 부담'이었다고 술회하기도 했다. 자신의 목숨이 경각에 달린 시점에서조차 '죽느냐 사느냐'라는 생각보다 돈 걱정이 먼저 들었다는 것이다.

자신이 중병에 걸린 순간에도 가족들이 떠안아야 할 병원비 걱정이 먼저라면, 그 사회는 인간성을 보장하지 못하는 사회일 것이다. 부모님 건강 걱정 이전에, 간병 부담으로 형제간 다툼이 먼저 터져 나온다면 그것은 사회와 제도가 인간 본연의 심성을 지켜주지 못하는 것이다. 의료제도가 효자를 만들기도 하고 불효자를 만들기도 하는 것이다. 이런 현실에서 출범한 '건강보험 하나로 시민회의'는 무엇보다 시민들의 자유롭고 즐거운 참여를 위해 많은 노력을 하고 있다. 무엇보다 이 운동이 시민들의 삶의 공간에 녹아드는 풀뿌리 운동으로 정착하기를 기대하기 때문이다.

이를 위해 시민회의는 유쾌한 기획을 많이 내놓고 있다. 9월 중에 있을 '건강보험 하나로 제주 올레 행사'는 "건강보험 올래? 민간보험 갈래?"라는 제목으로 진행될 예정이기도 하다. 시민회의의 출범식 역시 마치 흥겨운 동네잔치 분위기 속에 진행되었다. 강남 아줌마와 강북 아저씨 등 다양한 계층이 폭넓게 참여하는 놀이와 같은 행사 속에서 격조 높은 국악 연주가 흘러나오기도 했다. 사회를 본 노정렬씨의 역대 대통령 성대모사는 좌중의 폭소를 자아냈고, 칼라TV가 제작한 홍보영상은 스타워즈를 패러디해 발기인 1,300명의 이름을 엔딩 자막으로 올려주기도 했다.

시민회의가 이날 발표한 대한민국 건강헌법 제1조는 우리 모두의 가슴을 뛰게 한다. "제1조. 대한민국은 건강공화국이다. 모든 병원비는 '국민건강보험 하나로' 해결한다!" 지금보다 더 나은 세상을 만들기 위해 힘찬 깃발을 들어올린 '모든 병원비를 국민 건강보험 하나로 시민회의'의 출범을 진심으로 축하한다. 시민회의의 발족은 100만 명의 "깨어있는" 시민과 함께 보편적 의료복지를 거쳐 역동적 복지국가로 가기 위한 긴 여정의 시작이다. 이것의 성공 여부는 고스란히 보통 시민의 참여 정도에 달려 있다. 우리 복지국가소사이어티는 이 역사적 대장정에 보통의 시민들이 함께 해주시길 간곡히 청한다.

'건강보험 하나로'에 대한 '좋은' 비판과 '나쁜' 비판

이상이 | 복지국가소사이어티 공동대표, 제주대학교 교수

세상에는 수많은 일들이 벌어진다. 그리고 이 모든 일에는 세간의 평가가 따르기 마련이다. 오늘은 국무총리 후보자와 두 명의 장관 후보자가 낙마했다고 한다. 이 또한 세간의 평가에 따른 자연스러운 정치적 귀결이다. 이렇듯 매사에는 평가(비판)가 따르기 마련이다. 중요한 사안일수록 평가의 잣대는 더욱 엄중해지는데, 이러한 일을 가장 잘 수행하는 사람들은 아마 비판적 지식인이나 전문적 논객들일 게다. 어쩌면 이들은 이 일을 위해 존재하는 지도 모르겠다. 이들이 자신의 사명 중의 하나인 '좋은' 비판자의 역할을 더 잘 수행하면 할수록 우리사회가 더욱 건강해지고 올곧게 발전할 수 있을 것이기에 세상은 이들에게 이러한 특별한 역할을 맡겨두고 있는 것이다.

그런데 비판적 지식인이나 전문적 논객들에 대해 더러는 실망스러운 때가 많다. 지금까지 진보 쪽 사람들은 보수 쪽 사람들에 대해 '근거 없이' 진보진영을 악의적으로 비판하는 몰상식한 부류들이라고 비난하곤 하였다. 이 경우 많은 경우는 사실이었다. 대개는 보수진영의 논객들이 보수진영 전체와 자신의 기득권을 지키기에 급급한 나머지 '충분한 근거' 없이 자신을 일방적으로 변호하거나 진보 쪽을 비판(사실상 근거 없는 비난)하는 경우가 많았기 때문이다. 그런데 이는 보수 쪽 지식인이나 전문가들에게만 국한되는 것은 아닌 것 같다. 보수나 진보나, 그것이 기득권이든, 자신의 기존 신념이든, 또는 오래된 관성이든, 무엇이든 간에, 기존의 것을 지키려는 욕망이 개입되면 누구나 저지를 수 있는 오류임을 인정해야 할 것 같다.

비판적 지식인이나 전문적 논객들의 순기능은 세상의 잘못을 올바르게 지적하고, 취약한 부분을 미리 알게 함으로써 이를 교정하도록 하고, 기존의 것을

더 진보시키는 일이다. 그러므로 이러한 비판적 기능의 중요성은 아무리 강조해도 지나치지 않을 것이다. 이들의 활약은 모두에게 유익하고, 이로 인해 사회적 편익이 극대화되기 때문이다. 그러나 이는 충분한 근거와 자기 논리를 갖춘 '좋은' 비판일 경우에만 그렇다. 악의적 심성으로 상대방을 근거 없이 비난하는 '나쁜' 비판은 여기에 해당되지 않는다. 또, 이 정도의 악의적 비난은 아니라 할지라도 충분한 '근거가 없는' 비판, 또는 '과거의 관성'에 의한 안일한 비판도 상황을 나쁘게 만드는 데는 매일반이라 하겠다.

지난 7월 17일, 값비싼 민간의료보험에 가입하는 것 대신에 모든 병원비를 국민건강보험 하나로 해결하자는 내용으로 '건강보험 하나로' 시민회의가 출범하였다. 이 운동에 대해 진보진영 내부에서 일부 반대의견이 개진되었다. 필자를 포함하여 이 시민운동을 추진하는 사람들은 기업을 대표하는 전경련이나 '비즈니스 프렌들리'를 외치며 친자본 정부를 지휘하는 청와대가 강력하게 반대의견을 개진할 것을 기대하였다. 보수세력과의 일전을 치를 각오로 말이다. 그런데 이상하게도 이들은 조용하게 추이를 지켜보고 있는 중이다. 어떤 코멘트도 내놓지 않고 조심스러워한다. 국민이 돈을 더 내겠다는데, 정부가 나서 반대할 수도 없으므로 국민의 눈치를 보고 있는 것이다. 허를 찔린 보수세력은 우리 운동이 스스로 망하기만을 바라면서 속수무책으로 애간장을 태우고 있는 것이다.

이런 상황에서 제기된 '건강보험 하나로'에 대한 진보진영 일부의 비판과 반대는 매우 중차대한 것이다. 여차하면 전경련과 청와대가 숨죽이고 지켜보며 기대하는 대로 진보진영 내부의 문제제기와 갈등으로 이 시민운동이 동력을 잃어버릴 수도 있기 때문이다. 여기서 진정으로 요구되는 비판은 충분한 근거와 자기 논리를 가진 '좋은 비판'일 것이다. 결코 '나쁜 비판'이어서는 안 된다. 잘못된 근거나 과거의 관성에 의한 비판도 비판자 자신의 의도와는 무관하게 우리 운동 전체에 악영향을 미치기 때문이다. 건강보험 하나로 시민운동과 관련하여 진보진영 내부에서 제기된 비판은 적어도 특정 정파나 세력의 이익을 노린 '악의적' 비판과는 거리가 멀다. 이 점은 확실하다. 그럼에도 잘못된 근거나 과거의 관성에 의한 비판이 많았다는 점에서는 성찰할 부분이 있다 하겠다.

'건강보험 하나로' 시민운동을 반대한다는 한 지식인은 "국민건강보험료를 인상하는 방식에는 동의할 수 없으므로 국고지원을 늘려서 보장성 문제를 해결해야" 한다는 논리로 '건강보험 하나로' 시민운동을 비판하였다. 이 분이 이렇게 주장한 데는 '국민건강보험료 인상보다는 국고지원이 더 진보적일 것이라는 믿음'이 근저에 깔려 있다. 과연 그런가? 사실은 전혀 그렇지 않다. 국민건강보험료는 직장가입자 소득의 5.33%(이 중 절반은 가입자가, 나머지 절반은 고용주가 각각 부담)로 정률 적용되므로 월 소득이 천만 원인 사람은 매월 약 26만원을 건강보험료로 내야 하는데 비해, 월 소득이 백만 원인 사람은 약 2만6천원을 건강보험료로 낸다. 금액으로 보면 10배의 차이이다. 소득에 따른 누진제는 아니지만 최소한 역진적이지도 않다. 소득에 비례적인 방식이다.

그렇다면, 이제 국고지원을 보자. 국고는 조세수입으로 충당된다. 우리나라에서는 직접세가 전체 세수의 50% 정도를 차지하는데, 세계적으로 그 비중이 낮은 것으로 정평이 나 있다. 이마저도 현 정부 들어 직접세 중심으로 추진된 감세(개인소득세, 법인소득세, 종합부동산세 등)로 인해 직접세의 비중이 더 줄어들고 있다. 나머지는 간접세인데 알다시피 간접세는 부자나 빈자나 물건을 구입할 때 동일한 금액이 부과되는 역진적인 조세다. 직접세 중에서도 개인소득세와 같이 누진적인 부분은 대략 전체 세수의 25% 정도 되는 것으로 알려져 있고, 직접세의 나머지는 금융소득 과세 등으로 건강보험료와 같은 방식의 소득 비례적인 정률 방식에 의한 것이다. 불행하게도 우리나라의 국고는 절반 이상이 소득에 역진적이고, 25% 정도만이 누진적이므로 전반적으로 볼 때 직장가입자 건강보험료의 50%를 고용주가 부담하는 현행 국민건강보험료 방식보다 더 누진적인 방식은 결코 아니다. 그러므로 국고가 건강보험료보다 더 누진적이고 진보적이라는 생각은 근거가 없는 '과거의 관성'에 의한 주장인 셈이다.

사실, 국고지원 방식은 국민건강보험료 인상 방식에 비해 우리나라의 조건에서는 훨씬 더 나쁜 결과를 빚게 된다. 첫째, 건강보험료는 '의료보장'을 목적으로 법적으로 설치된 사실상의 준조세로서 일종의 '건강보장 목적세'다. 이는 최근 진보진영에서 사회복지의 확충을 위해 설치하자고 주장하고 있는 '사회복지 목적세'와 그 성격이 같은 것이다. 그런데 기존에 존재하고 있는 이 목적세의 규모를 늘리는 데 반대하고 기존의 국고재정을 가져다가 의료보장에 사용하자는 것은 'GDP(국내총생산) 대비 정부재정의 크기'를 늘리자는 '복지국가 또는 사회진보'의 논리를 부정하고, 사실상 신자유주의 '작은 정부'의 논리 지지하는 결과를 초래하게 된다. 우리는 지금 보편적 복지를 담당할 '더 큰 재정'을 가진 책임 있는 '큰 정부'를 지지해야 한다.

둘째, 국고를 의료보장을 위해 가져다 사용하겠다는 발상은 사회정책 전체의 입장에서 볼 때 매우 잘못된 것이다. 기존의 국고를 끌어다 사용하든, 증세를 통해 국고를 늘린 상태에서 이를 가져다 사용하든 간에 국고재정을 의료보장으로 가져오는 것은 우선순위에서 잘못된 것이다. 의료보장의 확충을 위해서는 기존의 국민건강보험료를 인상하여 필요 재원을 스스로 조달할 수 있는 훌륭한 별도의 재정기전이 존재하고 있고, 지금 노동시장의 양극화 해소를 위한 일자리 정책, 양질의 보편적 보육과 교육, 보편적 소득보장 등 역동적 복지국가를 위해 추진해야 할 우선순위가 높은 재정사업들이 수두룩하게 널려 있다.

셋째, 국고지원 방식에 의한 국민건강보험의 보장성 확충은 국민건강보험료 인상에 비해 현실적으로 실현하기가 매우 어렵다. 누진적 개인소득세 증세가 정답이겠으나 지금의 정치사회적 조건에서 이는 쉽지 않다. 그래서 사회복지 목적세를 주장하는 사람들이 많으나, 이 또한 우선순위가 높은 사회복지의 확충이라는 긴급한 용도에 머물러야 하며, 장차 정공법으로 누진적 증세를 추진하는 길로 가야 할 것이다. 더불어 강조하고 싶은 것은 '세금은 부담능력에 따라 누구나 공평하게 부담해야 한다는' 것이다. 이것이 보편적 복지국가로 가는 길이다. 아무리 작은 수입이더라도 상징적 수준의 최소 세금은 내야 한다. 그래야 보편적 복지를 요구할 자격이 생기는 것이다. 소득이 있는 모든 곳에 누진적·연대적으로 세금이 존재한다는 사실을 인정하는 "깨어 있는" 시민들로 넘쳐날 때 우리사회에서 비로소 보편적 복지국가가 가능해지는 것이다. 국민건강보험료 인상을 통한 보장성 확충 운동은 이러한 복지국가의 원리에 잘 부합한다.

'건강보험 하나로'와 관련하여 필자가 기억하는 '좋은' 비판의 하나는 "국민건강보험의 보장성 확충에 소요되는 재정을 자본에게 모두 부담토록" 하자는 주장이다. 이 주장은 얼핏 매우 급진적이고 계급적인 것으로 보이지만, 실은 진실에 매우 부합하는 것이다. 의료 등을 포함한 사회보장을 위해 부담하는 사회보장분담금의 GDP 대비 비율을 보면, 우리나라는 근로자가 GDP의 3%를 부담하고 고용주가 GDP의 2.1%만을 부담하는 데 비해, OECD 국가들 평균은 근로자가 GDP의 3%를, 고용주가 GDP의 5.5%를 각각 부담하고 있다. 우리나라의 고용주는 사회보장분담금을 다른 OECD 국가들에 비해 너무 작게 부담하고 있다. 결국, 자본에게 부담을 지우자는 이들의 주장은 충분한 근거를 가지고 있을 뿐만 아니라 자기들의 진보적 철학에도 충실한 것이다. 필자는 우리나라의 계급적 역관계에 따른 현실적 실현 가능성 때문에 이들의 이러한 주장을 수용하지는 않고 있지만, 언젠가는 이 주장을 앞장서 관철해야 할 것으로 여기고 있다. 그러므로 이들의 비판은 충분한 근거에 입각하여 우리에게 성찰의 계기와 미래의 정책 방향을 제공하는 '좋은' 비판인 것이다.

또 일부 지식인과 논객들은 "현행 행위별수가제라는 낭비적 보수지불방식이 개편되지 않는 한 국민건강보험 재정의 획기적 확충을 반대"한다는 논리를 편다. 이것 또한 '나쁜 비판'에 속한다. 근거가 없는 주장이기 때문이다. 행위별수가제와 국민건강보험의 보장성 강화는 우리가 해결해야 할 별개의 정책과제들이며, 이 둘은 직접적인 관련성이 없다. 행위별수가제라는 낭비적 지출구조는 그것대로 고쳐나가면 된다. 이는 주치의제도 등 의료전달체계의 강화 기획과 함께 우리 시민운동이 지속적으로 추진해야 할 중요한 과제임에 틀림이 없다. 우리는 현행 행위별수가제라는 악조건 속에서도 국민건강보험의 보장성 수준을 획기적으로 확충하기 위해 최선의 노력을 다해야 한다. 실손 민간의료보험이 행위별수가제가 협주하여 국민의료비를 급증시키는 현재의 악성 구조를 개편하는 일이 무엇보다 시급하기 때문이다.

우리나라에서 의료비의 약 60%는 국민건강보험이 지불하고 있고, 나머지 40%는 환자 개인이 지불하는 사적영역이다. 선진국에 비해 후자의 비중이 너무 크므로 국민들이 의료비 불안을 느끼고 결국 값비싼 민간의료보험에 가입하게 되는 것이다. 그래서 우리나라 전체 가구의 80%가, 전국 성인의 70%가 민간의료보험에 가입해 있다. '건강보험 하나로' 시민운동은 국민건강보험의 보장성 수준을 획기적으로 높임으로써 경쟁관계에 있는 '실손'형 민간의료보험이 더 이상 필요하지 않도록 하자는 것이다. 즉, 실손 민간의료보험에 돈을 내는 것 대신 그 일부를 국민건강보험에 더 내자는 운동이다. 이것은 행위별수가제 논의와는 아무런 직접적인 관련성이 없다. 왜냐하면 국민건강보험이나 실손 민간의료보험이나 모두 현재 동일하게 행위별수가제로 의료보수를 지불하고 있기 때문이다. 지금 논의의 핵심은 행위별수가제 개편이 아니라 의료민영화의 핵심 사안인 실손 민간의료보험을 몰아내고 국민건강보험의 보장성을 획기적으로 높이자는 것이다.

현재, 의료비 불안으로 값비싼 민간의료보험에 마지못해 가입하는 보통 국민의 고통을 덜어주는 일이 매우 중요하다. 그리고 의료민영화의 핵심요소인 '활성화된 실손 민간의료보험'이 국민건강보험을 급속하게 위축시키는 과정을 더 이상 방치해서도 안 된다. 그래서 우리는 조속히 국민건강보험 재정을 획기적으로 확충해야 한다. 실손 민간의료보험을 몰아내고 국민건강보험이 공적 의료재정 기전으로서의 역할을 전면적으로 수행하게 된다면, 행위별수가제가 존재하더라도 민간의료보험이 의료비 지불의 큰 영역을 차지하고 있는 지금보다는 국민의료비를 훨씬 더 효과적으로 통제할 수 있게 된다. 우리는 현재 행위별수가제와 실손 민간의료보험이라는 두 개의 낭비적 지출구조와 정면으로 대치하고 있는 바, 이 둘의 협주를 끝장내고 민간의료보험을 몰아낼 최선의 전략으로 '건강보험 하나로' 시민운동을 시작한 것이다.

의료민영화를 저지하고 의료공공성을 확장하기 위해서는 건강보험 하나로 시민운동이 반드시 성공해야 한다. 그러기 위해서는 주류세력의 반대를 돌파할 엄청난 규모의 국민적 에너지가 요구된다. '건강보험 하나로' 시민운동이 기존 사회운동단체들의 연합방식이 아닌, 어렵지만 '풀뿌리 시민운동' 방식을 택한 이유다. 지금 전국적으로 광역단위 시민회의가 조직되고 있다. 머지않아 기초단위의 시민모임도 속속 결성될 것이다. 궁극적으로 보통 시민들이 이 운동의 중심 주체가 되도록 할 것이다. 우리 국민 한 사람 한 사람이 자유권, 정치권에 이어 사회권의 보장을 요구함으로써 마침내 '시민권'을 완성하는, 그리고 '깨어 있는' 시민들의 거대한 힘이 지역별로 네트워크 형태로 연결되고 모여지는 그런 시민운동을 설정하고 있다. 이 과정에서 비판적 지식인이나 전문적 논객들의 비판자 역할도 계속될 것이다. 다만, 필자가 바라는 것은 충분한 근거와 정합성 있는 논리에 따른 '좋은' 비판을 통해 역동적 복지국가를 향한 우리의 진보역량이 더욱 성장하는 것이다.